《史记》精华十五讲

陈其泰 著

华东师范大学出版社
·上海

图书在版编目（CIP）数据

《史记》精华十五讲 / 陈其泰著. -- 上海：华东师范大学出版社, 2024. -- ISBN 978 - 7 - 5760 - 5089 - 9

Ⅰ. K204.2

中国国家版本馆 CIP 数据核字第 2024RJ7934 号

《史记》精华十五讲

著　　者　陈其泰
责任编辑　曾　睿
责任校对　时东明
装帧设计　刘怡霖

出版发行　华东师范大学出版社
社　　址　上海市中山北路 3663 号　邮编 200062
网　　址　www.ecnupress.com.cn
电　　话　021 - 60821666　行政传真 021 - 62572105
客服电话　021 - 62865537　门市（邮购）电话 021 - 62869887
地　　址　上海市中山北路 3663 号华东师范大学校内先锋路口
网　　店　http://hdsdcbs.tmall.com

印 刷 者　上海中华商务联合印刷有限公司
开　　本　787 毫米×1092 毫米　1/16
印　　张　19.25
字　　数　284 千字
插　　页　2
版　　次　2024 年 9 月第 1 版
印　　次　2025 年 5 月第 3 次
书　　号　ISBN 978 - 7 - 5760 - 5089 - 9
定　　价　89.80 元

出版人　王　焰

（如发现本版图书有印订质量问题，请寄回本社客服中心调换或电话 021 - 62865537 联系）

韩城司马迁祠

目 录

前 言 /1

第一讲 传统历史编纂学的楷模:《史记》的产生 /1
  一、《史记》产生的时代条件 /3
  二、司马迁的家学渊源和发愤著成《史记》/10

第二讲 司马迁的价值观与儒学 /19
  一、继"春秋"和确立孔子在文化史上的崇高地位 /21
  二、全书以儒家学说为主要价值标准 /23
  三、司马迁与董仲舒尊儒之异同 /28

第三讲 司马迁的多维历史视野 /33
  一、多维历史视野:深刻的哲理思考 /35
  二、从"以事系年"到"通古今之变"/38
  三、以人物为中心:展现历史创造的主体 /43
  四、典章制度和社会情状视角 /47

第四讲　《史记》编纂体例、结构的匠心运用　/53
　　一、五体配合的杰出创造和十表的功用　/55
　　二、列传的精心设置和灵活安排　/61
　　三、史料剪裁和篇章组织匠心运用的极致　/69

第五讲　本纪：著史之纲领　时代之投影　/79
　　一、"包举大端"：著史之纲领　/81
　　二、记载政治成败得失与刻画人物形象的交响　/88
　　三、"大一统"政治体制的投影　/94

第六讲　世家："应另换一副眼光读之"　/99
　　一、二体相兼，经纬交织："世家"历史叙事的基本范式　/102
　　二、《孔子世家》《陈涉世家》：史识卓异的出色篇章　/108
　　三、汉初社稷重臣的群像　/114

第七讲　"八书"的历史编纂首创性价值　/117
　　一、从"礼乐损益，律历改易"看贯穿"八书"的非凡史识　/119
　　二、探讨"天人关系"的重大时代课题　/124
　　三、开创水利史经济史先河　关注民生和社会盛衰　/127

第八讲　成功刻画特定历史环境中的人物形象　/135
　　一、伍子胥的韬略与楚、吴、越三国盛衰　/137
　　二、抗击强秦　急人之难　/139

三、为秦统一六国建功的勇将 /143
　　四、汉初"引义慷慨"的卓荦之士 /147

第九讲　为平民阶层出身的人物立传 /155
　　一、鲁仲连义不帝秦 /158
　　二、汉初布衣将相风采 /160
　　三、平民视角下的医者、游侠、日者、滑稽人物 /163
　　四、赞"布衣匹夫之人，取与以时而息财富" /170

第十讲　记载人物与展现民族智慧 /175
　　一、春秋战国时期的智者 /177
　　二、汉初奇谋之士 /182
　　三、兵家"出奇无穷" /188
　　四、表彰从困厄中奋起的人物 /194

第十一讲　历史叙事的永久魅力 /201
　　一、在剧烈冲突中表现人物的精神风貌 /203
　　二、场面·语言·细节 /208
　　三、对比手法和互见法 /216

第十二讲　"画龙点睛"：议论的灵活运用 /221
　　一、深化历史主题　总结成败得失 /224
　　二、直面社会问题　抒发人生感慨 /228
　　三、发表议论灵活多样的形式 /233

第十三讲　贯穿《史记》全书的非凡史识　/241
　　一、对历史发展趋势的卓识　/243
　　二、记载全中国各民族共同的历史　/253
　　三、拥抱全民族文化的宽阔胸怀　/257

第十四讲　《史记》杰出成就的深远影响　/263
　　一、"百代以下，史官不能易其法，学者不能舍其书"/265
　　二、近世以来所显示的非凡生命力　/268
　　三、才气充溢、章法纯熟的文章典范　/273

第十五讲　《史记》对锻造中华民族文化基因的非凡贡献　/277
　　一、弘扬传统　疏通知远　/280
　　二、革新创造　穷变通久　/282
　　三、加强统一　凝聚团结　/285
　　四、热爱和平　反抗压迫　/288
　　五、包容共辉　和谐有序　/290

参考文献 /294

致谢 /299

前　言

《史记》不仅是中国历史上第一部纪传体通史，更是一部气势恢宏、影响深远的伟大巨著。它以全面详尽的史实记载和严谨周密的著作体系，深刻揭示了历史的内在规律，展现了强大的生命力和丰富的思想内涵，被誉为中华文化的根基和世界文化的瑰宝。

在新时代的广阔视野下，当代学者们肩负着重大的历史使命，那就是深入探索《史记》所蕴含的深邃哲理、卓越史识、百科全书式的珍贵内容，以及这一切所体现的中华民族伟大创造力。这种使命不仅是对古代先贤智慧的传承，更是对中华民族伟大创造力的发掘与弘扬。通过深入解读这部历史杰作，我们能够更好地理解历史，把握现在，展望未来，从而为实现中华民族的伟大复兴贡献智慧和力量。

《史记》是一部记载中华民族自远古至西汉时期三千余年历史的皇皇巨著，其在中国历史领域的开创性地位不言而喻，在世界文化史上也堪称独一无二。司马迁以"通古今之变"和"成一家之言"为矢志不渝的著史目标，成功创立了"本纪""表""书""世家"和"列传"五体有机联系的史学新体裁。他以其多维的历史视野，实现了"立体式著史"的卓越成就。相较于先秦史书主要以编年体裁为主，按年代顺序记载历史的方式，《史记》则进一步拓展了历史的呈现维度。它不仅延续了年代的线索，更引入了人物活动的视角，深入剖析社会情状和典章制度。这种多维度的叙述方式，凸显了司马迁高度的哲学智慧和深刻的历史洞察力。正是因为这样的探索和创新，《史记》才能呈现出一部主线鲜明、重大历史事件记载清晰且组织有序、内容生动饱满的社会全史。近年来，学者们所极其称道的"宏大叙事"和"全景式著史"的观念，在《史记》中得到了最完美的体现。

《史记》之所以成就伟大，是因为司马迁站在历史的高峰，以前所未有的视角总结了中华民族丰富多彩的历史轨迹。它不仅是一部宝贵的历史教科书，展示了中华民族的精神和智慧，更是锻造中华民族文化基因的关键工具。尽管先秦时期的《尚书》《春秋》和《左传》等史书已经为中国史学的发展奠定了基石，但《史记》在西汉强盛时代的诞生，却将这一传统推向新的高度。它以人物为核心叙述历史并贯穿始终，这无疑彰显了其"历史意识"的深化和升华。这部贯通古今、内容饱满生动、人物有血有肉的史学巨著，深度契合了展现和提升中华民族文化基因的时代需求，更是对这一需求的积极回应和有力推动，为我们呈现了一幅中华民族绚丽多姿、底蕴深厚的历史画卷。如今，深入剖析这部在中华民族历史上充满永恒生命力的史学经典，对于我们理解和挖掘中华民族的文化底蕴具有不可估量的理论价值。

《史记》之所以卓越非凡，还在于它囊括了中华民族数千年来的历史演变、人物百态、典章制度和社会风情，生动体现了中华文化"厚德载物""海纳百川"的博大精神。它以其宏大的气魄，描绘了国家大一统的背景下，各民族的活动以及边疆民族与中原民族之间联结一体的关系。《史记》撰有《匈奴列传》《南越列传》《东越列传》《朝鲜列传》《西南夷列传》《大宛列传》等六篇记载少数民族的专传，详载边疆各族人民的生产生活情况、源流沿革以及他们与中原汉族之间日益紧密的联系，凸显各民族的强大向心力和民族文化认同的牢固根基，充分证明了中国历史是由各民族共同书写的绚烂篇章，极大地展现了拥抱中华民族共同体的博大胸襟。它为中华民族的世代儿女提供了宝贵的思想养分，历代才华横溢、具有创新精神的卓荦之士不断从中汲取智慧，使其在新的历史条件下继续发扬光大，为现代化建设伟业提供巨大的精神动力。这种独特、坚韧且强大的中华民族文化基因，正是中国历史铸就辉煌、创造奇勋的核心奥秘。

凡此，站在新时代高度进一步创造性阐释《史记》精华，让这部伟大著作激发当代社会主义的创造力，将研究工作大力向前推进，让《史记》的杰出成就光耀千秋，确是当今学人义不容辞的责任。

本书通过精心设计的十五讲专题结构，深入解读司马迁的多维度历史视野与《史记》五体结构的核心要义，进而揭示历史编纂发展的内在规律与深远影响。细致总结《史记》在人物传记创作方面的主要成就，进一步彰显司马迁"人创造历史"这一观念的宝贵价值。通过剖析《史记》的内在结构和叙事艺术，我们可以深刻体悟司马迁的良苦用心，领略《史记》独特的艺术魅力。在此基础上，本书坚持历史唯物主义的研究态度，运用纵横交错的开阔视野，对《史记》的形成背景、思想内涵及其时代价值进行了深入的分析和探讨。

尤其应该重视的是，本书首次在学术界提出《史记》对于锻造中华民族文化基因的非凡贡献，进一步将"两个结合"——尤其是马克思主义与中华优秀传统文化相结合的理念落到实处，这不仅具有重要的理论创新价值，而且具有深远的时代现实意义。

习近平总书记明确指出，我们应当"把跨越时空、超越国度、富有永恒魅力、具有当代价值的文化精神弘扬起来"。中华文化源远流长，博大精深，蕴含着丰富的哲学思想、道德观念、艺术精神和科学智慧。这些宝贵的文化遗产不仅是我们民族的骄傲，也是全人类共同的财富。站在新时代的起点上，我们要以更加开放的姿态，将中华优秀传统文化精神与实现民族伟大复兴的现实需求相结合，推动中华文化在新时代焕发出更加旺盛的生命力，让其在世界文化之林中绽放出更加绚丽的光彩。

第一讲

传统历史编纂学的楷模:《史记》的产生

西汉是中国历史上一个至关重要的朝代，是中华民族蓬勃发展的黄金时期。在这一时期，封建制度得到了迅速发展，国家的统一局面得以稳固并持续拓展。中国中古时代的政治体系、典章制度、思想观念以及学术文化的基本格局，皆在此时期得以确立并成型。我国今日的辽阔疆域，正是在汉朝得以奠定和巩固。作为中华民族主体的汉族也是在汉朝逐渐形成，并以这个辉煌的时代命名。

正是在这样一个社会发展迅速上升的时代，诞生了伟大的历史巨著《史记》。它标志着史学在先秦时期的基础上达到了一个崭新的成熟阶段，中国历史编纂学的规模体制和叙事范式从此确立。从更宏观的历史视角来看，《史记》的产生是华夏民族千百年来不断交融发展、总结治国经验的结晶；就具体的撰写动力而言，则离不开司马迁深厚的家学渊源和卓越的史学才华。

一、《史记》产生的时代条件

传统历史编纂学的楷模《史记》，是一部记载中华民族自远古至西汉时期的全部历史，内容丰富、气势宏伟的空前杰作。对于这部伟大著作产生的时代条件，不能只限于汉武帝时代或西汉时期来探讨，而应当从中华民族发展更为久远的渊源加以考察，这样才能对其撰著成功的深刻原因和宝贵价值，有更加清楚的认识。

首先，《史记》的撰成，是自西周初年至西汉时期一千年间国家统一和各民族交融不断向前发展并取得伟大成果的产物。

中华民族多元一体的发展趋势早在新石器时代即已呈现。到西周初年，通过大分封，确立了各诸侯国（晋、燕、齐、鲁、卫、郑、宋、蔡、吴、秦、楚等）奉周天子为天下共主的局面，由此初步奠定了全中国统一的政治格局，因此西周时代的诗人高声吟唱"溥天之下，莫非王土，率土之滨，莫非王臣"（《诗经·小雅·北山》）的诗句。这是中国历史上的重大事件。司马迁著《史记》，创立了《周本纪》，同时又设置了《吴太伯世家》《齐太公世家》《鲁周公世家》《晋世家》《楚世家》等篇，在史书结构上形象化地表现出各诸侯国拥戴周王室的关系，确实如同《太史公自序》所言："二十八宿环北辰，三十辐共一毂，运行无穷，辅拂股肱之臣配焉，忠信行道，以奉主上。"故钱穆先生说："西周三百年历史，最重要者为封建政体之创兴。周人封建，亦由当时形势之实际需要逐步逼拶而成，同时亦是周民族对于政治组织富于一种伟大气魄之表现。"（《国史大纲》）杨向奎先生所著《宗周社会和礼乐文明》一书中，也高度评价西周"一统天下"的建国规模，并强调以周公为代表所创造的西周礼乐文明对于中国文化传统影响至巨："宗周三百多年的发展迅速，春秋战国时之灿烂光辉的文明，没有西周的渊源，没有周公的改革是很难想象的……而周孔之道，变作长期的封建社会中的华夏之道，华夏文明与周孔创造的礼乐文明，是不可分割的统一体。这种文明陶冶了中华民族的性格。"

此后经历春秋、战国时期，表面上是王室衰弱、列国纷争，而实际上，自春秋初年至战国后期四五百年间，是中原境内华夏族居民与非华夏族居民之间关系空前加强，基本上融合为一体，通过相互间的斗争和经济文化往来，甚至战争也是各族之间交往的一种特殊形式，整个中原地区基本上形成了一个华夏族，原先处于中原境内的所谓夷狄都融合于其中。如范文澜所言："华族与居住在中国内部和四方的诸族因文化不同经常发生斗争，斗争的结果，华夏文化扩大了，中国也扩大了，到东周末年，凡接受华夏文化的各族，大体上融合成一个华族了。"（《中国通史简编》修订本）南方蛮夷被楚统一，春秋时期楚是华夏的劲敌。东周后期，楚文化向上发展，与诸夏相等，华夷的界限逐渐消失。东方诸夷没有成立大国，陆续被齐、鲁、楚吞灭。北方和西方则有晋、燕、秦强大起来，先后征服或融合了周围戎狄小部族。从春秋初年至战国后期四五百年间，中原境内及四方许多文化落后的部族消失了，实际上是融合到不断扩大的华夏族之中。到了战国时期所称"冠带之国七"，即是对中原地区基本形成了华夏族的生动概括。刘家和更具体指出这种民族融合趋势的主要特点："在秦统一六国及汉再统一以前，在中原大地上居住的基本已经是同一民族，即华夏族，所用的语言相同（尽管有方言之别），文字相通（尽管有书写的异体），文化传统无别（尽管有学派之不同），学者、政客往来游说、仕宦于各国之间而无任何障碍，甚至劳动人民也可以在不同国家之间流动。"（《历史文化认同与中国统一多民族国家·导论》）

进入汉代以后，中原居民在先秦华夏族的基础上形成汉族这一坚强共同体，成为此后两千年间中国历史发展的核心，并在"大一统"的国家局面下，与居住在东、南、西、北四方的边疆少数民族大大加强了经济和文化上的联系。此后中国历史发展的趋势，就是各民族的凝聚力、向心力不断加强。《史记》撰成的首要意义，就是对国家统一规模和民族联系加强这一历史趋势的郑重总结和衷心礼赞，所以司马迁在《史记·货殖列传》中真情地称颂"汉兴，海内为一"的局面。在全书列传部分，他创立了多篇专门记载边疆少数民族活动的传，反映西汉时期国家统一的规模和中原民族与边疆民族联系紧密的史实。"《史记》把环绕中原的各民族，尽可能地展开一幅极为广阔而又井然有序的画卷。它写了《匈奴列传》《南越尉佗列传》《东越列传》《朝鲜列传》《西南夷列传》《大宛列传》，分别按地区写出北方、南方、东南、东北、西南、西北的民族历史，把这六个专篇合起来，可以说是一部相当完整的民族史。"（《中国通史·导论》）可见，《史记》这部不朽杰作的首要价值，就是以丰富而严谨可信的史实记载了全中国统一和民族间交融不断发展的历史。

其次，司马迁在汉武帝时期著成《史记》，又是华夏民族奋发自强，不断总结治国经验而终于达到鼎盛高峰的产物。

在治乱盛衰、易敝通变上，中国自上古以来积累了异常丰富的历史经验。司马迁作为历史学家，站在时代的高峰反观历史曲折进程，激发起深刻的感悟和强烈的使命感，因而发愤要写成一部中华民族的盛衰史，记载一桩桩足以启迪后人的史实。如，西周初年以周公为代表的政治家鉴于夏桀、商纣耽于逸乐而招致亡国的教训，奉行"敬德保民"的主张，政治上大有作为，开创了国家统一的初步规模。周初分封的各大国，也各自经历了腾挪跌宕的盛衰道路。晋、齐、秦、楚处于四徼，与戎狄合处，而能努力振拔，因而国势致强。齐桓公、晋文公都曾取得诸侯国霸主的地位，主持会盟征伐，威震华夏，而后来齐国因屡出荒主而致衰弱，君权为田氏所夺，晋国因各公族之间争夺政权而最后导致"三家分晋"。其后，历史变局更加急剧，成功的创造和失败的结局更加陡起陡落，扣人心弦，司马迁对此体会更加深切。战国末期，中国统一的条件已经具备，而秦国因长期苦心经营，秦孝公之后有多位国君奋发有为，因而逐步强盛，最后成功地统一六国。但自公元前221年秦始皇实现天下统一，至公元前207年在起义烈火中灭亡，历时仅十四年。秦因励精图治而迅速兴起，结果又因大肆征战、严刑峻法、荼毒民众而灭亡，成功至巨而失败至骤，其兴亡教训对中国历史进程影响极大，在汉朝建立之后，当然就成为政治家、思想家反复深入探究的课题。

　　汉朝的建立和兴盛，更构成一幅波澜壮阔、气势恢宏的历史长卷。秦朝灭亡，刘项相争，刘邦因实行安抚百姓的政策和善于运用谋略而取胜，项羽因滥行杀戮和刚愎自用而失败，司马迁精辟地论述汉朝取代秦朝而兴起昭示了历史的必然性："周秦之间，可谓文敝矣。秦政不改，反酷刑法，岂不缪乎？故汉兴，承敝易变，使人不倦，得天统矣。"(《史记》卷八《高祖本纪·赞》) 刘邦立国，接受秦朝因实行暴政而亡的教训，实行与民休息政策，恢复生产，医治战争创伤。经过"文景之治"，至汉武帝时代达到了鼎盛的局面。如司马迁所高度评价的："汉兴五世，隆在建元，外攘夷狄，内修法度，封禅，改正朔，易服色。"(《史记》卷一百三十《太史公自序》) 但是兴盛的背后隐藏着统治的危机，因长年对匈奴进行大规模自卫反击战争，造成将士大量伤亡，百姓不堪负担沉重的军役、徭役和经济剥削，而致社会出现动荡局面。司马迁怀着强烈的使命感，他要把三代以来华夏民族逐渐发展壮大、曲折而生动的历史如实记载、反思总结，"通古今之变"，"罔罗天下放失旧闻，王迹所兴，原始察终，见盛观衰，论考之行事，略推三代，录秦汉，上记轩辕，下至于兹。"(《史记》卷一百三十《太史公自序》）这掷地有声、充满历史睿智的语言，表达的正是他要撰成一部无愧于汉朝鼎盛局面的华夏民族的通史巨著的伟大抱负！

再次，汉武帝时代为司马迁《史记》的产生提供了良好的物质文化条件。

这里我们可以举出明显的几点。一是，西汉是中国历史上第一个强盛的朝代，汉武帝时期是其发展高峰。武帝雄才大略，拓展疆土，兴造功业，创设制度。虽然这一时期有其阴暗面，如连年大规模用兵造成国库空虚，民众负担沉重，致使局部地区出现社会动荡，但是从总体上说，这是一个封建政治、经济文化迅速上升，大有作为的年代。时势造英雄。正如班固在《汉书》中所言，这个特殊的时代造就了一大批出色的人才："汉兴六十余载，海内艾安，府库充实，而四夷未宾，制度多阙。上方欲用文武，求之如弗及，始以蒲轮迎枚生，见主父而叹息。群士慕向，异人并出……汉之得人，于兹为盛。"(《汉书》卷五十八《公孙弘卜式倪宽传·赞》）名垂青史的一代大经学家、大理财家、大军事家、大文学家、大天文学家都应时而出，司马迁就是其中一位杰出人物！国家辽阔的版图和社会蓬勃向上的局面，为司马迁提供了潜心读书、著述的环境，不断开阔他的胸怀，提升他的见识。他不仅能走遍中原大地，还远至西南夷地区和东南方的会稽，大大丰富其阅历。古代交通条件极其困难，司马迁凭借盛世提供的种种条件和机遇，才能实现这一切。

二是，西汉建国以后重视大规模征集、整理文献的工作。古代文献因秦始皇焚书而遭受惨重的浩劫，只有那些散藏在民间的才有可能侥幸留下一部分。汉朝建立后，吸取秦朝教训，曾多次大规模搜求文献典籍。西汉建国伊始，朝廷对文化事业尚未有力量多加顾及，当时就有张良、韩信负责整理兵书，收集一百八十二家，删定为三十五家。到惠帝四年（前191），正式下令废除秦朝禁止民间藏书的法律。从此以后，"大收篇籍，广开献书之路"。至文帝、景帝时，朝廷已设立有《书》博士（张生、晁错）、《诗》博士（申公、辕固生、韩婴）、《春秋》博士（胡毋生、董仲舒），开始兴文讲学，反映出征集典籍已经获得初步成绩。武帝登位，他爱好儒学和文学，感到对文献的征集远远不够，因而感叹"书缺简脱，礼坏乐崩"。于是采取有力措施："建藏书之策，置写书之官，下及诸子传说，皆充秘府。"（《汉书》卷三十《艺文志》）将征集到的典籍编排好，有次序地放在专设的柜架上，安排专人负责缮写，从儒家经典到百家著作，都放在皇家图书馆珍藏起来。这些最后珍藏于皇家图书馆的文献典籍，都由太史令负责掌管。因此，司马迁对西汉这项图书文献建设工作高度重视，在《太史公自序》中总结说："周道废，秦拨去古文，焚灭《诗》《书》，故明堂石室金匮玉版图籍散乱。于是汉兴，萧何次律令，韩信申军法，张苍为章程，叔孙通定礼仪，则文学彬彬稍进，《诗》《书》往往间出矣。自曹参荐盖公言黄老，而贾生、晁错明申、商，公孙弘以儒显，百年之间，天下遗文古事靡不毕集太史公。"皇家图书馆珍藏的大量典籍是司马迁为"厥协《六经》异传，整齐百家杂语"而撰著《史记》所必须具备的条件。

三是，自西汉初至武帝时期，社会思潮出现转折，这对司马迁形成其独特的学术思想影响至大。汉初因鉴于秦朝暴用武力而致迅速灭亡的教训，实行与民休息政策，宣扬清静无为的黄老学说成为社会的指导思想。不过这一时期，还有战国"百家争鸣"的余波，政治家、思想家引用各家学说来为恢复国力、安定社会秩序提出主张。如，陆贾著《新语》，主导思想是无为而治，云："道莫大于无为"，"君子之为治也，块然若无事，寂然若无声"；而同时他也引用儒家学说建言，时时在高祖面前称说《诗》《书》，又提出治国应讲"德政"，"虐行则怨积，德布则功兴"。（《新语校注》）叔孙通制礼仪，运用儒家学说帮助建立朝廷上下尊卑秩序，"卒为汉家儒宗"。（《史记》卷九十九《刘敬叔孙通列传·赞》）贾谊于汉文帝时从儒家立场出发提出加强中央集权和"改正朔，易服色，法制度，定官名，兴礼乐"的整套主张，明显属于儒家人物，同时他又兼有法家色彩。

汉代思想家这种对各家学说兼采并倡的局面，对于司马迁形成其独立的思想体系有很好的影响。汉初社会思潮中还隐伏着一种重要的趋势，即儒学地位逐渐上升，当黄老学说盛行之时，陆贾、叔孙通、贾谊先后所作的建言，已表明儒家学说能为解决社会的重大问题作出了引人注目的贡献。故此，在秦朝被压制的儒学，在汉初已逐步发展力量。文帝时，不仅贾谊受到器重，"一岁中至太中大夫"，当时还有燕人韩婴因通《诗》立为博士，鲁徐生因通《礼》为礼官大夫。景帝时，儒生申公归鲁退居家教，终身不出门，"弟子自远方至受业者百余人"。他的学生王臧因明《诗》为太子（刘彻，后来的武帝）少傅。还有辕固生因治《诗》为博士，董仲舒以治《春秋》为博士。这期间，以窦太后为代表的黄老势力虽一再竭力反对，但尊儒的客观趋势已经不可阻挡。至武帝即位，立即任用爱好儒术的窦婴为丞相、田蚡为太尉，他们依武帝旨意，为提倡儒学和中央集权采取了一系列行动："迎鲁申公，欲设明堂，令列侯就国，除关（按，指关门之税），以礼为服制（按，因当时王侯逾越礼制者甚多，要按等级差别予以限制），以兴太平。举适（按，通谪）诸窦宗室毋节行者，除其属籍。"（《史记》卷一百七《魏其武安侯列传》）建元五年（前136），武帝置五经博士。六年，窦太后卒，武帝立即任用田蚡为丞相，广征儒者，进入武帝确立"罢黜百家，独尊儒术"政策时期。回顾自秦以来社会思潮演变的过程，可以看出：秦朝推行极端的法家路线，实行赤裸裸的刑罚统治，结果迅速灭亡。汉初因实行黄老学说，对恢复民力、发展生产获得显著成效，但其进步作用是阶段性的，它代表的是诸侯势力，与加强"大一统"的政治需求相对立。至武帝时代，经过六七十年的休养生息，经济上已经积累了雄厚的实力，不再无为，而是要在兴造功业、创设制度上大有作为了。这就需要更换新的政治指导思想，主张加强中央集权、等制有差、德刑兼用的儒学正适合时代的需要。简要言之，自秦以来社会实践的检验证明，能够取代实行严刑峻法的法家政治、鼓吹无为而治的黄老学说，可以长期作为社会指导思想的，只有儒家学说。尽管儒学独尊开始了专制主义对思想领域实行新的控制，给以后长期的封建社会带来种种严重弊病，但对此应采取历史主义的分析态度，而不能强调其消极面而抹杀儒学客观存在的历史作用。因此武帝以后确立"尊儒"的政策，是历史的一个进步，也是长期历史运动的逻辑依归，具有深刻的历史必然性。同时也说明：司马迁尊儒的学术宗旨，乃深深扎根于时代土壤之中，《史记》著述的强烈尊儒倾向，也是对他所处时代的忠实反映。

二、司马迁的家学渊源和发愤著成《史记》

司马迁著史有深刻的家学渊源,《史记》的成功实则凝聚着司马氏父子两代人的心血。

据司马迁在《太史公自序》中的记载,司马氏的先人在周代曾任史官,"世典周史"。司马迁之父司马谈(?—元封元年,前110),西汉左冯翊夏阳(今陕西韩城南)人,于武帝建元、元封间任太史令,有二十余年之久。[1] 他学识渊博,立志著史的毕生追求对司马迁产生了极大的影响。西汉太史令掌管天文历法、记事修史,并负责管理皇家图书档案和各地上计的文书资料。司马谈向往先人久绝的世业,重视孔子作《春秋》的历史贡献,有志于撰史,但未能及身完成这个志愿。元封元年(前110),汉武帝东巡泰山,行封禅大典,司马谈作为太史令却不得参与其事,滞留洛阳,忧愤而卒。他临终前郑重地将著史事业托付给司马迁,《太史公自序》详细记载其临终遗言:"太史公执迁手而泣曰:'余先周室之太史也。自上世尝显功名于虞夏,典天官事。后世中衰,绝于予乎?汝复为太史,则续吾祖矣。今天子接千岁之统,封泰山,而余不得从行,是命也夫,命也夫!余死,汝必为太史;为太史,无忘吾所欲论著矣。'"且又特别从继承孔子作《春秋》的功绩和发扬华夏民族重视历史记载的传统之高度,鼓励司马迁把著史视为自己应负的崇高使命:"幽厉之后,王道缺,礼乐衰,孔子修旧起废,论《诗》《书》,作《春秋》,则学者至今则之。自获麟以来四百有余岁,而诸侯相兼,史记放绝。今汉兴,海内

---

[1] 《太史公自序》作"谈为太史公"。据《汉书·百官公卿表》,汉代设有太史令,而无太史公之职。司马迁尊称其父,而称之为太史公。因本人继任父职,也称为太史公。所著成之书亦称为《太史公书》。(参见钱穆:《中国史学名著》)

一统，明主贤君忠臣死义之士，余为太史而弗论载，废天下之史文，余甚惧焉，汝其念哉！"司马迁感动流涕，向父亲作了庄严保证："小子不敏，请悉论先人所次旧闻，弗敢阙。"（《史记》卷一百三十《太史公自序》）父亲的郑重嘱咐是以后司马迁克服一切艰难、最终完成著史大业的强大精神动力！

还应特别注意的是，司马谈论述学术史具有令人佩服的综观全局的眼光、实事求是的态度和一分为二的分析方法，此项同样对司马迁产生了深刻的影响。司马谈撰写的《论六家要旨》，是思想史上的重要文献，因司马迁完整地引录在《史记》书中而保存下来。《论六家要旨》继承了《荀子·非十二子》《庄子·天下》《韩非子·显学》批判精神的传统，并接受了《吕氏春秋》总揽百家语之影响。他对各个学派有批判也有肯定，比较中肯地道出阴阳、儒、墨、名、法、道各家之学的短长。他批评阴阳家"使人拘而多畏"，而肯定它"序四时之大顺"；批评儒家"博而寡要"，"事难尽从"，"累世不能通其学，当年不能究其礼"，而肯定其"序君臣父子之礼"；批评墨家"俭而难遵"，肯定它"强本节用"；批评法家"严而少恩"，肯定它"正君臣上下之分"。司马谈又特别强调各派的贯通融合，认为："'天下一致而百虑，同归而殊途。'夫阴阳、儒、墨、名、法、道德，此务为治者也，直所从言之异路，有省不省耳。"（《史记》卷一百三十《太史公自序》）明言各家学说都是"为治"，只是提法不同，归根结底，都是殊途同归的。他认为对各家学说只要取舍适当，都能为治国服务。西汉国家实现了空前统一，客观上要求学术文化经过相互吸收而进行一番整理总结。司马谈所著，即是以各家学说同归于"治"为指导思想，进行此项总结的尝试。这篇评论的精华在于具有宏观的视野、立论有充分的根据、既有批判精神又主张吸收各家之所长，显然都为司马迁所继承和发扬。

司马谈对道家评价最高，云："道家无为，又曰无不为，其实易行，其辞难知。其术以虚无为本，以因循为用。无成势，无常形，故能究万物之情。不为物先，不为物后，故能为万物主。"（《史记》卷一百三十《太史公自序》）故其学术思想的主导面为"尊道"无疑。那么，司马迁是否全盘接受其父"尊道"的思想呢？自从班固、班彪父子在评论《史记》时讲了"论大道则先黄老而后六经"(《汉书》卷六十二《司马迁传》)之后，曾在很长时间内对人们造成一种误导，认为他们父子学术宗旨相同，都是"尊道"。这个问题事关重大，应当认真辨明。其实，表明司马迁的"尊儒"倾向的确凿例证，在《史记》全书中可谓不胜枚举。(详细论证见第二讲)王鸣盛曾明确地提出"司马氏父子异尚"的论题，认为：《论六家要旨》论述孔不如老，只代表司马谈的学术旨趣，"而迁意则尊儒，父子异尚，犹刘向好《穀梁》而子歆明《左氏》也。"并举出司马迁称引董仲舒之言，正是"隐隐以已上承孔子，其意可见"。他还提出《史记》"以孔子入《世家》，推崇已极，亦复斟酌尽善"，批评王安石和王应麟都曲解了司马迁。(《十七史商榷》卷六"司马氏父子异尚"条)王鸣盛的论断确具卓识，对于正确评价司马迁的学术旨趣有承前启后的意义。不过我们还应看到：司马氏父子旨趣固不相同，但又有相通之处。在司马谈身上，已经显示出由崇道向尊儒的过渡，他十分强调"孝"，临终时告诫司马迁："且夫孝始于事亲，中于事君，终于立身。"重视孝道正是儒家的本色；司马谈赞扬道家主要从哲学思想立论，而从学术史角度，他又是尊儒的，故称周公能宣扬周的历代君王之功业，所以被天下传诵，又称孔子论《诗》《书》，作《春秋》，学者至今则之，这就认为孔子是必须效法的榜样。所以他才郑重地嘱托司马迁著史以"继《春秋》"。孙诒让云"谈尊儒而宗道"，此言正中肯綮！由此证明，司马迁确为好学深思、眼光深远，他接受了其父司马谈学术思想的精华，同时又能与时俱进，有所发展和创造，这正符合于学术进步的规律。

司马迁(前145—？)出生于陕西韩城龙门，这里山川壮美，土壤肥沃，适合于农业生产，更有利于陶冶人的性情。他自述："迁生龙门，耕牧河山之阳。年十岁则诵古文。"少年时代即参加部分生产劳动，使他容易体会下层民众的生活和情感。他从很小年纪即诵习用"古文"(先秦文字)书写的儒家典籍，主要是《尚书》《左传》《国语》《世本》等，接受儒家思想的影响，培养了对历史学的兴趣。后来他博通《诗》《书》《易》《礼》《春秋》，以至《秦纪》《世本》《战国策》《楚汉春秋》，并及《禹本纪》《山海经》。他于《诗》，兼采鲁、齐、韩三家之说；于《书》，兼采伏生和孔安国所传；于《春秋》，兼采左氏和公羊。他能读管晏、孙吴、孔孟荀卿、老庄申韩、邹衍、公孙龙以至汉人陆贾、贾谊、晁错等人的论述。他精天文、律历、地理,并知医药、占卜。太初元年(前104),他受诏与壶遂等造《太初历》。他喜文学,推重屈原、贾谊、司马相如的辞赋,自己也善于辞赋,撰有《悲士不遇赋》。尤其擅长于散文写作。他继父任太史令后,直接掌管皇家藏书和档案,所有这些,"对于他纵观古今学术,熟悉政治人物和政治情况,掌握丰富的历史资料,有极大的帮助"。(《白寿彝史学论集》)司马迁博学,是他著史成功的重要条件。

司马迁著史成功的又一重要条件,是他青年时代的两次壮游。"二十而南游江、淮,上会稽,探禹穴,窥九嶷,浮于沅、湘,北涉汶、泗,讲业齐、鲁之都,观孔子之遗风,乡射邹、峄;厄困鄱、薛、彭城,过梁、楚以归。"是年为元朔三年(前126),而所记经过路线甚远,一年之内不能走完,此是一并记载其二十岁以后游学四方之经历。又一次重要的旅行、考察经历是:"于是迁仕为郎中,奉使西征巴、蜀以南,南略邛、笮、昆明,还报命。是岁天子始建汉家之封。"(《史记》卷一百三十《太史公自序》)司马迁仕为郎中的准确年代未见记载,大约在武帝元狩、元鼎间,年纪接近三十岁。奉使西南夷归来之时在元封元年(前110),此年司马迁三十六岁,正是汉武帝首次登泰山封禅之年,故改元为"元封"。此外在侍奉武帝出巡的时候,他还到过不少地方。见于《五帝本纪》《河渠书》《齐太公世家》《魏世家》《孔子世家》《屈原贾生列传》《樊郦滕灌列传》等篇言及的行踪,他所到有长江大河、五湖沅湘、淮泗漯洛,西南至今四川成都和云南,北自龙门至于朔方。他在会稽,探过禹穴,在淮阴,访问了韩信的遗迹,在丰沛,向遗老访问刘邦当年事迹,并访问了萧何、曹参、樊哙、夏侯婴的故居,在沅湘流域,凭吊了屈原自沉的汨罗江。适楚,观春申君故城宫室。在山东,"讲业齐鲁之都","观仲尼庙堂车服礼器,诸生以时习礼其家",并访问了孟尝君的故邑。在河南,访问了魏都大梁之墟和侯嬴所看守过的夷门,在北方边塞上,"行观蒙恬所为秦筑长城亭障,堑山堙谷,通直道"。"试取一地图,按今地,施朱线,以考迁游踪,则知当时全汉版图,除朝鲜、河西、岭南诸新开郡外,所历殆遍矣。"(《要籍解题及其读法》,《饮冰室合集》专集之七十二）白寿彝先生曾精辟地论述两次壮游对司马迁著史的重要意义："壮阔的游踪，为他打开了眼界、增长了阅历，使他有机会听到过去——特别是秦汉以来著名人物的生动的故事；也使他有机会比较广泛地接触下层群众，并有助于了解各地的经济生活、风土特征和地理形势。"（《中国史学史论集》）同样为司马迁著成伟大杰作提供了有力的保证。

　　司马迁著史工作始于元封年间。元封元年（前110），他奉使归来，回报朝廷，在洛阳郑重地接受父亲的临终嘱托，此年开始正式撰史。是年司马迁三十六岁。至元封三年（前108），司马迁始任太史令之职，绀"石室金匮之书"。其间，司马迁曾因上大夫壶遂的问话，发表了有关其本人著述宗旨的长篇议论，其要点是：（一）著史是要效法孔子所言，"我欲载之空言，不如见之于行事之深切著明也"，即通过记载历史事实，来表述自己的政治主张和理想。（二）高度评价儒家《六经》，表明尊儒是本人学术思想的基本倾向，他说："夫《春秋》，上明三王之道，下辨人事之纪，别嫌疑，明是非，定犹豫，善善恶恶，贤贤贱不肖，存亡国，继绝世，补敝起废，王道之大者。……是故《礼》以节人，《乐》以发和，《书》以道事，《诗》以达意，《易》以道化，《春秋》以道义。拨乱世反之正，莫近于《春秋》。"（三）著史的主要目的，并非用来"刺讥"，而是要效法前代贤能之士著成《诗》《书》那样，用来反映时代的进步，特别是西汉建立以来成就远超前代，更值得详实记载和热情赞美，对此责无旁贷。故云："汉兴以来，至明天子，获符瑞，封禅，改正朔，易服色，受命于穆清，泽流罔极，海外殊俗，重译款塞，请来献见者，不可胜道。臣下百官力诵圣德，犹不能宣尽其意。且士贤能而不用，有国者之耻；主上明圣而德不布闻，有司之过也。且余尝掌其官，废明圣盛德不载，灭功臣世家贤士大夫之业不述，堕先人所言，罪莫大焉。"（均据《史记》卷一百三十《太史公自序》）借回答壶遂问话所阐述的这三项，深刻地揭示出司马迁著史宗旨，也揭示出他克服困难辛勤著述的精神动力。

　　正当司马迁聚精会神全力推进《史记》撰著工作的时候，天汉三年（前98）却意外地发生了李陵事件，使他蒙受了奇耻大辱。李陵是名将李广之孙，平常以武艺高超、英勇杀敌著称,其人品也广受赞誉。天汉二年,武帝派贰师将军李广利(武帝宠妃李夫人之兄)率主力出酒泉击匈奴右贤王,李陵率步卒五千出居延为步军以牵制匈奴,李陵与单于连战十余日,杀敌一万。后因寡不敌众,救兵不至而败。当李陵降敌消息传来时,情况真假难辨。司马迁与李陵本无私交,但据平日对他的了解,认为他为人正直,可能是以投降为计策,以后伺机报汉。又见武帝因此坏消息而忧愁终日,担心他有伤身体,于是借武帝询问的机会,讲了为李陵辩护的话。不料引起武帝大怒,以为司马迁是有意中伤李广利将军,于是下令交给司法之官判处,以诬上之罪处以腐刑。此年是天汉三年,司马迁四十八岁。司马迁在回复其朋友任安的信中说,本来按汉律,出资财五十万可以赎死罪,无钱赎即施以腐刑。"家贫,财赂不足以自赎,交游莫救,左右亲近不为一言。身非木石,独与法吏为伍,深幽囹圄之中,谁可告诉者!"结果惨受腐刑,他自言,"惜其不成,是以就极刑而无愠色""所以隐忍苟活,函粪土之中而不辞者,恨私心有所不尽,鄙没世而文采不表于后也。"(《汉书》卷六十二《司马迁传》)

一代伟大史学家竟无辜受到专制君主如此残酷的迫害,遭遇不堪忍受的凌辱,本想一死以表达其愤懑,但他一转念,凝聚父子两代人心血的著史事业尚未完成。支持他坚强地活下去的,就是最终实现其平生这一崇高的抱负!于是他从极度悲痛中奋起,以最后的生命完成其著作:"退而深惟曰:'夫《诗》《书》隐约者,欲遂其志之思也。昔西伯拘羑里,演《周易》;孔子厄陈、蔡,作《春秋》;屈原放逐,著《离骚》;左丘失明,厥有《国语》;孙子膑脚,而论兵法;不韦迁蜀,世传《吕览》;韩非囚秦,《说难》《孤愤》;《诗》三百篇,大抵圣贤发愤之所为作。此人皆意有所郁结,不得通其道也,故述往事,思来者。'"(《史记》卷一百三十《太史公自序》)在司马迁著史的最后阶段,因心情悲痛,已处于体力极其虚弱、精神恍惚状态,"肠一日而九回,居则忽忽若有所亡,出则不知如往"。(《汉书》卷六十二《司马迁传》)但他仍以惊人的毅力,完整地著成全书。所撰全书之终篇《太史公自序》,内容丰富而系统,记述了司马氏家世和父亲司马谈的学术思想,记述了他二十岁以后在全国壮游的经历,记述了上大夫壶遂与司马迁的问答，记述他因遭受李陵之祸，被处腐刑，在屈辱中奋起、发愤著述。尤其是，他确切地统计了全书的卷数，"凡百三十篇。五十二万六千五百字"，记载全书的起讫，"余述历黄帝以来至太初而讫，百三十篇"，又精辟地一一提炼出全书一百三十篇的撰述义旨，论述"本纪""表""书""世家""列传"设置的依据和五种体裁之间的关系，昭示《史记》的著述目的是："罔罗天下放失旧闻，王迹所兴，原始察终，见盛观衰""以拾遗补艺，成一家之言，厥协《六经》异传，整齐百家杂语，藏之名山，副在京师，俟后世圣人君子"。（《史记》卷一百三十《太史公自序》）司马迁如此伟大的抱负，深邃的目光，体裁、体例的精心严密、完善安排，每一项都为后世史家树立了典范，而其著述毅力和高度负责的精神更永远令后人衷心崇敬和赞美。郭沫若为陕西韩城司马迁祠所题的诗句："龙门有灵秀，钟毓人中龙。学殖空前富，文章旷代雄。怜才膺斧钺，吐气作霓虹。功业追尼父，千秋太史公。"正是对司马迁的历史功绩和崇高精神的精当评价！

司马迁受宫刑后，任职中书令。这一职务必由宦官担任，而因其职责是在皇帝身旁侍事，出入传达政令，故被视为尊宠任职，他的老朋友益州刺史任安寄书责备他未能效法古代贤人、以推荐才能之士为己任。而司马迁则自认为是"刑余之人""自古而耻之""若仆大质已亏缺，虽材怀随、和，行若由、夷，终不可以为荣，适足以发笑而自点（玷污）耳！"（《汉书》卷六十二《司马迁传》）司马迁之卒年，史籍缺载。据王国维考证：《报任安书》作于太始四年（前93），此年司马迁五十三岁。而此时司马迁身心健康已受到极大摧残，以至于精神恍惚，将不久于人世。其卒年，当在武帝之末年。

《史记》原称《太史公书》。[1] 此项也表明，司马迁"著书最大目的，乃

---

[1] 如见于《汉书》者，《艺文志》著录称"《太史公》百三十篇"。《杨恽传》谓之《太史公记》。《宣元六王传》称《太史公书》。《后汉书·班彪传》中之《略论》、王充《论衡·超奇》篇均同。两汉时未有以《史记》名迁书者。迁书中"史记"之名"凡八见"（梁启超：《要籍解题及其读法》），如《周本纪》云："太史伯阳读史记"，《十二诸侯年表·序》云：孔子"论史记旧闻"等，皆指古史。以"史记"称迁所著书，盖起于魏晋间，实"太史公记"之省称耳。（参见王国维《太史公行年考》）

在发表司马氏'一家之言',与荀卿著《荀子》,董生著《春秋繁露》,性质正同。不过其'一家之言',乃借史的形式以发表耳。故仅以近世史的观念读《史记》,非能知《史记》者也"。(《要籍解题及其读法》,《饮冰室合集》专集之七十二)关于《史记》记载史事的断限,司马迁本人已有论及曰:"于是卒述陶唐以来,至于麟止,自黄帝始。"《集解》引张晏曰:"武帝获麟,迁以为述事之端。上纪黄帝,下至麟止,犹《春秋》止于获麟也。"还可举出两项旁证。《汉书·扬雄传》云:"太史公记六国,历楚汉,讫麟止。"《后汉书·班彪传》云:"太史令司马迁,上自黄帝下讫获麟,作本纪、世家、列传、书、表,凡百三十篇。"武帝获麟在元狩元年冬十月(前122),孔子作《春秋》讫于鲁哀公十四年西狩获麟,《史记》意欲"继《春秋》",此年适有获麟之事,故以此为记事之终限。《太史公自序》最末一段又记:"余述历黄帝以来,至太初而讫。"何以前后有两种不同的说法,合理的解释是"至于麟止",本为司马迁原先对全书起讫所作的计划;"至太初而讫",则是他在实际撰著过程中,对于元狩元年至太初年间约二十年的史事又有记载。至于《史记》有的篇章中还间见载有昭帝、宣帝以后片断史事,那是因为在流传过程中误将后人的某些补记羼入,实与司马迁本人无关。《史记》究竟有哪些缺篇?《太史公自序》中已经确凿讲明全书的篇数和总字数,这说明在司马迁生前《史记》全书已经完成。《汉书·司马迁传》说:"十篇缺,有录无书。"颜师古注引张晏曰:"迁没以后,亡《景纪》《武纪》《礼书》《乐书》《兵书》《汉兴以来将相年表》《日者列传》《三王世家》《龟策列传》《傅靳列传》。"这都是说后来《史记》缺遗的情形。究竟缺遗了哪几篇,学者间的意见不一,尚不易定论。但如《史通·古今正史》所说"十篇未成,有录而已",却可以说是没有根据的。

第二讲

司马迁的价值观与儒学

优秀的史著从来不是史料的堆积，而是洋溢着著史者的思想主旨。任何史家都不可能脱离时代而存在，其价值观念必然反映着所处时代的思想光辉。司马迁撰写《史记》是要"成一家之言"，而当时儒学已上升到社会指导思想的地位。那么，他与儒学是什么关系呢？自从《汉书》作出"论大道则先黄老而后六经"的评价后，人们在很长时间内都认为司马迁"尊道"，甚至"反儒"。司马迁是伟大的史学家，难道他会完全与时代相脱离？我们从《史记》中可找出大量证据，证明这种说法不能成立，结论正好相反。最突出者有三项：以"继《春秋》"为己任，对儒家经典给以全面推崇；推崇孔子为"至圣"，突破体例限制，破格撰写了《孔子世家》；从篇章设立到史料取舍再到历史评价，都以儒学为主要标准。

一、继"春秋"和确立孔子在文化史上的崇高地位

《史记》中最能集中地体现尊儒倾向的主要篇章，则是《太史公自序》与《孔子世家》。

《太史公自序》是《史记》全书一百三十篇中居于最后的总结性文字，司马迁袒露心扉，极富感情地表达本人以"继《春秋》"为己任的著史宗旨，对《春秋》及全部儒家经典给以全面的推崇。司马迁对《春秋》的看法直接渊源于孟子。孔子修《春秋》，寓褒贬、别善恶，表达孔子的政治观点和社会理想，这个特点，被儒家巨擘孟子充分地阐扬。孟子视孔子修《春秋》为最了不起的大事，其功可与"禹抑洪水而天下平，周公兼夷狄，驱猛兽而百姓宁"。他认为孔

子目睹世道衰微,邪说暴行有作的局面,运用褒贬手法,是借针砭世事以垂法后人,具有极大的政治意义,所以称《春秋》是"天子之事",并说"孔子成《春秋》而乱臣贼子惧"。(《孟子·滕文公下》)孟子还强调《春秋》所重不是史事,而是孔子加进去的"义":"孔子曰:'其义则丘窃取之矣!'"(《孟子·离娄下》)孟子的论述,大大提高了《春秋》在儒学总体系中的地位,阐释了《春秋》所包含的孔子的政治观点具有治理国家、纲纪社会秩序伦理的非凡作用,也说明了精深的义理乃是史书的灵魂所在这一深刻的道理。孟子的论述对后代影响至巨,首先直接影响了西汉时代的司马迁。

司马迁在《太史公自序》中非常强烈、鲜明地宣告自己直接继承了孔子的事业。他讲著《史记》以继《春秋》,是他父亲司马谈的郑重嘱托。先父把著史视为直接继承孔子作《春秋》的神圣事业,且是时代所迫切需要,临终之时已郑重地托付司马迁完成。司马迁又说:"先人有言:'自周公卒五百岁而有孔子。孔子卒后至于今五百岁,有能绍明世,正《易传》,继《春秋》,本《诗》《书》《礼》《乐》之际?'意在斯乎!小子何敢让焉。"更确凿地表明,著史以"继《春秋》",是司马迁本人责无旁贷自觉担当的重任。故此,司马迁所著书本来定名为《太史公书》,而非后人所称《史记》。司马迁的定名,说明他以效法孔子为宗旨,要提出自己的思想体系,如《孟子》《荀子》等书一样,要拿出自己的一套独立见解。

司马迁尊崇儒学的又一集中表现是:他突破《史记》著述体例的限制,破格撰写了《孔子世家》,同时撰有《仲尼弟子列传》《孟子荀卿列传》《儒林列传》,他们有机地形成系列文章,郑重地记载了儒家创立者的功绩,众多弟子和儒家巨子的生平,以及秦汉以来儒学显于世的人物事迹,构成最早的儒学史,显示出儒学繁盛的特殊地位,令其他学派黯然失色。

最为重要而确凿的事实是,司马迁立孔子为"世家",使孔子处于突出地位,他系统地记载孔子的言行事迹和学说,并推崇他为"至圣"。老子则只列入与庄周、韩非的合传中,称之为"隐君子"。《太史公自序》中揭示出两篇传记撰写的义旨,也形成了鲜明对照。"周室既衰,诸侯恣行。仲尼悼礼废乐崩,追修经术，以达王道，匡乱世反之于正，见其文辞，为天下制仪法，垂六艺之统纪于后世。作《孔子世家》。"这是褒彰孔子的学说具有拨乱反正、作为天下统纪和社会伦理准则的价值。"李耳无为自化，清净自正；韩非揣事情，循势理，作《老子韩非列传》。"则仅以寥寥数字点出老子和韩非学说的特点而已。这一切，都被他严肃地写进《史记》这部信史之中，所以在确立孔子作为中国古代文化代表人物、古代圣人的崇高历史地位上，司马迁的历史功绩是巨大的。

二、全书以儒家学说为主要价值标准

我们扩大观之，《史记》全书的指导思想，实则都明确地贯穿了以儒家学说，尤其是孔子的言论作为价值取向的主要标准。无论是篇章的设立，对人物和事件的褒贬评价，以及取材的依据和史料的鉴别取舍，都有确凿无疑的证据。

《史记》五种体裁之开篇，都是司马迁的精心安排，都明显地以儒学作为设置或裁断的标准，以孔子表扬过的人物，或儒家典籍所载为依归。《史记》以《五帝本纪》开篇，列为十二本纪之首。战国至秦汉，学者多言五帝，"五帝"为谁？说法各不相同。司马迁断从黄帝开始，五帝为：黄帝、颛顼、帝喾、尧、舜。这是采用儒家典籍《大戴礼记》的说法，决定写上古史从黄帝开始，并整理出以儒家思想为指导的古史体系。司马迁此一以儒家思想为标准的裁制在中华文明史上有伟大的意义，两千多年来中国人世世代代普遍地以黄帝为中华民族共同的祖先。当时，司马迁面临两类史料，一类是百家杂语，另一类是《左传》《国语》《五帝德》《帝系姓》这些儒家典籍。司马迁认为，前者，"其言不雅驯"，无法印证。后者，经过他在全国范围内调查访问，采访故老传说，都能得到印证。司马迁郑重其事写了篇末论赞，强调在荒远难以确考的上古历史中，以儒家典籍的记载最足以凭信："孔子所传宰予问

《五帝德》及《帝系姓》，儒者或不传。余尝西至崆峒，北过涿鹿，东渐于海，南浮江淮矣，至长老皆各往往称黄帝、尧、舜之处，风教固殊焉，总之不离古文者近是。予观《春秋》《国语》，其发明《五帝德》《帝系姓》章矣，顾弟弗深考，其所表见皆不虚……余并论次，择其言尤雅者，故著为本纪书首。"这就清楚地表明，司马迁之"整齐百家杂语"，是以儒家典籍为标准的。他以此统一当时互相矛盾歧异的诸多说法，形成了中华民族对于最早祖先的共同认识，促进了"大一统"局面的巩固，增强了民族向心力，此项贡献是极其巨大的。

《史记》十二表，以《三代世表》为第一篇。篇前的序说："孔子因史文次《春秋》，纪元年，正时日月，盖其详哉。至于序《尚书》则略，无年月；或颇有，然多阙，不可录。故疑则传疑，盖其慎也。""余读谍记，黄帝以来皆有年数。稽其历谱谍终始五德之传，古文咸不同，乖异。夫子之弗论次其年月，岂虚哉！于是以《五帝系谍》《尚书》集世纪黄帝以来讫共和为《世表》。"司马迁的原则同样很清楚，若按百家杂语的谍记，黄帝以来都有年数，一概"乖异"不可信。因此他学习孔子整理《春秋》《尚书》的方法，疑则传疑，信则传信。孔子对黄帝至共和以前，不论年月，是诚实可靠的态度，为司马迁所服膺。故依据《五帝德》《帝系姓》《尚书》，作"世表"。

《史记》"八书"，《礼书》为第一篇。其原因很显然，礼是儒家的重要部分。序中一再引用孔子的言论："禘自既灌而往者，吾不欲观之矣。""必也正名。"表明以强调维护君臣朝廷尊卑贵贱之序为此篇著述的宗旨。"八书"是《史记》记载朝章国典、社会生活的重要篇章，司马迁将《礼书》置于其首，正是突出了儒家礼制对于维系君臣等级和人伦关系的重要作用。

《史记》三十世家之首，是《吴太伯世家》，标准即是孔子对吴太伯的赞誉。司马迁在篇末论赞中有集中的表述："孔子言'太伯可谓至德矣，三以天下让，民无得而称焉'。余读《春秋》古文，乃知中国之虞与荆蛮、句吴兄弟也。延陵季子之仁心，慕义无穷，见微而知清浊。"首句引孔子的话，见于《论语·泰伯》。二句称"《春秋》古文"，指的是相信《左传》的记载，且上升到理论认识的高度，概括出中原民族与被视为蛮夷的楚、吴本来是兄弟的关系。说明司马迁发挥了儒家典籍中的思想精华，形成了他本人开明的、有平等色彩的民族观和著史的开阔视野。最后称赞吴公子季札（即延陵季子），说他有"仁心"，"慕义无穷"，也是根据《左传》记载，在这篇《世家》中大量采用。

《史记》七十列传之首，是《伯夷列传》。这固然是因为伯夷是第一个有事迹可记的著名人物，而重要的是由于他受到孔子的大力表彰。序中说："孔子序列古之仁圣贤人，如吴太伯、伯夷之伦详矣。余以所闻由、光义至高，其文辞不少概见，何哉？"强调由于孔子记载、评论了吴太伯、伯夷，事迹才可考。不像尧时之许由、夏时之务光，什么传记资料也没有。篇末赞语，连续引孔子的话赞扬伯夷具有高尚的志节："子曰'道不同不相为谋'，亦各从其志也。故曰'富贵如可求，虽执鞭之士，吾亦为之。如不可求，从吾所好。''岁寒，然后知松柏之后凋。'"分别见于《论语》中《卫灵公》《述而》《子罕》篇。最后慨叹世情，引用孔子所言"君子疾没世而名不称焉"，《周易·象辞》："同明相照，同类相求"，"云从龙，风从虎，圣人作而万物睹"，表达太史公本人操行峻洁、发愤著述，以求扬名后世的志向；又突出伯夷、叔齐、颜渊，都是由于孔子表彰，才得传扬后世，"得夫子而名益彰"，"附骥尾而行益显"。《伯夷列传》还有一个特点，全篇以序、赞形式发表议论的部分远超过记载史实的部分，因此有的学者则认为此篇具有作为整个七十列传总序的作用。如果这样看，则司马迁在此突出保持志节、坚贞不屈这类儒家学说的精华，显然又揭示出他从此篇以下记载的众多人物事迹所恪守的重要指导原则。

不惟上述五种体裁开篇的创设体现了司马迁尊崇孔子和儒学的思想，《史记》还有许多篇章贯穿了以儒学观点作为评价政治的成败兴坏、人物事件的善恶是非的表彰。

《周本纪》记周代商而兴，全篇的主线是自周的先王以来如何实行"仁义""德政"，因此周逐步强大，得到人民和周围小邦的拥护，这正是儒家根本思想。司马迁突出地记载周的先王后稷教民稼穑，播种百谷，公刘"复修后稷之业，务耕种，行地宜，自漆、沮度渭，取材用，行者有资，居者有畜积，民赖其庆。百姓怀之，多徙而归焉。周道之兴自此始"。至古公，"复修后稷、公刘之业，积德行义，国人皆戴之"。特别是周文王，"笃仁，敬老，慈少。礼下贤者，日中不暇食以待士，士以此多归之"。因而逐步兴盛，得到诸侯拥护。最后周武王率八百诸侯战胜了暴虐无道的殷纣王。

汉文帝是司马迁心目中理想的皇帝，他对汉文帝最集中的评价，就是"仁"这一孔子的思想道德标准。《孝文本纪》中，详细地、赞赏地记述各项德政：宽刑，纳谏，重视农业，轻徭薄赋，节俭，露台计值百金而罢建，所幸慎夫人令衣不曳地。并推崇汉文帝"专务以德化民，是以海内殷富，兴于礼义"。篇末赞语说："孔子言'必世然后仁。善人之治国百年，亦可以胜残去杀'。诚哉是言！汉兴，至孝文四十有余载，德至盛也，廪廪乡改正服封禅矣，谦让未成于今。呜呼，岂不仁哉！"所引孔子的话，见于《论语·子路》篇。评价文帝当政时期为"德至盛"，认为他真正达到了"仁"的标准。可见这篇赞典型地做到通篇以儒家观点立论。

《商君列传》的赞，则属于另一类型。司马迁的赞语，主要是对商鞅思想性格的批评，"商君，其天资刻薄人也""亦足发明商君之少恩"。都是指责他"用刑深刻"，不施行仁义。赞语的批评，与传中肯定商鞅变法措施的巨大成效，是一个矛盾。《商君列传》中明载："行之十年，秦民大悦，道不拾遗，山无盗贼，家给人足。民勇于公战，怯于私斗，乡邑大治。"又说："居五年，秦人富强；天子致胙于孝公，诸侯毕贺。"我们由此可得出两点认识：一者，赞语中评价的标准，表明司马迁明显地以儒家观点批评商鞅之刻薄少恩；二者，司马迁不以个人好恶歪曲或掩盖历史事实，故能克服主观好恶的影响，据实直书，这又从一个侧面说明司马迁不愧是忠实的史学家。

司马迁著史取材的依据和慎重考辨史料的态度，也是以儒家典籍为依归，以孔子为效法的榜样。他关于史料鉴别、取信的名言是："学者载籍极博，犹考信于六艺。"这是司马迁面对各种纷纭复杂的记载，作了认真的考辨工作之后得出的结论：儒家典籍是取材的可信依据。前文所论及司马迁对有关五帝的史料即是最好的说明。司马迁实际上作了三个层次的对照印证工作。第一层是将儒家典籍与百家杂语关于上古历史的说法相对照,得出"百家言黄帝,其文不雅驯,荐绅先生难言之"的结论,而相比之下,儒家典籍则是可信的。第二层,是他以本人历年行踪所至,在全国各地探求古迹,访问故老传说,所得到的上古历史的材料,与儒家典籍《五帝德》《帝系姓》能互相印证,说明儒家古文典籍所载近是。第三层,以儒家系统的《左传》《国语》的有关资料与《五帝德》等相比照,又证明它们能互相发明。以上诸项工作,就是司马迁"考信"的基础,他撰写的《史记》就是建立在这种认真、扎实的史料基础上。两千多年前的史学家著史有这样严谨的态度,有如此明确的史料学主张,是非常难得的。《史记》这样一部中华文化史上伟大的信史所具有的高度史料价值,和儒家典籍提供的史料基础是分不开的。

司马迁"疑以传疑"这种富有理性精神的慎重考辨史料的态度,也直接受到孔子的影响。孔子修《春秋》,不仅寓含其政治理想,同时也创立了重视文献的传统。孔子生活在保存有大量宗周历史文献的鲁国,到三十多岁时,又到周王室观书,向担任守藏史(相当于王室图书馆或博物馆长)的老聃学习礼制,所以孔子对制度文献有渊博的知识。他总结一生钻研历史文献的经验,一再告诫人们:"多闻阙疑,慎言其余。"(《论语·为政》)"盖有不知而作之者,我无是也。多闻,择其善者而从之;多见而识之;知之次也。"(《论语·述而》)"君子于其所不知,盖阙如也。"(《论语·子路》)讲出了根据确凿事实才能下结论,对于并不明白的事情,就先予保留这条重要真理。《史记》中一再讲"疑以传疑,盖其慎也",就是直接秉承于孔子所强调的原则而来的。《春秋》在史料上的可靠性恰恰证明孔子认真贯彻了这些原则。近代天文学家的研究证明,《春秋》关于日食、"星陨"、星象的记载,许多都跟用近代科学方法推断的相符,是中国和世界天文学史上的珍贵史料,譬如《春秋》所记载的三十六次日食,经过近代天文学家用科学方法验证,基本正确可靠。司马迁在天文学上也有很高造诣,他根据西汉时代的天文学水平,对此也有正确的认识。

三、司马迁与董仲舒尊儒之异同

司马迁较董仲舒年龄小、辈分低,他们都是汉武帝时代之思想文化巨人。司马迁之尊儒,与董仲舒这位"一代儒宗",有什么关系?他们的思想有何同和异?对此笔者总的看法是,司马迁与董仲舒同是尊儒,司马迁还曾向董仲舒问学,但从思想体系来说,两人是对立的。

崇仰孔子,尊奉儒学,两人是共同的。关于评价儒家经典对治国的作用,特别是评价《春秋》的特殊意义,司马迁明显地深深受到董仲舒的影响。《史记》中有四篇突出地强调孔子修《春秋》表达褒贬大义,具有纲纪天下、正人伦的作用,因而是"行天子之事",为后王立法。《太史公自序》先引董生之言曰:"周道衰废,孔子为鲁司寇,诸侯害之,大夫壅之,孔子知言之不用,道之不行也,是非二百四十二年之中,以为天下仪表,贬天子,退诸侯,(按,《汉书·司马迁传》引此无'天子退'三字,作'贬诸侯',当是)讨大夫,以达王事而已矣。"然后极言"拨乱世反之正,莫近于《春秋》""万物之聚散皆在《春秋》",有国者,为人臣者,为人父者,为人子者皆不可以不知《春秋》,否则都将遭大祸,故"《春秋》者,礼义之大宗也"。《十二诸侯年表·序》云:"孔子明王道,干七十余君,莫能用,故西观周室,论史记旧闻,兴于鲁而次《春秋》,上记隐,下至哀之获麟,约其辞文,去其烦重,以制义法,王道备,人事浃。"《孔子世家》尤有"推此类以绳当世。贬损之义,后有王者举而开之,《春秋》之义行,则天下乱臣贼子惧焉"诸要义。《儒林传》亦云:"故因史记作《春秋》,以当王法,其辞微而指博,后世学者多录焉。"上面引录的《史记》各篇中的精辟语句有力地证明,重《春秋》、尊孔子的确是司马迁的基本思想倾向,是经过深思熟虑而形成的,因而自成系统,诸篇互相印证。而司马迁的春秋学观点乃得自董仲舒的直接传授,其见解与

《春秋繁露》中的论点相吻合。

董仲舒和司马迁都继承并发展了儒家大一统思想。董仲舒在向汉武帝的对策中，论述"大一统"是天地间最长久的普遍原则："《春秋》大一统者，天地之常经，古今之通谊。"言下之意，"大一统"当然也是指导国家政治的最高理论。他又论证皇权的神圣性和正确性："《春秋》之文，求王道之端，得之于'正'。'正'次'王'，'王'次'春'。春者，天之所为也；正者，王之所为也。其意曰上承天子所为，而下以正其所为，正王道之端云尔。"（《汉书》卷五十六《董仲舒传》）在《春秋繁露·符瑞》篇中，他倡言"一统乎天下"，讲孔子"托乎《春秋》正不正之间，而明改制之义，一统乎天下，是加忧于天下之忧也"。董仲舒主要是依经义对大一统进行阐发，司马迁则整理史料，撰成一部中华民族不断走向统一的信史，使之流传后世。司马迁继承、发扬了孔孟的大一统民族观，他以确凿的史实证明中华民族的向心力不断加强，表达了民族的共同心理，对于推进国家的统一和教育华夏子孙世世代代牢固树立民族统一的观念，都产生了深远的影响。

然则，同样尊儒，司马迁与董仲舒又有很大差异。首先，是思想体系不同。司马迁尊儒，是认为孔子从倡导大一统和确立政治体制的原则上为后世制仪法，尤其是从文化和思想教化方面高度推崇孔子的贡献，放在当时的历史关系中来评价孔子的历史地位。司马迁立志著史以继《春秋》，旨在"成一家之言"，建立自己一套独立的思想体系。其突出的特点，是以忠实的态度考察客观历史进程和社会情状，"稽其成败兴坏之理"，总结出民心向背对于政治成败的决定作用，因而把"安民"和"任贤"视为治理国家的最大关键，反映出平民阶层的政治要求，表达出自己的政治思想。司马迁发扬了先秦思想家的民本思想，认识到民众是国家政治的根本，以此为线索，总结商周以来的历史变局。《殷本纪》《周本纪》以具体史实，揭示殷纣王倒行逆施，遭到民众痛恨，逐步为其垮台准备了条件；而周的兴起，则是自后稷文王历代"积德行义"，"民赖其庆，百姓怀之"。在《秦始皇本纪》篇末，对于秦的暴政作了有力的揭露。在项羽、刘邦两篇本纪中，则以此对比手法，揭示项羽失败在于一贯实行杀戮政策，刘邦成功在于一向争取民心的深刻道理。这样一来，对于历史盛衰大事的解释，便完全置于政策的得失和民众的意志这些具体切实、容易明了的问题上。所以正当董仲舒天人感应说风行一时、汉武帝拜神求仙执迷不悟的时代，司马迁却清醒地提出："国君强大，有德者昌；弱小，饰诈者亡。太上修德，其次修政，其次修救，其次修禳，正下无之。"（《史记》卷二十七《天官书》）这实际即是对于"王权神授""天意决定人事"的神学观点作正面的否定。董仲舒的思想体系，则是儒学与阴阳五行学说相结合。他通过宣扬王权神授、"天人感应"等理论，为封建统治服务，其学说，虽然在巩固西汉政治"大一统"局面，及为武帝"改制"提供理论依据方面发挥了作用，但其宣扬灾异迷信方面却在历史上造成很大的负面影响。董仲舒把"天"看成是有意志、有目的、主宰人世间万事万物，"天执其道为万物主"。（《春秋繁露·天地之行》）王道三纲，君臣、夫妇、父子关系，是由"天"派生的。封建统治要实行"德""刑"两手，也是由阴阳决定的。董仲舒还有大量用五行学说来解释封建纲常伦理的神圣性、合理性的言论，如用五行相生解释臣对君、子对父必须尽忠尽孝的道理等。

  再则，在文化思想上，司马迁与董仲舒也是对立的。董仲舒在对策中向武帝提出，"今师异道，人异论，百家殊方，指意不同，是以上亡以一统"，主张"诸不在六艺之科孔子之术者，皆绝其道，勿使并进，邪辟之说灭息，然后统纪可一而法度可明，民知所以从矣"。（《汉书》卷五十六《董仲舒传》）视百家为邪说，要统统使其灭绝。汉武帝采纳其建议，罢黜百家独尊儒术，标志着封建文化专制局面的开始。司马迁则兼纳各家学说之长，具有拥抱全民族文化的广阔胸怀。《史记》中对道家（包括汉初黄老学说）、法家（包括管子学说）、纵横家都有适当的肯定，将各家各派的学术思想、各具智慧和光彩的历史人物都载入史册。故梁启超推崇司马迁是古代文化的集大成者："其于孔子之学，独得力于《春秋》，西南学派（老庄）、北东学派（管仲齐派）、北西学派（申、商、韩）之精华，皆能咀嚼而融化之……虽谓史公为上古学术思想之集大成可也。"（《论中国学术思想变迁之大势》，《饮冰室合

集》文集之三）

总体来说，司马迁著史正处于儒学自西汉初以来已逐步上升到社会文化舞台中心地位，并且成为国家政治和学术指导思想的时代；《史记》的尊儒倾向，是同此一时代之特征相吻合的。这也说明《史记》的产生深深扎根于时代土壤之中，《史记》作为中国传统史学的楷模，它实同儒学这一传统文化的主干部分息息相关。从司马迁著史主旨以"继《春秋》"自任，从他对孔子的敬仰和礼赞，特别是《史记》五种体裁首篇的确立和对人物、事件的褒贬，以及取材和史料别择的依据，都证明《史记》全书以儒家学说为主要价值标准。而同时，司马迁的尊儒又与董仲舒不同。司马迁是以忠实地总结历史的发展和反映平民阶层的要求为其著述的基础的，他不仅发扬先秦儒学的优秀部分，而且充分地吸收了时代的营养而加以丰富——这正是《史记》一书具有永不衰竭的生命力的根源。

第三讲

司马迁的多维历史视野

司马迁的不朽杰作《史记》自从著成之后，历代传诵不衰，至今仍对读者具有巨大的魅力；而且，《史记》所创造的著史格局，不仅影响了中国史学两千年的进程，还一直影响到当代。这岂不是人类文化史上的奇迹！从研究层面说，学者们对于司马迁的政治观、经济观、民族观，《史记》主要篇章的成就等，均有了可观的研究成果。但尚有一个重要问题似乎关注不够。这就是，《史记》较之先秦时期《左传》等史著，是由史学初具规模到产生成熟的巨著之飞跃，那么从历史视野来说，司马迁与先秦史家所不同的是什么？《史记》被传统史家称誉为著史之"极则"，是否与其选取的历史视角的特点有关？其中又包含着史家怎样的哲理思考？与此相联系的是，产生于汉代的《史记》的编纂思想，为何能与当代史家"立体式著史"的观念相通？当代实施的大型史学工程又为何能直接从《史记》的总体结构获得启示？本讲将围绕上述问题进行探讨。

一、 多维历史视野：深刻的哲理思考

客观的历史，是以往人类社会活动演变发展的进程；经过历史学家思考、记载下来，便是书写的历史，即历史著作。正因为历史是人类社会进程的记录，它就不是单线式的演进，而是由多种因素交织而成，也即是多维构成、不断变化发展的空间图景。人类社会生活由简单到复杂逐步演进，人类对于自身历史的认识能力也由简单到复杂，由较低层次向较高层次逐步发展。其体现，便是观察历史由单一视角而发展到多重视角，所得的结果，是由比较朴素、简略的历史记载，逐步发展为复杂、丰富的记载。

人类远古的祖先实行"结绳记事",就是最早的历史记录。《周易·系辞下》:"上古结绳而治,后世圣人易之以书契,百官以治,万民以察。"郑玄注:"事大大结其绳,事小小结其绳。"何以知道大结所代表的大事、小结所代表的小事?就得靠口说相传。近代社会学家调查所得的某些后进部落的记事方式正好与此相印证。如我国南方少数民族佤佤人,在二十世纪中叶以前还没有文字,记载本族史事的方法,就是用刻木头刻的痕迹深浅表示事件大小,靠本族老年人口说讲解。到了殷商时代甲骨文上记载的事件,就已有明确的年、月、日要素。由此发展,就是编年史。我国先秦时期的两部最主要的历史著作《春秋》《左传》,都是编年体裁,完全不是偶然。它表明早期的历史学家是采取年代先后的历史视角,即以"时间维度"观察历史,以年、月、日为线索,叙述春秋各列国的政治事件、会盟攻伐,以及各诸侯国的政权更迭、盛衰变化等。

司马迁作为伟大的历史学家,他继承了先秦史学的成就,并且加以大大发展。《史记》著史体系气魄宏伟,由"本纪""表""书""世家""列传"五体互相配合而成,承载了丰富生动的内容,因而取得了巨大的成功。而从史家的历史观察力来分析,则是由以往单一的视角,发展为多维视角,构成了宏阔的视野。主要包括三项:

(1) 时间维度;

(2) 人物活动维度;

(3) 典章制度和社会情状维度。

(以上三项中,"时间维度"实际包含了事件的发生、演变、结果,二者密切不可分,"时间"是记事的坐标,以"时间"来标示、连贯事件的发生与始末。《左传》是编年史,而杜预概括其记事方法为:"以事系日,以日系月,以月系时,以时系年。"从历史学家观察历史的视角看,"时间维度"的实际内容即是历史事件的演进。)

由此表明从先秦史学的初具规模,到汉武帝时代《史记》这部成熟巨著的出现,是由于史家历史观察力产生巨大飞跃而实现的。《史记》的五体结构是外在的形式，而其实质内涵，则是史家深邃的哲理思考：首先，历史的演变，是以时间先后为线索展开的，以年、月、日的先后，将一件件相关的史事组织起来；其次，凸显了历史的创造主体，是"人"，是在各个不同的社会领域发挥了作用，而又各有鲜明性格特点的人物，在历史的舞台上演了复杂曲折的活剧；再次，制度的沿革和社会生活，也是客观历史演进的重要内涵，与事件、人物活动相结合，构成社会进程的全貌。

司马迁历史观察力的高明，确实令人叹服！多维视角是从哲理思考上紧紧把握住人类历史演进的三大要素，五体结构的著史体系则是其外在形式，由此来展现历史丰富生动的内容。由于《史记》在著史格局上的巨大成功，从史学发展的实践上看，历代正史的编纂者绝无例外地以之为楷模，从《汉书》到《清史稿》，历经两千年均奉为圭臬。再从历史编纂思想、编纂方法的得失言之，自东汉初的大史学家班彪父子，到近代著名学者梁启超，都作过精当的评论，予以高度赞扬。班氏父子主要赞誉司马迁善叙事理，才华过人，史德高尚。班彪云："然善序事理，辩而不华，质而不野，文质相称，盖良史之才也。"（《后汉书》卷四十上《班彪列传》）班固又加以发展，谓："其涉猎者广博，贯穿经传，驰骋古今，上下数千载间，斯以勤矣……然自刘向、扬雄博极群书，皆称迁有良史之材，服其善序事理，辩而不华，质而不俚，其文直，其事核，不虚美，不隐恶，故谓之实录。"（《汉书》卷六十二《司马迁传·赞》）至唐代刘知幾以后，评论者更加重视的，是司马迁创造的著史格局气魄雄伟，容量广阔，足以展现社会历史的丰富内容。如刘知幾说："《史记》者，纪以包举大端，传以委曲细事，表以谱列年爵，志以总括遗漏，逮于天文、地理、国典、朝章，显隐必该，洪纤靡失。"（《史通通释》卷二《二体》）赵翼说："司马迁参酌古今，发凡起例，创为全史。……然后一代君臣政事，贤否得失，总汇于一篇之中，自此例一定，历代作史者遂不能出其范围，信史学之极则也。"（《廿二史劄记校证》卷一"各史例目异同"条）章学诚则赞誉《史记》的著史气魄和丰富内涵为"范围千古，牢笼百家"（《文史通史》内篇一《书教下》）。

正因为司马迁在哲理思维上能发现构成历史演进的时间、人物、社会生活（制度沿革是社会生活中的要件）三大要素，所以才能达到如赵翼所言"发凡起例，创为全史"，并且以著史之"极则"来表达《史记》在构建史学体系上的最高典范意义。上述精到的评论，集中地说，都深刻地揭示出司马迁在观察历史和表现历史上所具有的伟大创造力。

二、从"以事系年"到"通古今之变"

《史记》所创设的著史体系中，"本纪"处于最重要的地位，从历史视角来说，它是以时间维度来考察历史的演进，记载重大事件的。司马迁对"本纪"的命名，显然是极其慎重的。刘知幾在《史通·二体》篇中讲："纪以包举大端。"他又在《本纪》篇中讲："盖纪者，纲纪庶品，网罗万物。考篇目之大者，其莫过于此乎？及司马迁之著《史记》也，又列天子行事，以本纪名篇。后世因之，守而勿失。""盖纪之为体，犹《春秋》之经，系日月以成岁时，书君上以显国统。"刘氏在不同地方所讲，着重点有不同，合起来看，他是从三个方面讲"本纪"取名的含义：一者，纪是纲纪万物，它在全书中是专记有关国家大事。二者，"本纪"只用于天子，表示至高无上的地方，是"国统"之所系。三是，"纪"按时间纵贯记事，直接来源于《春秋》依年、月、日为序。

以上刘知幾所论，可谓颇得其实。而我们所特别注重的是，司马迁的"本纪"继承了《春秋》的记史方法，而又加以大大发展。简言之，同样是以"时间维度"记载历史，从先秦史著到《史记》，已实现了巨大飞跃，由《左传》是按春秋二百四十二年年代之先后，井然有序地作直录式记史，发展为《史记》之"本纪"十二卷，对华夏民族几千年的历史，作"通古今之变"的考察，"原始察终，见盛观衰"。司马迁对此有自觉的追求，《史记·太史公自序》作了明确表述："罔罗天下放失旧闻，王迹所兴，原始察终，见盛观衰，论考之行事，略推三代，录秦汉，上记轩辕，下至于兹，著十二本纪。"

《史记》是记载华夏民族几千年历史的通史，司马迁所高悬的目标，是"通古今之变"，对于上起华夏民族的始祖黄帝，下迄他所生活的汉武帝时期，作贯通考察，尤其着重记述各个时代的盛衰变化，探究其中的历史动因。即是说，对每一个历史时期，都要写出它在历史长河中如何变，并回答出现历史变局的原因是什么。

那么，《史记》的"本纪"，是怎样着力体现"通古今之变"的著史目的呢？概括而言，主要运用了以下三种手法：

第一，广博地搜集、整理先秦以来各种典籍文献，"厥协六经异传，整齐百家杂语"，以及官府档案、刻石铭文，并以其本人在全国各地亲身考察的历史遗迹和采访所得的故老传说相印证，写成一部详尽的中华民族的信史。司马迁所注重的，是施政得失、帝王贤否、大臣作为、战争攻略、外交活动、民族关系、疆土拓展等。自传说华夏民族始祖黄帝，到唐尧、虞舜，因为时代久远，史料稀少，《书》缺有间，司马迁更以极大的苦心搜求排比考论史料，作成《五帝本纪》。

继之夏、商、周三代，每一朝代各立一篇，为《夏本纪》《殷本纪》《周本纪》。秦的地位特殊，先立《秦本纪》，述秦的先世事迹，崛起于西陲，累代奋发努力而成帝业，具备了统一全国的基础。《秦始皇本纪》集中记载了始皇先后兼并六国、完成统一大业，其后因实行暴政，激起全国民众的反秦风暴，导致迅速灭亡的历史。西汉建国以后，则按每一在位皇帝设立一篇"本纪"。这样，共设立十二篇"本纪"，连续记载了中华民族自远古至当世几千年的历史，构成了《史记》全书的总纲。

第二，在据实记载的基础上，画龙点睛式地正面发表议论，更加明确地揭示出盛衰兴坏之理。秦何以灭亡？汉何以兴盛？这是西汉前期上自帝王下至士庶共同关心的大问题，司马迁在《秦始皇本纪》和《高祖本纪》篇末作了中肯的回答。《秦始皇本纪》篇末"太史公曰"极其精练地概括了秦由僻远小国到统一全中国的历史:"秦之先伯翳,尝有勋于唐虞之际,受土赐姓。及殷夏之间微散。至周之衰,秦兴,邑于西垂。自缪公以来,稍蚕食诸侯,竟成始皇。"秦始皇被胜利冲昏了头脑,"而羞与之侔",恣意妄为,把一切民生疾苦、人心向背置之度外,其结果是秦帝国在民众的反抗怒涛中顷刻覆灭。秦的兴亡教训是何等深刻!对此,司马迁不作详细分析,因为汉初政论家贾谊的名篇《过秦论》已经作了脍炙人口的论述,因此司马迁采用了特殊的手法,用"善哉贾生推言之也!"直接引用其几千字原文作为回答。贾谊文章最精警之处在于,他尖锐地提出这样的问题:一个强大的、天下无敌的秦国,为什么竟会骤亡呢?他明确回答,秦的灭亡是实行暴政的结果,并进而指出,政治成败、人心向背是比什么权位、兵器都要强大得多的东西。统一了天下的秦国比起它以前僻处雍州时岂不更强,而拿陈涉的地位、武器来说又根本无法与秦以前的对手山东六国相比,然而"成败异变,功业相反",为什么呢?结论只能是:"仁义不施,而攻守之势异也。"政治搞坏了,再锐利的武器也抵挡不住为生存而战的千万起义的民众。那么,汉朝为何能够代秦而起,而且成为一个强盛的朝代呢?司马迁明确指出,这是由于汉高祖刘邦接受了秦亡教训,实行德政,以宽缓政治代替暴虐政治,与民休息,体现出由乱到治的客观规律性。《高祖本纪》篇末正是从汉初成功地实现了历史变局的高度发表议论:"三王之道若循环,终而复始。周秦之间,可谓文敝矣。秦政不改,反酷刑法,岂不缪乎?故汉兴,承敝易变,使人不倦,得天统矣。""承敝易变"便是充分地肯定汉初以德政代替秦的暴政,减轻百姓负担,使饱受灾难的民众得以宽息,恢复了残破局面,为西汉的强盛奠定了基础。"得天统矣",其主要含义,即符合客观的法则。当然其中或许还包含有若干"天意"成分,处于西汉时代的历史人物,不可能完全摆脱"天人感应"一类神秘主义的影响,这是我们不应加以苛求的。合而观之,《秦始皇本纪》和《高祖本纪》篇末两段重要议论,正是从"通古今之变"的高度而得到的宝贵认识,对以后的史家也极具启示的意义。

"文景之治"是西汉历史又一关键,由于这段时间长达三十九年实行轻徭薄赋、奖励生产等措施,西汉社会积累了巨大的财富,为武帝时的鼎盛局面奠定了强大的物质基础。司马迁深刻地认识这种历史演进的内在法则性,所以他高度评价汉文帝的政治功绩,这并非出于个人的偏爱,而是杰出学者从历史变化的趋势所总结出来的深刻见解。《文帝本纪》大量记载了文帝连续多年奖殖农桑、减轻农民田租徭役负担的有效措施,在此基础上,他赞誉文帝作为封建帝王却躬行节俭的性格,和不事征伐、务使海内安宁、以免民众烦扰的功绩;围绕自身行事、处理政务的原则和外交决策三大端,论述汉文帝治国均遵循休养生息、以德化民的方针,因而出现国家富足、社会安定的罕见局面。司马迁正是从把握汉初历史前进方向的高度,总结何以能出现"文景之治"的原因。篇末的赞语,更进一步深化篇中所论:"太史公曰:孔子言'必世然后仁。善人之治国百年,亦可以胜残去杀'。诚哉是言!汉兴,至孝文四十有余载,德至盛也。廪廪乡改正服封禅矣,谦让未成于今。呜呼,岂不仁哉!""仁政"是孔子极力赞美的治国的最高境界,司马迁在这里则强调汉文帝在位二十余年的作为堪称是实现了孔子的理想。总之,《孝文本纪》中的正面议论,画龙点睛,提高了全篇史实记载的价值,从总结历史盛衰变化的高度,揭示出文帝时期为西汉盛世出现奠定了强大物质基础的原因。同时,也表达了司马迁这位两千余年的史学家心目中"理想式"皇帝的标准:本身行事要恭俭勤敏,对百姓要宽厚仁爱,使其安心生产、增殖财富,对周边民族要安抚和好、不事征伐。汉文帝恰恰符合这个标准,所以高度赞誉他"以德化民""德至盛也"!

第三,与十二"本纪"的记载相配合,《太史公自序》中又对每一篇的撰述义旨作出概括。其意图,正是帮助读者明确古今历史发展"承敝通变"的大势。对此,我们细加品味即能领会。如:

始皇既立,并兼六国,销锋铸鐻,维偃干革,尊号称帝,矜武任力;二世受运,子婴降虏。作《始皇本纪》第六。

子羽暴虐，汉行功德；愤发蜀汉，还定三秦；诛籍业帝，天下惟宁，改制易俗。作《高祖本纪》第八。

汉既初兴，继嗣不明，迎王践祚，天下归心；蠲除肉刑，开通关梁，广恩博施，厥称太宗。作《孝文本纪》第十。

汉兴五世，隆在建元，外攘夷狄，内修法度，封禅，改正朔，易服色。作《今上本纪》第十二。

总之，司马迁在先秦史学成就的基础上，加以大大发展，以十二"本纪"详载史实，为世代读者留下几千年中华民族演进无比宝贵的信史，并且明其盛衰变化之深层原因，其广泛搜集史料之勤、历史见识之高、编纂技术之精，都为后代史家树立了楷模。

在《史记》五体结构中，十二"本纪"之后紧接着十"表"，这是司马迁的匠心安排。其目的，是以"本纪"和"表"共同构成全书的纲领，显示"通古今之变"的总趋势。以往对于十"表"重视不够，我们对此应有新的看法。刘知幾曾说："表以谱列年爵。"（《史通通释》卷二《二体》）梁启超则谓："表以收复杂事项。"（《中国历史研究法补编》，《饮冰室合集》专集之九十九）他们都讲出了《史记》十"表"的一些特点，但十"表"还有更重要的作用。此即白寿彝先生所指出的："《史记》十表是最大限度地集中表达古今之变的。"（《中国史学史论集》）这里，我们仅以《六国年表》为例。

战国时代，是中国历史变化的一个重要时期。在《史记》记述中，战国的特殊性在于，它属于"东周"，而从周平王东迁以后，先经春秋，是十二诸侯并立的时代，周天子已失去号令天下的地位，只相当于一国之君，进入战国，"东周君"地位更加式微。故《周本纪》的后半篇，已无法起到统领全局的作用。据此，司马迁须依靠别的篇章。他在《六国年表》之前写了一篇长序，便分明地借以起到统领战国时期历史的作用，序的结尾称："余于是因秦记，踵春秋之后，起周元王，表六国时事，讫二世，凡二百七十年，著诸所闻兴坏之端。后有君子，以览观焉。"显然，司马迁是以《六国年表》来提挈战国七雄争战、角逐、强弱的变化,以及秦如何逐步强大、蚕灭六国而统一天下。详审表中内容,秦在表中的位置,列于六国之上。表中不但记载秦事独详,而且将战国时期的异常天象如日蚀、彗星等,也都记在秦国栏目之内。与《六国年表》序中论述秦统一全中国"盖若天所助焉","秦取天下多暴,然世异变,成功大"等,合而观之,正可证明司马迁精心撰写此表,其主旨就是显示秦逐渐强大至最终统一海内这一历史大势。

三、 以人物为中心:展现历史创造的主体

"人物维度",是司马迁观察历史又一重要视角。司马迁所开创的纪传体,历来即被视为以人物为中心记载历史。梁启超《要籍解题及其读法》中论"《史记》创造之要点",列在首项者即为"以人物为中心",并论云:"其书百三十篇,除十表八书外,余皆个人传记,在外国史及过去古籍中无此体裁。……对于能发动社会事变之主要人物,各留一较详确之面影以传于后,此其所以长也。"(《要籍解题及其读法》,《饮冰室合集》专集之七十二)梁氏此论并不完全准确(因为本纪及世家的内容,还有记全国或一地方政权政治、军事大事的成分),但从总体上讲,却明确讲出《史记》的著史格局"以人物为中心"的特点,而且他们都与"发动社会事变"密切相关。

从今天来看,以人物为中心,是对"人"创造历史的作用的发现和充分肯定,是记载历史的巨大进步。而这一进步,又根源于观察历史能力的重大推进和哲理思考之上升到更高的层次。而这恰恰是在战国以来出现的历史变局推动下取得的。战国至秦汉之际,客观历史运动的显著特点是:旧的以血缘为纽带的氏族制度遭受沉重的打击,平民力量迅速崛起,能否发现和任用文武贤才,往往能直接导致国家的盛衰存亡。历史的空前变局,使司马迁对

人物在时代前进中起到重要作用形成了新认识，这无疑是他创造以人物为中心的著史新体裁之认识基础。《史记·太史公自序》中一再陈言：他作为史官，若果"废明圣盛德不载，灭功臣世家贤大夫之业不述"，将是莫大的罪过，而作七十列传的明确目的，为记载"扶义俶傥，不令己失时，立功名于天下"的人物在历史上的活动，便是明证。

以人物为中心，展现出"人"是历史创造的主体。——这一历史视角贯穿于"本纪""世家"的大部分篇章和全部"列传"中。司马迁记载了时间跨度极大、范围极其广阔的各种类型的历史人物，包括有作为的帝王、贤臣、勇将、谋士、起义的英雄、睿智的思想家，以及出身下层的人物，以丰富具体的史实、生动的手法，描写他们在特定历史场面中个性鲜明的行为，表现其对历史进程所发挥的作用。这里略举两个典型例证。

商鞅是战国时期在秦国成功地实行变法的著名政治家，司马迁为他立了《商君列传》，集中而详实地记载他佐秦孝公变法、使秦国骤致富强的历史功绩。司马迁突出地记述了以下几项：

（一）商鞅变法的原委。商鞅选择由卫入秦，正当"秦孝公下令国中求贤者，将修穆公之业"，秦国急于寻找强国的良策，这就为商鞅提供了绝好的历史机遇。商鞅求见孝公以后，前三次是以"帝道""王道""霸道"进说，孝公起初根本不感兴趣，"语事良久，孝公时时作睡，弗听"。次说"王道"之时，孝公"益愈，然而未中旨"，再次说"霸道"，孝公则"善之而未用也"。最后商君进说"强国之术"，孝公乃兴奋异常，如饥似渴，"公与语，不自知膝之前于席也。语数月不厌"。于是君臣目标一致，决心以变法求得秦国之强盛。

（二）围绕变法与否，秦国朝廷展开了激烈的辩论，商鞅引用历史经验阐述变法主张，驳倒保守派人物的阻挠。甘龙说："圣人不易民而教，知者不变法而治。"商鞅予以有力的驳斥："三代不同礼而王，五伯不同法而霸。智者作法，愚者制焉；贤者更礼，不肖者拘焉。"商鞅在秦廷上这场激烈的辩论，充分显示出商鞅的政治远见和实行变法的坚定性。他着眼于实现秦国强国富民的时代课题，依据无可辩驳的历史经验，有力地阐述实行变法的必要，大受秦孝公赞赏，立即任命他为左庶长，实行变法。

（三）尤其重点记载了商鞅两次变法的内容和取得的巨大成效。第一次变法在孝公六年，其中的关键点是：奖励耕织，生产多的可免徭役，让民众劳动致富，同时改变旧的氏族大家庭形式，变为普遍的小农户制度，鼓励农民的生产积极性，增强秦国的物质基础；废除贵族的世袭特权，制定按军功大小给予爵位的制度，加速旧的氏族制的瓦解；推行连坐法，严究犯罪行为，加强城乡的治安管理。变法过程中，遭到旧势力的反对阻挠，太子犯法，商鞅决定重办治罪，以树立法令权威。篇中更强调变法取得的巨大成效："行之十年，秦民大说（悦），道不拾遗，山无盗贼，家给人足。民勇于公战，怯于私斗，乡邑大治。"于是孝公任命商鞅为大良造，掌管最高军政权力。至孝公二十年，秦国由雍迁都咸阳，商鞅第二次实行变法，主要内容是：合并乡邑为三十一县；为田开阡陌封疆，废除井田制，准许土地买卖；创立按丁男征赋办法，规定一户有两个丁男者必须分居，否则加倍征赋；颁布度量衡器，统一度量衡制度。司马迁同样充分肯定第二次变法的卓著效果："居五年，秦人富强，天子致胙于孝公，诸侯毕贺。"

总之，《商君列传》站在纵观战国时期历史前进方向的高度，以详确的史实，记载了商鞅两次变法奠定了秦国富强基础这一秦国历史上的关键性事件，令人信服地再现了商鞅这位成功的改革家的形象。《太史公自序》中更明确赞赏商鞅变法的巨大功绩："鞅去卫适秦，能明其术，强霸孝公，后世遵其法，作《商君列传》。"秦孝公死后，商鞅遭贵族势力诬害，车裂而死。值得注意的是，司马迁对商鞅受诬而死并未表示同情，篇末"太史公曰"："商君，其天资刻薄人也。迹其欲干孝公以帝王术，挟持浮说，非其质矣。……余尝读商君开塞耕战书，与其人行事相类。卒受恶名于秦，有以也夫！"司马迁学术思想的主导面是儒家，崇尚"仁义""德政"，同时，他又受到道家"清静无为"思想的明显影响。因此，他最为赞赏的是如汉文帝的"仁政爱民""不烦劳百姓"，而对法家学派的人物持严厉批评态度，称他们"刻薄少恩"，商鞅也在此列。但更加重要的是，司马迁不以个人好恶歪曲历史事实，在记述中如实反映商鞅变法致使秦国富强，充分肯定商鞅的历史功绩，由此证明司马迁是一位忠实地记载客观历史、具有高尚史德的史学家。

再一个典型例证，是司马迁为反秦起义英雄陈涉立了"世家"，表现出他准确把握秦汉之际历史动向和歌颂人民大众反抗压迫的卓越见识。《史记》"五体"中设立"世家"的标准和意图何在？后人每以己意猜测，所言未必切合司马迁之原意。实则《太史公自序》中对此已有明白的交待："二十八宿环北辰，三十辐共一毂，运行无穷，辅拂股肱之臣配焉，忠信行道，以奉主上，作三十世家。"讲明"世家"是用以记载像二十八宿环北辰、三十辐共一毂般的辅弼股肱之臣，即周代的十二诸侯和汉代的侯、王这样的人物，他们的名号、地位在国家有举足轻重的影响。而像孔子、陈涉，虽然没有诸侯的名号，但因为他们在历史上起了非同寻常的作用，司马迁也破例立为"世家"，以彰显其巨大的历史功绩。

司马迁对于通过记载人物的活动来展现"人"是历史创造的主体，已达到相当程度的自觉。十二"本纪"，不但记军政大事，而且记述了秦始皇、项羽、汉高祖、汉文帝等不同历史时期核心人物的活动和性格；三十"世家"，分别记载了春秋时期各诸侯国历史，同时也记载了周公旦、齐桓公、晋文公、楚庄王等政治家的活动，以及孔子、陈涉和西汉萧何、曹参、张良、陈平、周勃等重要人物的活动；七十"列传"中既有专传，又有合传、类传，记载了大量春秋战国、秦、汉时期的政治家、军事家、思想家和各阶层代表人物。"本纪"是《史记》全书纲领，其余篇章围绕"本纪"展开记事，表明中华民族几千年的进化史，就是各个时期在历史舞台上纵横驰骋、个性鲜明的人物创造的！

"自获麟以来四百有余岁，而诸侯相兼，史记放绝。今汉兴，海内一统，明主贤君忠臣死义之士，余为太史而弗论载，废天下之史文，余甚惧焉，汝其念哉！"（《史记》卷一百三十《太史公自序》）这是司马谈临终前执司马迁之手含泪嘱咐，司马迁郑重承诺的庄严使命。记载在各个历史时期建树功勋的人物是司马迁著史的重要目标之一。司马迁凭借高度的责任感和杰出的才华，出色地完成了他确定的目标，为中国史学提供了众多生动饱满的人物形象，并通过人物表现各时期特定历史面貌的成功典范，因而被后世史家尊奉为著史的楷模。

四、典章制度和社会情状视角

司马迁深邃的哲理思考和非凡创造力的又一突出体现，是选取典章制度和社会情状视角撰写"八书"，作为历史著作的重要部分，与记载政治军事人物和记载人物活动相结合。《太史公自序》中对于设置"八书"的作用有明确的表述："礼乐损益，律历改易，兵权山川鬼神，天人之际，承敝通变，作八书。"

司马迁"八书"所记均为当时"国之大政"，而《历书》以下五篇确是司马迁原作，历代学者对此并无疑问。现以对当时及后世影响尤为重大的《天官书》作简要论述，以见司马迁选取社会情状视角记载历史的重要价值。

《天官书》是总结古代天文学知识和对"天人之际"发表系统看法的篇章。"天人关系"一向是观察历史和处理现实关系的重大问题，在西汉时代更是如此。自然史与人类史的关系极其密切，天体运行、各种复杂的气象乃至种种自然灾害的发生，都对人类社会产生巨大的影响和作用。人类对天体的认识经历了漫长艰巨的过程，有关"天人之际"的探索同样是复杂艰难的课题。司马迁创立《天官书》作为"八书"之一，将记载、总结天文学知识作为其恢宏的史学著作的一部分，证明他具有过人的见识和渊博的学识。而同时，又与他父子两代相继担任"太史令"官职直接相关。司马迁曾经形容"太史令"的职务说："文史星历近乎卜祝之间。"（《汉书》卷六十二《司马迁传》）太史令即身兼史官和执掌天文历法两种身份。《天官书》就是结合西汉皇朝建立一百年来官方的天文记载资料而撰成的，因此殊为珍贵。

记载天文学知识的篇章为何以"天官书"命名呢？这是因为，当时流行的是天上与人间互有对应关系的观点："天则有日月，地则有阴阳。天有五星，地有五行。天则有列宿，地则有州域。"（《史记》卷二十七《天官书》）司马迁对此也是相信的。在古代，不管是专职的天文学家或是其他人，都认为天上的列宿与人间君臣相对应，亦有尊卑等级，有不同的官位、职掌。如司马贞《索隐》解释的："若人之官曹列位，故曰天官。"实际上，天官等级就是人间等级的投影。很显然，当时的时代环境是科学观测、科学思想的发端，与弥漫朝野的迷信、附会的观念相并存。所以我们阅读《天官书》，就要细心下一番剔别的功夫，将流行的具有神秘色彩的观念与司马迁超出世俗的进步思想和卓越见识相区分开来。

《天官书》的主要贡献有三项：

一是，开创了中国史学系统地记述天文学史料的优良传统，从而使我国丰富的天文学资料得以很好地保存、流传。特别是，司马迁记载了一份相当完整的星官体系，由于他的记述，"这个体系才能为我们得知，而今天我们在研究重要的汉代天象时就不能不依仗《天官书》的记载"。（薄树人：《试论司马迁的天文学思想》，《史学史研究》1982年第3期）

中国古代天文学的观测起源很早。《天官书》中很清楚地梳理了汉代以前从事天文星象观测的人物："昔之传天数者，高辛之前，重、黎；于唐、虞，羲、和；有夏，昆吾；殷商，巫咸；周室，史佚、苌弘；于宋，子韦；郑则裨灶；在齐，甘公；楚，唐昧；赵，尹皋；魏，石申。"传说时代就有开始从事观测天象的人物重、黎、羲、和，至夏、商有掌天文之官昆吾、巫咸。发展到战国，更产生了著名的占星家甘公（名德，著《天文星占》八卷，《正义》引《七录》"谓甘公为楚人"）、石申（石申夫，与甘公齐名的占星家，著有《天文》八卷。但甘石的著作已佚，今传《甘石星经》是宋人所辑录）。在此基础上，司马迁完成了相当完整的星官体系的记述。

《天官书》将天官分为五大星空，即中宫紫微，东宫苍龙，南宫朱鸟（又称朱雀），西宫咸池（又称白虎），北宫玄武。五宫的星宿，都与人间君臣等级有对应关系。如称中宫紫微："中宫天极星，其一明者，太一常居也。"北极星是北半球星宫环绕运行的中轴，所以被称为天帝常居的所在（太一即天帝）。旁三星就是太尉、司徒、司空三公，或称为天帝诸子。后面四颗星曲成钩形，即是正妃和嫔妃。环绕天极星的十二星就是朝臣。

篇中记载的有关中宫星座位置、构成、亮度变化和运行特点的记载，是司马迁总结历代星官观测的成果而得；而将天上的现象与地上人间的现象相比附的说法，则是按照当时盛行的"天人感应"说所作的种种解释。前者是古代天文学的宝贵成果，具有科学价值；后者则是当时社会情状的一个方面的反映，凸显了时代的特点，具有重要的认识价值——因为在当时，皇帝的诏书，大臣的论议，往往都以特殊的天象作为依据。甚至在一定意义上可以说，不了解根据"天人感应"说对天象所作的种种解释，就无法深刻了解汉代社会。

二是，观测并记载了五大行星运行中的逆行和留的规律。

《天官书》把布满南北天空的恒星（五大星官系统）和东西运行的五大行星，形象地譬作宇宙中"经"和"纬"的关系："故紫宫（中宫）、房心（包括东宫七宿）、权衡（包括南宫七宿）、咸池（包括西宫七宿）、虚危（包括北宫七宿）列宿部星，此天之五官坐位也，为经，不移徙，大小有差，阔狭有常。水、火、金、木、填星（土星），此五星者，天之五佐，为[经]纬，见伏有时，所过行赢缩有度。"五部天官都是恒星，不易观测其移动。五大行星的出现或隐没（"伏"指行星运行隐没地下，实际是被太阳遮没了），趋前（运行趋过它应到的舍，为"赢"）或退舍（未达到舍，为"缩"）都有其周期性规律。五大行星运行的这种规律，乃是古代天文学家长时期观测积累而得，司马迁第一次对此作了明晰的记载，这同样是《天官书》的重要贡献。如关于木星运行："岁星（按，木星由西向东行，约十二年一周天，古人用以纪年，称岁星）出，东行十二度，百日而止，反逆行；逆行八度，百日，复东行。岁行三十度十六分度之七，率日行十二度之一，十二岁而周天。"司马迁已观测到木星绕日岁行三十又十六分之一度，堪称记载精确。《天官书》对月食的观测和提出的中国历史上第一个交食周期数据,更为现代天文学研究者所重视。

三是,对"天人关系"这一时代课题作了深刻论述,提出了具有唯物论倾向的进步观点。

在当时,天人关系,即探究天与人间治乱兴衰的关系,是一个受到普遍关注的认识问题,也是一个政治问题,最高统治者以及思想家、史学家都极为重视。汉武帝为了神化皇权统治,有意提倡"天人感应"观点,这从他对董仲舒的几次策问都反映出来。董仲舒遂依照武帝的旨意加以推衍:"臣谨案《春秋》之中,视前世已行之事,以观天人相与之际,甚可畏也。国家将有失道之败,而天乃先出灾害以谴告之,不知自省,又出怪异以警惧之,尚不知变,而伤败乃至。"(《汉书》卷五十六《董仲舒传》)这样,天就是支配帝王和人间的万能的神,天人感应决定着国家盛衰、人间祸福。董仲舒所著《春秋繁露》更是满篇充斥阴阳灾异笼罩人间一切角落之说,助长了唯心主义的蔓延。加上武帝好鬼神,为了求仙,走遍关中各地、天下名山峻岳,耗尽巨量财富。他一次次中方士的圈套,却始终执迷不悟。《六韬·文韬·尚贤》载,武帝时,方士和神巫多聚京师,女巫出入宫中,教宫人埋木偶祭祀免灾。由是盛行巫蛊诅咒之术。天人感应说、方士巫术、淫祀风气三者交互作用,推波助澜,为害甚烈。所以,吕思勉称汉代是一个"鬼神术数之世界"。(《秦汉史》)封建社会的上升景象与鬼神迷信气氛并存,时代的光明面与阴暗面相交织。在这种思想背景下,如何阐释天人关系,直接涉及对政治、社会生活根本问题的看法,也涉及对历史发展根本问题的看法。

司马迁提出"究天人之际"的命题,即要针对到底是天命、天意对历史变化和社会生活起支配作用,还是人的力量起支配作用的问题作出回答。司马迁担任太史令,他的职责之一是监视天象,以揣测所谓天之意向,为朝廷服务。由于科学水平和认识能力的限制,他并不能摆脱占星术的影响,他相信天上与人间确实有对应关系。因此,司马迁认为"天人感应"确实是存在的,在那个时代有这种思想并不足怪,无须加以讳饰。而司马迁的可贵之处,是他在人们普遍地慑服于天意、神灵的时代，却敢于对感应、灾祥的迷信说法表示保留和怀疑，并且从总体上强调人事起根本作用。他对迷信学说的起源有所识破，指出一方面是由于当权人物在现实苦闷中寻求精神上的麻醉。即如《天官书》所说，战国"争于攻取，兵革更起，城邑数屠。因以饥馑疾疫焦苦，臣主共忧患，其察禨祥候星气尤急。近世十二诸侯七国相王、言从衡者继踵，而皋、唐、甘、石因时务论其书传，故其占验凌杂米盐"。另外一个方面是由于方士之有意捏造，为的是用以猎取禄位。如《封禅书》所说，自"邹衍以阴阳主运显于诸侯"，"怪迂阿谀苟合之徒自此兴，不可胜数也"。《史记》不可能从社会根源和阶级根源上彻底解决神秘思想产生和存在的问题，但已揭露了一部分真实的原因。司马迁对占星术为迎合当权者的需要不断变换手法加以贬责，是他朝着否定占星术走出可贵的第一步。所以《天官书》篇末又强调国君的行为作用更加重要。这同《封禅书》中针对着汉武帝好鬼神，通过记述一系列历史事件揭露其诬妄的实质正相呼应。方士李少君、公孙卿等相继使出各种花样向武帝欺诈，明明每次为遇神、求仙耗去大量资财，其结果都"莫验""无有效""终无有验"，武帝却仍沉溺不醒，"然羁縻不绝，冀遇其真。自此之后，方士言神祠者弥众，然其效可睹矣"。以此表达对武帝迷信行为的深刻讽刺！尤其是，一到记述历史上的重大事件，则是从人事角度总结成败兴亡的原因和教训。这与《天官书》篇末议论中强调国君的作为和政治的清明是国家兴亡的最主要原因正相呼应，表明司马迁在"天人关系"这一时代课题上所具有的可贵的唯物主义倾向。由此可见《天官书》在其"究天人之际"思想体系中所占有的重要地位。

司马迁为了写出华夏民族自黄帝以来全部的历史，创造了由"本纪""表""书""世家""列传"有机配合的史书体裁。这种"五体结合"的史书形式能够成立的内在依据是什么？其成功的奥秘又在哪里？其根据和奥秘，就是多维度、多视角、多方位地观察和叙述历史。换言之，司马迁苦心擘画，其著史目的是要使读者明了事件发生、演变的年代先后，了解历史变局的因果关系，睹见人物这一历史创造主体的活动和风采，同时又能知晓治理国家和传承文明所依赖的各种典章制度和复杂的社会情状。"多维历史视野",是一种抽象和概括,以此可以更清晰地揭示出:司马迁在哲理高度和认识本原上,发现、掌握了如何再现客观历史进程的根本要领和途径。这是司马迁杰出创造才能在哲学思维上的体现,是笼罩《史记》全书的哲学光华。惟其成功地运用了多维度历史视野,而非单线式、单角度的观察,他呕心沥血著成的《史记》才为我们展现了华夏民族有史以来全景式的、丰富生动的画卷,有血有肉,内涵深刻,令读者百读不厌,感悟奋起!运用"多维度历史视野"这一新概括、新表述,无疑能帮助我们更深刻地理解,《史记》何以被称为著史的"极则"?何以其成就"笼罩了两千年的中国史学界"?又何以人们一致对《史记》所具有的"永恒的魅力"推崇备至?

探讨司马迁"多维历史视野"这一课题还具有突出的当下价值,能更加恰当地评价《史记》历史编纂成就对二十世纪史家的深远影响。近代以后,时代环境、著史观念、史著的受众对象等,与司马迁所处的时代都早已迥然而异,但是,司马迁构史体系所具有的见识和气魄,却仍然令有作为的史家受到深刻的启迪。现以梁启超对撰著中国通史体裁的探索和由白寿彝总主编《中国通史》成就为典型例证。梁启超在二十世纪初,是激烈地批判旧史、倡导"史界革命"的著名革新派人物,但他恰恰对司马迁在构史体系上的伟大创造力作了高度评价。梁启超在其《中国历史研究法》等论著中,一再赞叹《史记》从多方位、多角度反映历史,强调要从其兼综众体、容量广阔、伸缩自如和以记载人物为中心等方面得到启示。而从史学实践上,梁氏发愿著《中国通史》,从其已经撰写的部分篇章看,其体裁正是由"载记""年表""志略""传志"四者配合而成。其基本格局和灵魂,明显是继承司马迁"多维历史视野"的观念和方法,而加以发展。白寿彝先生是著名的马克思主义史学家,由他担任总主编的《中国通史》于1999年全部出版,从白先生对"新综合体"进行探索到《中国通史》完成,半个世纪的史学实践证明,其构史体系正是从司马迁运用"多维历史视野"的智慧得到宝贵启迪,并加以创造性发展而取得的重大成果。

第四讲

《史记》编纂体例、结构的匠心运用

《史记》在体裁、体例上的匠心运用凸显出司马迁雄奇的创造力,全书实现了丰富详实的内容与高度审美要求的完美统一。《史记》的体裁是司马迁的非凡创造,各体配合,互相补充,而又在体例运用上灵活变化,因而把历史写活了,不仅将历史事件、人物写得生动传神,而且读者凭借这活泼的历史,可以预见未来的发展。《史记》全书达一百三十卷,五十二万六千五百言,囊括了无数复杂的事件、人物,以及社会历史的各个方面,如此繁富、漫长的历史却被司马迁组织成为一个瑰玮精当的整体。因而章学诚概括其编纂风格为"体圆用神"。对司马迁所运用的匠心妙思,我们可以从三个方面窥见一斑。一是全书五体配合,达到浑然一体;二是全书记载人物事迹分量最重,列传的篇目设置和编次显示出以人物的事迹反映不同历史时期特色的旨趣,专传、合传、类传等的设置和处理,既有通盘考虑的严密体例,又能根据需要灵活变通;三是每一篇章的撰写均达到剪裁恰当,组织严密,具有高超的技巧,读之过目不忘。

一、 五体配合的杰出创造和十表的功用

　　司马迁创立的纪传体(完整地说是本纪、表、书、世家、列传五体相兼的综合体)是中国历史编纂学史上的巨大飞跃,标志着中国史学达到成熟阶段。与先秦史籍主要体裁编年体相比较,《史记》体裁更能囊括社会史的丰富内容,这是司马迁在时代推动下实现的伟大创造。唐代史论家皇甫湜目光如炬,称司马迁为了详载以往历史,"将以包该事迹""必新制度而驰才力焉",其论云:

司马氏作纪，以项羽承秦，以吕后接之，（今按，此处疑有缺句。当云："高祖肇汉，以吕后接之"，于义为安。）亦以历年不可中废，年不可阙，故书也。观其作传之意，将以包该事迹，参贯话言，纤悉百代之务，成就一家之说，必新制度而驰才力焉。又编年纪事，束于次第，牵于混并，必举其大纲，而简于序事，是以多阙载，多逸文，乃别为著录，以备书之言语而尽事之本末。故《春秋》之作，则有《尚书》《左传》之外，又为《国语》，可复省左史于右，合外传于内哉！故合之则繁，离之则异，削之则阙，子长病其然也，于是革旧典，开新程，为纪为传为表为志，首尾具叙述，表里相发明，庶为得中，将以垂不朽。自汉及今，代已更八，年几历千，其间贤人摩肩，史臣继踵，推今古之得失，论述作之利病，各耀闻见，竞夸才能，改其规模，殊其体统，传以相授，奉而遵行，而编年之史遂废，盖有以也。（《编年纪传论》，《全唐文》卷六百八十六）

皇甫湜的评论实在精彩，他指出编年体按年记事，大小事件互相牵混，只能举其大纲，而事件叙述简略，因而造成史实多所阙漏等缺憾。而司马迁为了记载丰富复杂的客观历史，实现成一家之言的宏伟目标，就必须担当时代的责任，"革故典，开新程"，完成历史编纂的重大突破！这就是自《汉书》以下历代正史"传以相授，奉以遵行"的深刻原因所在。

近代史家梁启超也曾强调，《史记》的撰成是汉初出现政治大一统的时代条件推动的："史界太祖，端推司马迁。迁之年代，后左丘约四百年。此四百年间之中国社会，譬之于水，其犹经百川竞流波澜壮阔以后，乃汇为湖泊，恬波不扬。民族则由分展而趋统一；政治则革阀族而归独裁；学术则倦贡新而思竺旧。而迁之《史记》，则作于其间。"（《中国历史研究法》，《饮冰室合集》专集之七十三）《史记》的产生正好证明司马迁的创造魄力和杰出才华，与时代对史学提出的革新要求相适应。梁启超对《史记》书中几种主要体裁如何调和、互相联络，使全书成为一个互相构成有机联系、博大谨严的著作，也有过中肯的论述："其本纪及世家之一部分为编年体，用以定时间的关系。其列传则人的记载，贯彻其以人物为历史主体之精神。其书则自然界现象与社会制度之记述，与'人的史'相调剂。内中意匠特出，尤在十表。……表法既立，可以文省事多，而事之脉络亦具。《史记》以此四部分组成全书，互相调和，互保联络，遂成一部博大谨严之著作。后世作断代史者，虽或于表志门目间有增减，而大体组织，不能越其范围。可见史公创作力之雄伟，能笼罩千古也。"(《要籍解题及其读法》,《饮冰室合集》专集之七十二)

今天我们的认识当然应在前人成果的基础上向前推进。这里尤需强调两项。一是司马迁著史贯穿了详近略远的原则，因而《史记》既是一部通史著作，它又具有当代史的性质。司马迁要贯通古今，记载"百代之史"，这是没有疑问的，但同时，他对于秦汉的历史尤为重视，书中记载最为详尽。其原因何在？首先，是因为时代离得近，能够利用的相关记载和档案材料更多，史家还能根据在全国范围内的亲身考察、访问之所得，作为印证和补充。其次，是因为秦汉时期是司马迁要记载的近代史和现代史，对于了解当今政治经济社会状况，总结历史经验教训，解决面临的迫切问题，关系更加直接，意义更为巨大。司马迁在《六国年表·序》中，就曾经辛辣地讽刺那班轻视秦朝历史的俗儒，明确提出"法后王"的原则。他说："秦取天下多暴，然世异变，成功大。传曰'法后王'，何也？以其近己而俗变相类，议卑而易行也。学者牵于所闻，见秦在帝位日浅，不察其终始，因举而笑之，不敢道。此与以耳食无异。悲夫！"重视近现代史，就因为这些人物、事件和社会状况，离当下很近，情况类似，便于借鉴，同时由于时代相近而能看得更加真切，没有夸张粉饰的成分，能够从中获得直接的启示。在《史记》五个部分中，"十二本纪"记秦和秦始皇、项羽的各一篇，记汉代五篇；"十表"中自《秦汉之际月表》以下，共有六篇；"八书"中综论古今而独详汉事的有七篇，《平准书》专记汉代；"三十世家"中记陈涉及汉代王侯的共十三篇；"七十列传"中专记秦人物、史事者六篇，专记汉代者三十八篇，并记前代及秦汉人物、史事者四篇。若从专记汉代历史而言，共有六十二篇之多，其他还有并记前代及汉代的十一篇。因此，白寿彝先生指出，要十分重视《史记》的当代史性质，并认为《史记》写得最精彩的地方是在汉史。（白寿彝：《司马迁与班固》，《史学史资料》1979年第2期）司马迁的这一著史指导思想和成功实践对我们今天同样有直接启示意义。我们今天撰写历史、研究历史，要不要贯彻"详近略远"的原则呢？显然答案是肯定的。

尤须强调的又一项，是对于《史记》十表的史学功能应有新的认识。后人读《史记》，往往对表并不重视，甚至忽略不读。著史者也往往不作年表，即使有，也仅作为补充或附录而已。实际上，从《史记》五体的安排，将年表紧接于本纪之后，而置于书、世家、列传之前，即可证明司马迁对这一体裁的重视。如此安排，直观地表明将十表与十二本纪一同作为《史记》全书的纲领，其作用实在非同小可。尤其是十篇表的序，都是司马迁所精心撰写。白寿彝先生真不愧为太史公的知音，他指出："司马迁写每一个表，就是要写这个历史时期的特点，写它在'古今之变'的长河中变了些什么。"（白寿彝：《司马迁与班固》，《史学史资料》1979年第2期）这些见解，对于我们深刻认识十表在历史编纂上的价值实有重要的启发作用。首篇是《三代世表》，主要记夏、商、周（共和纪年以前）世系。司马迁记载上古史，面对两类史料，一类是儒家典籍《尚书》《五帝德》《帝系姓》等，记载较为可靠；另一类是百家杂记，互相矛盾、多有歧异。司马迁经过比较、甄别，乃采取《尚书》等儒家典籍的史料，同时效法孔子"信以传信，疑以传疑"的慎重态度。

《十二诸侯年表》以下四篇，应是我们讨论的重点，因为司马迁精心撰写的这四篇的序，即是论述四个历史时期演进大势的纲领。《十二诸侯年表·序》所讲西周末年至春秋时期的历史趋势是，周王室陵夷，厉王"以恶闻其过，公卿惧诛而祸作，厉王遂奔于彘，乱自京师始"，"是后或力政，强乘弱，兴师不请天子。然挟王室之义，以讨伐为会盟主，政由五伯"。而春秋时期活跃在历史舞台上的主要角色齐、晋、秦、楚的共同特点是，它们分散在东、北、西、南四徼，地处偏僻，且原先力量微小，但能奋发有为，因而更番为霸："齐、晋、秦、楚其在成周微甚，封或百里或五十里。晋阻三河，齐负东海，楚介江淮，秦因雍州之固，四海迭兴，更为伯主，文武所褒大封，皆威而服焉。"同时司马迁说明编纂这篇年表主要依据的史料，除孔子所修《春秋》之外，还有《左氏春秋》《铎氏微》《虞氏春秋》《吕氏春秋》，以及荀卿、孟子、公孙固、韩非等书中的记载。并且交代编纂的方法，是删去夸张枝蔓之说，主要依据儒家典籍《春秋》《国语》，著其"盛衰大指"。

再看《六国年表·序》，同样提挈了战国时期历史演进的大趋势：先是"陪臣执政，大夫世禄，六卿擅晋权"；再经过田常杀简公而相齐国，三家分晋，田氏代齐，"六国之盛自此始。务在强兵并敌，谋诈用而从衡短长之说起"。司马迁在序中又明确揭示出：春秋、战国时期的历史，应以秦由崛起西陲至统一全中国为总纲。这篇序首句言太史公读《秦记》，载秦襄公始封为诸侯，至文公逾陇、穆公修政，"东竟至河，则与齐桓、晋文中国侯伯侔矣"。司马迁对于秦国历代君主相继内修国政，外挫群雄，而最终统一六国表示慨叹："秦始小国僻远，诸夏宾之，比于戎翟，至献公之后常雄诸侯。……卒并天下，非必险固便形势利也，盖若天所助焉。"《序》的末尾尖锐地针砭汉初俗儒极力抹杀秦朝所作贡献的偏见，对秦的历史功过，作出正确的评价："秦取天下多暴，然世异变，成功大"，而嘲笑俗士的迂腐之见是"此与以耳食无异"！

在《秦楚之际月表·序》中，司马迁高屋建瓴地概括秦汉之际巨大而急剧的历史变局，并且深刻地揭示出秦朝实行的严酷统治恰恰促成民众的猛烈反抗，加速其专制统治灭亡的历史辩证法："秦既称帝，患兵革不休，以有诸侯也，于是无尺土之封，堕坏名城，销锋镝，锄豪杰，维万世之安。然王迹之兴，起于闾巷，合从讨伐，轶于三代，乡秦之禁，适足以资贤者为驱除难耳。故愤发其所为天下雄，安在无土不王。此乃传之所谓大圣乎？"《汉兴以来诸侯王年表·序》更以"形势"二字为纲，论述汉初分封同姓王，再经过景帝和武帝相继实行"削藩""推恩"政策，强干弱枝，加强中央集权的历史大势。汉初根据天下初定的形势特点决定政策，广封同姓为王、侯,镇抚四海,以承卫天子:"高祖子弟同姓为王者九国,唯独长沙异姓,而功臣侯者百有余人。"经过景帝削藩、武帝实行推恩令,铲除了诸侯王借以对抗朝廷的力量,中央集权大大加强,奠定了国家一统、长期安宁的局面:"诸侯稍微,大国不过十余城,小侯不过数十里,上足以奉贡职,下足以供养祭祀,以蕃辅京师。而汉郡八九十,形错诸侯间,犬牙相临,秉其厄塞地利,强本干,弱枝叶之势,尊卑明而万事各得其所矣。"对于自汉初至武帝一百年间解决长期威胁全国统一局面的诸侯王问题的历史走向作了简洁、清晰的阐释,遂成为此后自班固以下史家论述这一重大政治问题的依据。

总之,《史记》十表,与十二本纪相配合,构成全书的总纲领,其史学功能至为巨大!诚如宋代学者吕祖谦云:"《史记》十表,意义宏深,始学者多不能达。《三代世表》以世系为主,所以观百代之本支也。《十二诸侯年表》以下以地为主,故年经而国纬,所以观天下之大势也。"(《大事记解题》卷一)

十表又有收复杂事项、补充纪传体记载之未备、化繁为简的史学功用。清初学者顾炎武对此阐述尤详:"盖表所由立,昉于周之谱牒,与纪、传相为出入。凡列侯将相、三公九卿,其功名表著者即系之以传,此外大臣无积劳亦无显过,传之不可胜书,而姓名爵里、存没盛衰之迹要不容以遽泯,则于表乎载之;又其功罪事实传中未悉备者,亦于表乎载之。年经月纬,一览了如。作史体裁,莫大于是,而范书阙焉。使后之学者无以考镜二百年用人行政之节目,良可叹也。……不知作史无表,则立传不得不多,传愈多,文愈繁,而事迹或反遗漏而不举。欧阳公知之,故其撰《唐书》有《宰相表》,有《方镇表》,有《宗室世系表》《宰相世系表》,始复班、马之旧章云。"(《日知录集释》卷二十六"作史不立表志"条)顾氏诚深有体会之学者,举出年表有三项功用:表与传相配合,次要事项入表;补充功罪事项;记载简明,一目了然。因而他感叹《三国志》《后汉书》以后无表,而盛赞欧阳修《新唐书》恢复设表,可谓见识过人。

二、列传的精心设置和灵活安排

《史记》人物传记不同类型的精心设置和匠心运用，同样给予特别的关注。以下依次讨论其中三个问题：七十列传篇目安排的旨趣；"合传""类传""附传"的灵活运用；列传篇目的安排，是司马迁"随作随编"，还是运用精思，深意存焉。

《史记》七十列传如何安排，堪称是一项复杂的工程，这对于司马迁是一个很大的考验。道理很明显，七十列传所包括的人物，其时代、身份、建树、风格和影响，迥然相异，如果处理不好，会成为许多史料的机械累积，呆板无味。由于人物传记是《史记》内容的主体部分，因而司马迁精心安排，将其高明的著史旨趣贯穿于篇章之中，因而展现在读者面前的是波澜起伏、丰富生动、曲折有序的历史画卷。《史记》全书的任务是要体现"通古今之变"，即要写出中华民族的历史从古到今如何演进变迁。而七十列传的总的要求，是要与"本纪""表"相配合，反映出不同历史时期的特点，故此，其篇章安排的第一项原则是按照时间顺序组织编次。

七十列传以《伯夷列传》为首篇，显然占据着极为重要的位置，类似于十二本纪以《五帝本纪》为首篇，三十世家以《吴太伯世家》为首篇，司马迁的选择和设置是极为慎重的。那么，以此设置为首篇的理由何在？明显的理由是，立传的人物必须有史实可以记载，而伯夷正是西周初有事迹可以记载，而且是孔子表彰过的人物。传中记载伯夷是商末孤竹君的长子。起初孤竹君以次子叔齐为继承人。孤竹君死后，叔齐让位，伯夷不受，后两人都投奔到周。到周后，反对周武王伐商纣王，叩马而谏曰："父死不葬，爰及干戈，可谓孝乎？以臣弑君，可谓仁乎？"左右欲用兵器打击，太公曰："此义人也。"扶而去之。武王伐纣后，他们又逃避到首阳山，不食周粟而死。孔子

《论语》有两处称赞伯夷,一为《公冶长》篇,云:"伯夷、叔齐不念旧恶,怨是用希。"一为《述而》篇,云:"求仁得仁,又何怨乎?"司马迁申明,时代较之伯夷早一点的传说人物,尧时有许由,夏时有卞随、务光。传说称,尧让天下于许由,许由不受,逃到颍水之北、箕山之下隐居。司马迁对此表示怀疑,因为据《尚书》中《尧典》《舜典》等篇记载:"尧将逊位,让于虞舜,舜、禹之间,岳牧咸荐,乃试之于位,典职数十年,功用既兴,然后授政。示天下重器,王者大统,传天下若斯之难也。"事情怎么会像传说中讲的尧让位于许由,许由不受,逃到山中隐居起来这么轻易呢?传说中又称夏时汤让天下于卞随、务光。卞随不受,投水而死;务光以为耻,因而逃隐。司马迁明确表示,这与将国家权力传位给德行、才能极高的人应有的隆重、复杂的过程和场面仪式相比,又是多么不相称!司马迁又认为,上古历史资料阙略,而且百家的说法互有歧异,经过他反复的考订、对比、探求,应以儒家典籍的记载为可以据信。于是他以发问的形式讲出自己否定的判断:"孔子序列古之仁圣贤人,如吴太伯、伯夷之伦详矣。余以所闻由、光义至高,其文辞不少概见,何哉?"(《史记》卷六十一《伯夷列传》)这样,就申明了《史记》设置列传的审慎态度和远大目光,司马迁是以有确实的史料依据并在历史上产生了影响的人物作为立传的标准,因此确定了以孔子表彰过的伯夷作为首篇。

以下的篇章,就以人物活动的年代先后来组织编排,并且大体上以各个历史时期的人物形成单元,以凸显历史大势和时代的特点。如:卷六十二《管晏列传》以下,包括《老子韩非列传》《司马穰苴列传》《孙子吴起列传》《伍子胥列传》《仲尼弟子列传》六篇是春秋时期人物传记。卷六十八《商君列传》至卷八十二《田单列传》共十五篇,是战国人物传记,其中《苏秦列传》《张仪列传》相紧连,《孟尝君列传》《平原君虞卿列传》《魏公子列传》《春申君列传》四篇安排在一起,更凸显出战国时代的特点。以下,卷八十三《鲁仲连邹阳列传》至卷八十八《蒙恬列传》,共六篇,是记载楚汉之际历史人物。卷九十五《樊郦滕灌列传》至卷一百一十二《平津侯主父列传》等十八篇，均记载汉代人物。这一汉代人物的单元，堪称群星灿烂。其中有，因"攻城野战，获功归报，哙、商有力焉，非独鞭策，又与之脱难"，而作《樊郦滕灌列传》；因"结言通使，约怀诸侯；诸侯咸亲，归汉为藩辅"，而作《郦生陆贾列传》；因"徙强族，都关中，和约匈奴；明朝廷礼，次宗庙仪法"，而作《刘敬叔孙通列传》；因"敢犯颜色以达主义，不顾其身，为国家树长画"，而作《袁盎晁错列传》；因"勇于当敌，仁爱士卒，号令不烦，师徒乡之"，而作《李将军列传》。（《史记》卷一百三十《太史公自序》）再加上司马相如、汲郑列传，以及世家中对萧何、曹参、张良、陈平、周勃、周亚夫等人事迹的生动叙述，更充分地证明司马迁对记载当代史的高度重视。

七十列传组织、安排还有两项原则，是先记载历史人物，再记载周边各少数民族的活动和社会状况；先以专传、合传形式记载对历史进程起重要作用、事迹丰富的人物，再以类传形式记载处于社会底层的人物，描绘他们的群体形象。这两项，同样显示出司马迁著史的杰出创造性。他具有极其深远的历史眼光和博大的胸怀，他要写全中国各族共同的历史。列传中以充足的篇章，记述各少数民族的活动，都是围绕主体部分"本纪"中的记载而展开的，互相形成紧密的联系。更为可贵的是，司马迁要着重反映的，是周边各民族与中原政权联系不断加强这一历史大趋势，因此对其所写民族史篇章的义旨作了明确的概括。云："汉既平中国，而佗能集杨越以保南藩，给贡职。作《南越列传》第五十三。""吴之叛逆，瓯人斩濞，葆守封禺为臣。作《东越列传》第五十四。""唐蒙使略通夜郎，而邛筰之君请为内臣受吏。作《西南夷列传》第五十六。""汉既通使大夏，而西极远蛮，引领内乡（向），欲观中国。作《大宛列传》第六十三。"（《史记》卷一百三十《太史公自序》）这些篇章汇合起来，构成了广阔地区边疆民族围绕中原政权、"引领内乡（向）"的格局，生动地显示出全中国各民族的统一不断加强的久远历史传统。司马迁在浓墨重彩描绘有作为的君主、贤臣和其他杰出人物事迹的同时，又创立了《儒林列传》《游侠列传》《滑稽列传》《日者列传》《龟策列传》《货殖列传》等类传，表现学者群体和下层人物的作用和智慧，充分地肯定他们对于历史发展所发挥的作用。从结构上说,人物专传是传记的主体,安排在前,而少数民族传和多篇类传紧随其后,章法分明,内在联系紧密,大大增强了《史记》作为一代"全史"的丰富内涵。这些,都卓有成效地提升了《史记》历史编纂成就的价值,因而为后代史家所自觉继承和发扬。

历史编纂要讲究体例的恰当、严密,只有这样,才能将分散的材料合理地组织在全书的结构中,使全书成为一个统一的有机整体。然则,客观历史又是十分复杂、充满变化的,制定出体例的条条、框框只能解决历史记载的一般性问题,而遇到特殊性问题,则需要作灵活变通,不能墨守成例。因此,高明的历史编纂学家不但要善于归纳和运用其"例",同样在必要时又要勇于打破手定的"例",这就是章学诚所说的运用"别识心裁"。列传的篇目,按照时代先后来设置、安排,这是司马迁创设的"例";但对此又不应当刻板地对待,即是说,在必要时可突破成例。所以,《史记》中设置有《老子韩非列传》《屈原贾生列传》。刘知幾对此不理解,曾提出批评:"又编次同类,不求年月。后生而擢居首帙,先辈而抑归末章,遂使汉之贾谊将楚屈原同列……此其所以为短也。"(《史通通释》卷二《二体》)这是由于拘守成例,而反对灵活变通。老子与韩非虽不同时代,但他们都是思想家。并且,前代曾有多位学者指出,从学术思想讲,韩非的刑名学说即渊源于老子,将两人立为合传更有内在依据。屈原虽是战国人,贾谊是西汉人,但他们都是文学家,"作辞以讽谏,连类以争义",都有强烈的爱国思想,以辞赋表达自己的深沉感情,而且两人都曾在湘江流域生活过。司马迁写屈原、贾谊的传,满怀着深厚的感情。他高度赞扬屈原深沉爱国,志行高洁,至死不渝。称赞他:"其志洁,故其称物芳。其行廉,故死而不容。……推此志也,虽与日月争光可也。"(《史记》卷八十四《屈原贾生列传》)贾谊有极敏锐的政治眼光,深谙国之利病,时政得失。针对汉初加强中央集权和巩固大一统局面的需要,向汉文帝及时提出创设汉家制度和削弱诸侯王势力两项重大建议。文帝本欲任贾谊公卿之位,但因遭老臣周勃、灌婴忌妒反对而作罢,后又将贾谊贬为长沙王太傅。他渡湘水,为赋以吊屈原。三年后被召回,时"文帝复封淮南厉王子四人皆为列侯。贾生谏，以为患之兴自此起矣。贾生数上疏，言诸侯或连数郡，非古之制，可稍削之"。惟有出于爱国之至诚，才能这样犯颜直谏，而置个人利害于度外。虽然文帝未予听从，但后来爆发的吴楚七国之乱，恰恰证明贾谊一再提出的削藩之议是多么切中要害！故晚清学者李景星评论说："中原'自屈原沉汨罗后百有余年，汉有贾生，为长沙王太傅，过湘水，投书以吊屈原'。此数句，是一篇关键，亦是两人合传本旨。得此而通篇局势如生铁铸成矣。"（《史记评议》卷三《屈原贾生合传》）以上的简略分析说明，设置两篇合传来记载不同时代的人物，确是司马迁的精心安排，或因其思想、学术互相关联，或因其人格、襟怀前后辉映，设立为合传更能体现出人物的共性，因而给予读者更加强烈的震撼，如果设为单篇专传则难以取得这样的效果。

概言之，《史记》中合传的设置，是司马迁依据客观历史的复杂性而在编纂上作的灵活安排。对与人物活动史实相关、联系紧密者，将之合写为一篇，使之互相补充，这是设立合传的最大优长所在。如《孙子吴起列传》《樗里子甘茂列传》《白起王翦列传》《范雎蔡泽列传》《廉颇蔺相如列传》《张耳陈馀列传》《魏豹彭越列传》《韩信卢绾列传》《袁盎晁错列传》皆然。这样做还可以减少篇目，避免过于分散，难以把握。对于同一类型的人物，也可跨时代写成合传，以显示其共性。除上面论及的《老子韩非列传》《屈原贾生列传》外，还可举出两篇典型例证。

《田儋列传》实为田儋、田市（儋之子）、田荣（儋之从弟）、田广（荣之子）、田横（荣之弟）之合传。因田儋首称齐王，故以之为本篇篇名；而全篇的重点是记载田横事迹。并在篇末赞曰："田横之高节，宾客慕义而从横死，岂非至贤！"（《史记》卷九十四《田儋列传·赞》）而《张丞相列传》则是记载西汉张苍以下多位丞相、御史大夫的合传。张苍历仕高祖、惠帝、吕后、文帝四朝，故此篇以张苍为主线，将汉初多位任职丞相、御史大夫的人物事迹组织起来，其叙事结构尽显司马迁的非凡史识和高超的编纂技术。中间写了周昌的忠直刚正；写赵尧年轻时，原为周昌手下主符玺的属官，但因能揣摩高祖的心事,而升迁为御史大夫,周昌改任为赵王之相;写吕后擅权时,赵尧遭其忌恨,被免职,以广阿侯任敖为御史大夫;写张苍为丞相十五年,至文帝时被免职,申屠嘉继为丞相,申屠嘉为人廉直,不徇私情,敢于处罚文帝宠臣邓通,表现了大臣的气节,但他不爱读书,素无学术,缺乏涵养,至景帝时,晁错为内史,贵幸用事,申屠嘉因与之有怨隙,反被算计,气愤而死。这些人物虽居高位,但周昌、申屠嘉的作为并不能构成一篇内容充实的传,赵尧、任敖的事迹更加简略,如果采取并列的办法每人各叙一篇,则势必涣散而无头绪。而张苍为汉初名相,功绩显著,仕宦年代又最长,司马迁乃以其经历作为总纲,将其他汉初身居丞相、御史大夫高位的人物事迹穿插其间,运用高明的编纂方法将分散的材料,组织成为章法分明的篇章。这篇传虽以《张丞相列传》为篇名,实际上则是笔法灵活的合传,令人叹服!还有值得注意的,司马迁在篇末写了一段话,严肃批评身居高位,却无所作为,"为丞相备员而已"的庸碌之辈:"自申屠嘉死之后,景帝时开封侯陶青、桃侯刘舍为丞相。及今上时,柏至侯许昌、平棘侯薛泽、武强侯庄青翟、高陵侯赵周等为丞相。皆以列侯继嗣,娖娖廉谨,为丞相备员而已,无所能发明功名有著于当世者。"不经意者或许以为这段话不过是篇末连带叙述而已,而实则寓含深意。一是交代申屠嘉之后至武帝时,任丞相者还有陶青六人等,这是史册所应当述及的,而司马迁用一话带过,省去了许多笔墨;二是,司马迁借此说明他著史、立传的标准:对于历史有贡献的人物才能入史。他坚持"不虚美、不隐恶"的直笔精神,故此,职位虽高而碌碌无为、尸位素餐者,在《史记》是找不到位置的。

  灵活地运用"附传"的编纂方法,也是《史记》人物传记写法的一个特色。"附传"是在主要人物事迹之后,连带记载相关次要人物的事迹,这样做,既可显示这些人物之行事、功业的彼此关联,收到互相补充、映衬之效,又可避免全书组织的芜杂枝蔓,做到纲举目张。譬如,《张仪列传》附载陈轸、犀首事迹;《樗里子甘茂列传》附载甘罗事迹;《乐毅列传》附载乐间、乐乘事迹;《孟子荀卿列传》则附载了战国时期多位思想家的事迹,有邹忌、邹衍、淳于髡、慎到、驺奭、公孙龙、墨翟等。《廉颇蔺相如列传》附载赵国另外三位将领，而且笔法极为灵活，先插叙赵奢、赵括父子事迹，然后又继续写廉颇晚年战功，写完廉颇，再写赵国后期名将李牧，直至赵亡。世家中写人物传记的篇章也有成功地运用"附传"写法的例证。如，《陈丞相世家》在记载陈平主要事功之后，插入王陵事迹，因孝惠帝时，以安国侯王陵为右丞相，陈平为左丞相。至惠帝卒后，王陵被免职，吕后任辟阳侯审食其为左丞相，徙陈平为右丞相，因而又穿插记载审食其。故这篇《陈丞相世家》实际连带叙述汉初在萧何、曹参之后继任丞相职位者数人。《绛侯周勃世家》前面记述周勃，后面即附载其子条侯周亚夫的事迹。文帝后元六年（前158），因匈奴大举侵边，朝廷令宗正刘礼为将军，军霸上，徐厉为将军，军棘门，周亚夫为将军，军细柳，以防备匈奴。文帝亲自劳军，见周亚夫治军极严，军吏士卒军纪整肃，防备极严，乃为之改容，连声赞曰："嗟乎，此真将军矣！"至景帝三年（前154），发生吴楚七国之乱，叛军西进。周亚夫任太尉，引兵东北走昌邑，坚壁而守，而派出轻骑绝吴楚军粮道，等其困乏，乃出精兵追击，大破之，遂平吴楚之乱。以上两项均为西汉前期军事史上的大事，因司马迁在《绛侯周勃世家》中采用附传的手法而得以详载。将周亚夫事迹附在周勃传记中记载还有一项好处，即能显示父子两代人相继担任太尉要职对于安定刘氏政权所起的重要作用，而父子行事、性格的关联与际遇异同，也能引发读者的思考。此外，父子事迹同传记载的编纂方法，也为中古时代史著大量设置门阀世家人物合传的做法开了先河。

以上我们已经提出了大量的史料和分析，证明司马迁对《史记》全书的总体结构和体例处处作了精心安排，而七十列传的篇目设置和编次，也是明确体现了按时代的先后、以人物的行事反映不同历史时期的特色的旨趣，那么，又为什么有"随作随编"的说法呢？这是清代学者赵翼提出的看法，其论云："《史记》列传次序，盖成一篇即编入一篇，不待撰成全书后，重为排比。故《李广传》后忽列《匈奴传》，下又列《卫青霍去病传》。朝臣与外夷相次，已属不伦。然此犹曰诸臣事皆与匈奴相涉也。《公孙弘传》后忽列《南越》《东越》《朝鲜》《西南夷》等传,下又列《司马相如传》。《相如》之下又列《淮南衡山王传》。《循吏》后忽列《汲黯郑当时传》,《儒林》《酷吏》后又忽入《大宛传》,其次第皆无意义,可知其随得随编也。"(《廿二史劄记校证》卷一"史记编次"条)

其实赵翼的议论,也已道及《李将军列传》《匈奴列传》《卫将军骠骑列传》三篇连排,原因即在于李广、卫青、霍去病三位将军均与攻伐匈奴密切相关。司马迁在编纂上的主要着眼点,是力求体现历史演进的大势,体现人物与历史事件的关系。即是说,表达"史识"是第一位的,而编纂技巧是服务于如何更好地反映客观历史这一需要的;因此,对于体例应当灵活运用。在三位对匈奴作战的将领的传记中加入《匈奴列传》就是对体例的灵活运用,应当视为司马迁的成功创造。由于作这样的"破例"安排,才凸显出匈奴问题在汉武帝时期的特别重要性,以及司马迁对匈奴问题的格外重视。至于《平津侯主父列传》之下,编次《南越列传》《西南夷列传》等篇,也因记事有相关联之处,因为公孙弘、主父偃、徐乐、严安四人都曾上书谏武帝停止大事四夷,要求吸取秦朝连年大事征战,致使海内困穷、百姓疲敝、相率反抗的严重教训。而司马相如更是受武帝倚重拜为中郎将、建节出使、通西南夷的关键人物。《西南夷列传》之后,次以《司马相如列传》,表明关系密切,内容互相补充。

故此,总括《史记》内容、篇目安排编次的特点,应分为两个层次:第一个层次,全书之整体结构和七十列传的编排,均为精心构撰,体例严密,全局在胸,运用恰当。第二层次,司马迁尤重者,在于贯彻其高明史识,力求更好地反映客观历史实际,因而有的地方作灵活变通,不拘泥于形式上的整齐划一,必要时敢于突破常格,让"史例"服从于"史识"。《史记》记载的内容极其宏富多样,处理体例上的问题错综复杂,而全书构建的体裁体例格式完全为司马迁所首创,前人并未提供可资借鉴的经验,司马迁又是一个人著史,迫于时日,因此对某处问题的技术性处理可能略显粗糙。后人可以指出这些不够周全的地方,或加以改进,但不能因为局部地方的不够严密而忽视全书的精心经营和构成浑然一体的杰出功绩。赵翼是一位识力非凡的学者，对于包括《史记》在内的二十四史有极多精辟的论述，但他在指出《史记》编次的某些粗疏缺陷时，对于全书的精心安排和体例运用的高明未予强调，所言"随作随编"并不允当。

三、 史料剪裁和篇章组织匠心运用的极致

"体圆用神"，是章学诚对司马迁历史编纂的卓越成就和鲜明特色的精辟概括。他是借用《周易》上"圆而神"和"方以智"的用语，来阐发中国史学名著在历史编纂上的两种风格。其论云：

> 《易》曰："蓍之德圆而神，卦之德方以智。"间尝窃取其义以概古今之载籍，撰述欲其圆而神，记注欲其方以智也。夫"智以藏往，神以知来"，记注欲往事之不忘，撰述欲来者之兴起，故记注藏往似智，而撰述知来拟神也。藏往欲其赅备无遗，故体有一定而其德为方；撰述欲其抉择去取，故例不拘常而其德为圆。

他将《史记》和《汉书》作为两种不同风格的代表："然圆神方智，自有载籍以还，二者不偏废也，不能究六艺之深耳，未有不得其遗意者也。史氏继《春秋》而有作，莫如马、班，马则近于圆而神，班则近于方以智也。"所谓"藏往似智"，是指记注这一大类史书，作用在于记载历史知识，为了达到内容丰富，包容量大，必须讲究一定的体例，做到有规矩可循，整齐合理，所以说"藏往欲其赅备无遗，故体有一定而其德为方"。所谓"知来拟神"，是指撰述这一大类史书，目的在于通过记载人物的活动、事件的发展和时代的

变迁，以展示未来的趋势，这就要求作者有高明的史识，按照自己的见解而有所轻重取舍，在体例上则注意灵活运用，做到融会贯通，互相配合，所以说知来"欲其抉择去取，故例不拘常而其德为圆"。司马迁有雄伟的创造力，他创设了合理、完善的体例，而又能根据需要灵活运用，巧妙变化，而且记述历史笔势纵放，不可阻遏，因此章学诚视之为"圆而神"的代表。班固《汉书》继《史记》而起，包含着极其丰富的各学科知识，它继承了《史记》的体裁、体例，而又做到更加整齐合理，有规矩可循，后代修史者便一概以之为榜样，所以章学诚视为"班则近于方以智"。同时明确指出，"固书本撰述而非记注，则于近方近智之中，仍有圆且神者以为之裁制，是以能成家而可以传世行远也"（均见《文史通义》内篇一《书教下》）。

章学诚所高度评价的《史记》"体圆用神"的编纂特色，即具体体现在互有紧密联系的三个方面：全书"五体"配合，创造了记述一代"全史"的完善体裁；各大部分内部的篇章安排，章法分明，七十列传中专传、合传、类传、附传等的设立极具匠心，而又灵活变化，能根据需要突破成例；每一篇章的撰写均能对史料作恰当的剪裁，组织妥帖、重点突出，体现出极高的编纂技巧。前面两项，在上文中均已作了简要分析，这里就最后一项再作阐释。

《李斯列传》无论从李斯对历史进程的影响或是从记载史实的复杂程度而言，在七十列传中都占据着重要地位，司马迁对此篇的撰写尤其作了苦心经营。前半篇，集中记载李斯本人入秦前后的行事。他从荀卿学帝王之术，学已成，他判断当此列国纷争之际只有秦国才具备统一天下的条件，入秦游说秦王，才能获得干出一番事业的机会。李斯辞别荀卿时所言，又将其急切寻找机会的心理和贪慕权势、耻于贫困的人生观表达得淋漓尽致："今秦王欲吞天下，称帝而治，此布衣驰骛之时而游说者之秋也。处卑贱之位而计不为者，此禽鹿视肉，人面而能强行者耳！故诟莫大于卑贱，而悲莫甚于穷困。久处卑贱之位，困苦之地，非世而恶利，自托于无为，此非士之情也。故斯将西说秦王矣。"

李斯只身入秦，为何能平步青云，很快登上卿相高位呢？司马迁通过选取记述具有典型性的事件，对此作了令人信服的回答。李斯先求为秦丞相吕不韦舍人，吕不韦果然欣赏其才能，任以为郎。于是李斯有机会向秦王嬴政进说，其言辞确实具有打动君主之心的力量："夫以秦之强，大王之贤，由灶上骚除，足以灭诸侯，成帝业，为天下一统，此万世之一时也！"怂恿秦王嬴政加强对六国进攻，采取各个击破策略，实现统一大业。秦王嬴政先拜李斯为长史，李斯又献计策，"阴遣谋士赍持金玉以游说诸侯。诸侯名士可下以财者，厚遗结之；不肯者，利剑刺之"。为实施破坏各国君臣的计谋，派出良将强兵随之其后。于是秦王嬴政更视李斯为得力人物，任为客卿。

这时又发生李斯上书《谏逐客书》的事。事情的引起，是韩国的水工郑国受命到秦国作间谍，他劝说秦修灌溉渠，想大量耗费人力，延缓秦国东进。郑国的间谍活动被发觉，引起秦的宗室大臣一片哗然，借口"诸侯人来事秦者，大抵为其主游间于秦耳"，纷纷向秦王嬴政进言，要求逐客！李斯反应快捷，立即上书秦王嬴政，这就是著名的《谏逐客书》。司马迁将它全文写入传中，成为一篇重要的历史文献。文章充分显示出李斯对时势的极高洞察力，举证确凿、充分，说理深刻有力。他举出，秦穆公所用五位名臣，由余出于西戎，百里奚是虞国人，蹇叔寓居于宋，丕豹是晋臣，公孙支游于晋，"此五子者，不产于秦，而穆公用之，并国二十，遂霸西戎"。孝公任用卫国人商鞅从事变法，"移风易俗，民以殷盛，国以富强"。惠王任用魏人张仪为相，实行连横之计，拔三川之地，西并巴、蜀，北收上郡，南取汉中，东据成皋之险，"割膏腴之壤，遂散六国之从，使之西面事秦，功施到今"。昭王任用魏国人范雎为丞相，采用其计策，废除了擅权的穰侯、华阳君，加强国君权力，杜绝世家豪门营私之路，因而逐步蚕食诸侯，使秦成就帝业。"此四君者，皆以客之功。由此观之，客何负于秦哉！向使四君却客而不内，疏士而不用，是使国无富利之实而秦无强大之名也。"李斯以确凿的史实证明，客卿是秦逐步强大而对六国形成席卷之势的重要力量，如果干驱逐外来人才的蠢事，就等于为敌国增强力量，而严重损害秦国实力，断送统一各国的大业，使秦处于空虚危险的境地。司马迁所全文引录的《谏逐客书》堪称是脍炙人口的篇章，充分表现出李斯知识和辩才过人，善于把握关键时刻使自己由被动变主动的性格特点。果然奏书上达后被秦王嬴政所采纳，不仅平息了原先气势汹汹的逐客议论，而且成为李斯更加受到信任、为秦统一全国的功业发挥了重大作用的转折点，官升廷尉，又再升任丞相高位。

李斯任丞相后的又一重要作为，是于秦始皇三十四年（前213），驳淳于越主张分封子弟之议，并上书曰："今陛下并有天下，别白、黑而定一尊；而私学乃相与非法教之制，闻令下，即各以其私学议之，入则心非，出则巷议，非主以为名，异趣以为高，率群下以造谤。……臣请诸有文学《诗》《书》百家语者，蠲除去之。"始皇依其议，收焚《诗》《书》百家之语以愚百姓，实行以吏为师，制定法度律令，书同文。"明年，又巡狩，外攘四夷，斯皆有力焉。"

由此证明，《李斯列传》上半篇展现了司马迁叙述人物性格行事的娴熟手法，他对史料作了恰当的剪裁，所选取李斯辞别荀卿时的表白，向秦王进说对六国各个击破之策，谏逐客书，驳淳于越之议、建议收焚《诗》《书》、加强专制统治等四项均为典型性材料。这些记述集中、紧凑，极其生动地刻画了李斯贪慕权势而又富有才能、善于判断时局作出正确应对的性格特点，以及其辅佐秦始皇实现统一大业的功绩。而到了后半篇，史家记述的格局却明显发生了变化。这是为什么呢？

这是因为，此前所记主要是李斯本人的活动，而后面则是李斯与赵高、秦二世三人的所为纠集在一起，史家组织材料的方法就由单线条叙述变为多线条结合的记述。后半篇的内容超出了李斯本人的传记，是写李斯、赵高、秦二世三人在秦帝国晚期阴谋策划、倒行逆施，最终覆灭的下场。既写李斯应负的历史罪责，又刻画了阴谋家赵高、暴君秦二世的面目。李斯后期的所作所为自然是其原先性格、行事在新的条件下的发展，而赵高和秦二世二人是最终葬送秦皇朝的主要人物，由于无法单独写此两人，也无法放在《秦始皇本纪》中去写，而其行事与李斯紧密联系，因此采取多线条结合的手法，集中记载于此。司马迁这种剪裁和组织手法不但巧妙，而且使历史画卷内容更加丰富，情节曲折动人，寓含极其深刻的教训。这样，《李斯列传》后半篇便与《秦始皇本纪》相辅相成，构成秦皇朝由统一到走向灭亡的全景图。

构成全篇的高潮和转折的是秦始皇病死、李斯参与了赵高的阴谋。时为秦始皇三十七年（前210）十月，始皇出巡天下，丞相李斯、中车府令赵高及次子胡亥随从，行至河北沙丘，突发重病，令赵高立诏书发给在上郡监军的长子扶苏，令其"以兵属蒙恬，与丧会咸阳而葬"。诏书尚未交给使者，始皇已卒。于是，赵高、胡亥、李斯三人立即共同紧张活动，策划伪造遗诏立胡亥为太子的阴谋。赵高先将胡亥置于阴谋圈套之中，怂恿他说："顾小而忘大，后必有害；狐疑犹豫，后必有悔。断而敢行，鬼神避之，后有成功，愿子遂之！"然后，又对李斯威胁利诱，称：长子扶苏刚毅武勇，"即位必用蒙恬为丞相，君侯终不怀通侯之印归于乡里"，"贬为庶人"。如合谋废长子扶苏，立胡亥为帝，可以欺瞒天下。李斯本来就以"贪慕权势，苟活求荣"为处世原则，至此乃"垂泪太息"表示实属无奈，而听从赵高的主意。于是三人共同炮制了一个大阴谋，"诈为受始皇诏丞相，立子胡亥为太子。更为书赐长子扶苏"，诬称其"为人不孝"，逼其自杀！

司马迁全局在胸，以多线条结合的手法，清晰地记述赵高、秦二世、李斯三人种种倒行逆施，生动地再现了当时的历史场景。立秦二世为皇帝之后，赵高为郎中令，"常侍中用事"，控制朝政，掌握大权。二世欲纵情享乐，"悉耳目之所好，穷心志之所乐"。赵高立刻奉承说：这正是"贤主"之所能行，办法是"严法而刻刑，令有罪者相坐诛，至收族，灭大臣而远骨肉"，则可高枕而享乐。"二世然高之言，乃更为法律。于是群臣诸公子有罪，辄下高，令鞫治之。杀大臣蒙毅等，公子十二人僇死咸阳市，十公主矺死于杜，财物入于县官，相连坐者不可胜数。"残酷暴虐的统治达到令人发指的地步，终于激起全国性的反抗浪潮，起义军直逼关中。就在这行将灭亡的前夕，秦二世还对李斯宣扬其暴君纵情享乐的哲学。李斯因其贪恋爵禄、奉迎求生的性格，竟上书讨好秦二世，为其暴君行为张目！其时，起义军已攻至三川郡，郡守李由是李斯之子，因抵挡不力，正受查问，还有人议论李斯作为丞相对局势负有责任。"李斯恐惧，重爵禄，不知所出，乃阿二世意，欲求容"，在上书中反复陈述对臣下应当督责重罚，严加驾驭，实行极端的专制统治，一意孤行、暴戾恣睢的主张，又极言须排斥仁义之人，谏说之臣，死节之行！书奏，二世大悦。

赵高用计，让二世深居宫中，不坐朝廷，不见大臣。于是赵高一手操纵朝政，"事皆决于赵高"。赵高又预谋将李斯害死。他撺掇李斯说，你身为丞相，应向二世谏说到处频发反抗事件、赋税徭役过重的事啊，李斯相信了他，而赵高又专门安排当二世燕乐之时让李斯一再求见，引起二世的恼恨。至此赵高认为对李斯下毒手的时机已到，便诬告李斯有裂土为王的野心，又使人审问三川郡守李由与盗相串通的案件，欲牵连追查李斯。李斯感到本人受到严重威胁，只好企图侥幸一试，上书二世，告发赵高有谋反的危险。又面告二世，称赵高出身宦官，身份低贱，"无识于理，贪欲无厌，求利不止"，但为时已晚，李斯的上书和面谏，都已无法改变二世将其交给赵高审问的结局。李斯在狱中仰天长叹，他知道二世的种种暴政，已造成反抗烈火遍地燃烧，秦朝灭亡即在眼前！"今反者已有天下之半矣，而心尚未悟也，而以赵高为佐，吾必见寇至咸阳，麋鹿游于朝也。"赵高对李斯用尽酷刑，但李斯自负有功、善辩，对二世仍抱有幻想，希望上书后能获赦免。上书中自陈为丞相已三十余年，称其"以胁韩弱魏，破燕、赵，夷齐、楚，卒兼六国，虏其王，立秦为天子"，此为第一项大功，还列举有其他六项。但李斯寄托着希望的上书，却被赵高扔到一边，说："囚安得上书！"最后，李斯被判具五刑，腰斩咸阳市，夷三族。

由于司马迁的精心剪裁的组织，《李斯列传》成为《史记》全书最具有史料价值和记述最为丰富、生动的篇章之一。尽管事件头绪甚多，但篇中叙事条理清晰，一波三折，李斯由身居丞相高位、助秦始皇统一全国立了大功，到结伙假造诏书，逼死公子扶苏、立胡亥为皇帝，再到讨好二世，为其暴君行为张目，又接连遭到赵高暗算，而对二世表白己功、幻想赦免，最后难逃被腰斩的下场——复杂的事件、纷繁变化的场景，令读者紧绷着心弦，被全神吸引，心情随着情节的展开而起伏。读完后对接连出现的场面无法忘怀，而且从中得到深刻的历史启示！司马迁突破了"专传"即集中记载传主本人事迹的惯例，而作了灵活的处理，随着历史情势的发展和李斯所处环境的复杂化，因此需要运用多线条结合叙述的方法，确实做到了"体圆用神"，体现出其历史编纂的杰出创造力。惟有这样做，才能完整地写出李斯"贪慕富贵，苟活求荣"这一典型性格的发展，也才能反映出统一了全国的秦帝国这座大厦为何会顷刻坍塌！

司马迁对篇章组织的匠心运用还可以举出多项，如：在上半篇记述李斯登上丞相高位、为统一全国建立大功之后，随之记载一事，李斯在咸阳家中摆下盛大的庆功宴，"百官长皆前为寿，门廷车骑以千数"。此时的李斯却喟然叹息，曰："当今人臣之位无居臣上者，可谓富贵极矣。物极则衰，吾未知所税驾也！"看似闲写一笔，实则是以此巧妙地预示其走向下坡路的开始，并且将上半篇和下半篇紧密地联系起来。又如，写李斯被处死以后，又补写二世拜赵高为中丞相，赵高权势更加炙手可热，于是上演了"指鹿为马"的丑剧；二世被赵高用诡计赶出上林宫，三天后，赵高又令卫士诈称"山东群盗兵大至"，逼令二世自杀；子婴即位后，与宦官韩谈合谋擒杀赵高。分别交代了暴君和阴谋家的可耻下场。子婴立后三个月，沛公军入咸阳，子婴迎降。本篇记事的最后结束是："子婴与妻子自系其颈以组，降轵道旁。沛公因以属吏。项王至而斩之。遂以亡天下。"（均据《史记》卷八十七《李斯列传》）恰恰证明《李斯列传》记载史实以李斯的活动为主线，而其发展则是记述秦皇朝最后覆亡的历史。司马迁在结尾精心记述的这些史实足以说明：此篇设置的用意，正是与《秦始皇本纪》互相配合，以完整地写出秦皇朝如何由成功的顶点，到经由赵高、二世、李斯之手而迅速灭亡的！

司马迁极其精练、全面地总结了李斯辅佐秦始皇统一全国的功绩，严肃地谴责了他参与赵高、二世的阴谋、实行暴政、残害民众的历史罪责，指出李斯违背了儒学的宗旨，不能劝导秦始皇实行由武力兼并向德政治国的转变，本人因贪求权势而苟活奉迎，而导致最终惨死的悲剧，揭示了后人应当深刻记取的历史教训,并且严肃地批评以李斯为"极忠"的迂见。生动紧张、起伏变化的历史场景,鲜明的人物形象,与蕴含深刻哲理、耐人寻味的论赞交相辉映,构成了史传作品的绝唱!

《史记》传记中鸿篇巨制的高度编纂技巧已如上述,那么,记载史实并不十分复杂的篇章的叙事手法又是怎样呢?这里仅举出一个典型例证作简要的评析。叔孙通传在书中是与刘敬传合设为一篇"合传",因两人都曾就朝政大事向高祖提出重要建言,对于安定汉初社会秩序贡献很大。以往对《刘敬叔孙通传》作为史料引用者颇为常见,对于篇中所载叔孙通善于"面谀"的性格也有过诸多解释。实则《刘敬叔孙通传》的主要价值,是以确切的史实证明汉初制定礼仪乃是为现实政治的迫切需要,以及史家为再现当时历史场景而在篇章内容上所作的精心安排。司马迁对次要材料一概从略,篇中的记载集中围绕"制定朝礼"这一核心事件而依次展开。先叙述制定礼仪的背景。汉五年(前202),高祖在定陶登帝位。初时为求简易,一概取消秦朝苛繁的礼节。不料却出现混乱局面:"群臣饮酒争功,醉或妄呼,拔剑击柱",高祖为之头痛!叔孙通进谏:现在天下初定,正是用得着儒家礼仪的时候了!又针对刘邦一向讨厌儒生的心理,告诉他,礼仪因时而设,与时变化,我要对古礼和秦朝礼制加以改造,尽量避免复杂。以此打消高祖的顾虑。进而用一月余时间排练演习,先由叔孙通带领征集来的鲁诸生与其弟子练习,然后是皇帝练习,再后是百官练习。最后,详细记载长乐宫成、诸侯群臣朝见皇帝的隆重仪式,极写当时场面的庄严肃穆。于是高帝曰:"吾乃今日知为皇帝之贵也。"这与前面诸将饮酒争功,高祖苦于无法对付的情景,形成多么鲜明的对照!

须知,在当时漫无秩序之中,皇权就是秩序的代表。叔孙通制定朝仪,为汉初建立起政治秩序立了大功,因此拜为太常,位居九卿。叔孙通也不是一味奉承,当汉十二年,高祖意欲将太子废掉、立宠姬戚夫人所生赵王如意为太子时,叔孙通即以太子太傅身份坚决谏阻,说:"陛下必欲废嫡而立少,臣愿先伏诛,以颈血污地。"高祖只好作罢。本篇篇末论赞云:"叔孙通希世度务制礼，进退与时变化，卒为汉家儒宗。'大直若诎，道固委蛇'，盖谓是乎！"（均据《史记》卷九十九《刘敬孙叔通列传》）强调他依据儒学制定礼仪的重大贡献，同时又肯定他善于运用道家以屈求伸的智慧，确是定评。

总之，通过分析李斯和叔孙通这两篇典型传记的编纂手法，我们有充分的理由得出如下结论：《史记》中无论是鸿篇巨制还是所载内容不甚复杂的篇章，司马迁无不惨淡经营，精心撰写，力求达到内容和编纂形式的尽善尽美。他从再现客观历史进程的需要出发，既有通盘考虑的严密体例，而在具体运用上又根据情况作灵活变通，在必要时突破成例，堪称"体圆用神"，因而达到史料剪裁和内容组织匠心运用的极致。

第五讲

本纪：著史之纲领　时代之投影

《史记》的编纂结构以"本纪""表""书""世家""列传"五体构成，"本纪"列在首要地位，始自《五帝本纪》，终于《孝武本纪》，共十二篇。毫无疑问，本纪的设置和撰写凸显出司马迁的睿思和匠心。为什么《史记》的编纂能够取得如此高度的成就，被称为"史家之绝唱"？又为何《史记》能对后世产生如此深远的影响，被视为传统史学的楷模？这显然与本纪之设置和撰写的成功有极大的关系。今天，我们应有新的视角对此作深入探讨。这就是，除了分析本纪各篇本身的成就以外，还要把握"本纪"在《史记》全书中的地位，本纪与表、书、世家、列传的关系；还要从史学演进的长河中，考察后代修史者对"本纪"运用的得失利弊。

一、"包举大端"：著史之纲领

《史记》"本纪"的设立，有没有以往的史籍可资采用或借鉴？前人对此曾提出多种回答。有认为是效法《春秋》的，如梁启超《中国历史研究法》曾言："其本纪以事系年，取则于《春秋》。"有认为其名称采用《吕氏春秋》的，如刘勰《文心雕龙·史传》云："（子长）故取式《吕览》，通号曰纪。纪纲之号，亦宏称也。"有认为是继承先秦古书《禹本纪》的，如赵翼《陔余丛考》卷五《史记一》云："迁之作纪，非本以《吕览》，而汉以前别有《禹本纪》一书，正迁所本耳。"

以上说法各有其道理，因为司马迁在编纂体裁体例上不能凭空创造，"本纪"的取名，可能从《禹本纪》或《吕氏春秋》中得到启发，而本纪依年纪事，这一原则是著史者不能违背的，所以与先秦主要史籍《春秋》《左传》有其继承的关系。但我们今天所应特别重视的则有两项：第一，司马迁是自觉地以本纪作为《史记》全书记载丰富复杂的华夏民族演进历程之纲领，是其"通古今之变"的大手笔；第二，本纪各篇记载"天子行事"，将再现历史盛衰变化大势和塑造人物生动的性格特征有机地相结合。这两项，是司马迁彪炳史册的成功创造，在历史编纂学史上具有里程碑的意义。

为什么说司马迁是自觉地用"本纪"作为著史之纲领呢？这在《史记》卷一百三十《太史公自序》这一集中的叙述其著史旨趣的篇章中，有明白的交代：

> 周罗天下放失旧闻，王迹所兴，原始察终，见盛观衰，论考之行事，略推三代，录秦汉，上记轩辕，下至于兹，著十二本纪，既科条之矣。

这里十分清楚地揭示出：十二本纪置于全书之首，放在最重要的地位。十二本纪的记载始自华夏族始祖黄帝，下迄史家生活的汉武帝时代，综合记述华夏族几千年以来的演化史，而其精髓，是要"原始察终，见盛观衰"，司马迁著史所定下的"通古今之变"的目标即借此以体现。本纪所载是对于历史进程关系重大的政治、军事、经济、民族关系等大事，故称"既科条之矣"。科条者，著史之大纲目也。司马迁所追求的境界，与孤立记载若干事目、流水簿式的记载是如此截然不同。两千年前的史家，能有如此杰出的著史成果，又能对自己的著史理念作出这样明确的概括，这是何等的难能可贵！刘知幾、章学诚两人对于本纪作为《史记》著史之纲领的意义也曾有所揭示。刘知幾《史通·二体》篇中谓："纪以包举大端。"章学诚则云："原其称'本'之义，司马迁意在绍法《春秋》；顾《左氏》《公》《穀》专家，各为之传；而迁则一人之书，更著书、表、列传以为之纬，故加纪以'本'，而明其纪之为经耳。"（《文史通义校注》外篇二《永清县志皇言纪序例》）

司马迁撰著的"本纪"十二篇，在中国史学上的出色贡献，举其荦荦大者，约有五端。

第一，司马迁"整齐百家杂语"，是以"考而后信"的审慎态度和方法，对于百家"其言不雅驯"的记载、互相矛盾歧异的说法，作了整理和取舍。他确定了华夏文明的始祖是黄帝，华夏民族的历史从"五帝"时期开始，即从黄帝、颛顼、帝喾、尧、舜开始。《史记》以《五帝本纪》开篇，整理出从黄帝至尧舜的古史体系，这一裁制在中华文明史上有伟大的意义。两千多年来，中国人世世代代普遍地以黄帝为中华民族共同的祖先，形成了占全世界人口最多的中华民族对于自己民族历史和文化"本根"的共同认识，促进了"大一统"局面的巩固，加强了民族向心力，其意义重大而深远。

第二，记载了夏、商、周三代文明发展的继承性和治国施政的变革，总结出"恃德抚民者昌，昏乱骄侈者亡"的历史规律。夏、商、周三代是华夏文明的奠基时期，司马迁采集《尚书》《诗经》《左传》《国语》《世本》《吕氏春秋》等的可信史料，详实地记载了这三个时期的帝王世系和重要历史事件。《太史公自序》中对夏、商、周三篇本纪的撰著义旨有明确的概括："维禹之功，九州攸同，光唐虞际，德流苗裔。夏桀淫骄，乃放鸣条。作《夏本纪》第二。""维契作商，爰及成汤；太甲居桐，德盛阿衡；武丁得说，乃称高宗；帝辛湛湎，诸侯不享。作《殷本纪》第三。""维弃作稷，德盛西伯；武王牧野，实抚天下；幽厉昏乱，既丧丰镐；陵迟至赧，洛邑不祀。作《周本纪》第四。"司马迁寄意最深的是，记述帝王治国施政的特点，以明其盛衰之原因。如说：夏朝灭亡的原因是，"桀不务德而武伤百姓，百姓弗堪"。（《史记》卷二《夏本纪》）而商汤兴起的原因，是汤体恤民众的疾苦，重视人心的向背。至武丁时，"修政行德，天下咸欢，殷道复兴"。武丁治国五十年，是殷商最强盛的时期，号为高宗。至殷纣王残暴骄淫，"厚赋税以实鹿台之钱，而盈巨桥之粟。益收狗马奇物，充仞宫室"。（《史记》卷三《殷本纪》）又实行酷刑，有炮烙之法，拒谏饰非，昏乱至极，众叛亲离，终于自取灭亡。这时周的势力已在西方兴起，至古公亶父，"复修后稷、公刘之业，积德行义，国人皆戴之"，因而成为周王朝的奠基人。周文王继承其事业，"笃仁，敬老，慈少。礼下贤者，日中不暇食以待士，士以此多归之"。至周武王率领浩浩荡荡的讨伐殷纣王的盟军渡过黄河,来到商郊牧野时,便发生了纣师倒戈相向的一幕:"纣师虽众,皆无战之心,心欲武王亟入。纣师皆倒兵以战,以开武王。"(《史记》卷四《周本纪》)前代学者对上述三篇本纪记述史事提纲挈领的成功手法和揭示朝代盛衰的深刻鉴戒意义,有过不少精当的评论。如黄震说:"《殷纪》亦依仿《书》为之,具载兴衰相乘者数四,未尝不本于贤者之用舍,而载纣取亡之事尤详,真可为万世戒。"(《黄氏日抄》卷四十六《史记》)

第三,以《秦本纪》详载秦由僻居西方的小国,由于历代有作为的君主的苦心经营,奠定了建立帝业的基础。又以《秦始皇本纪》记载中国统一局面的出现,深刻地总结秦朝结束分立局面的巨大功绩和不行仁义而骤亡的历史教训。秦原是僻居西陲的小国,在战国初年,中原各诸侯国以夷狄视之,但经过十几代君主的奋发努力,秦国终于逐渐强大起来,而秦穆公、孝公、惠文王、昭襄王等都是很有作为的人物。叙述秦穆公至昭襄王的历史,就是记载数百年间变落后为富强的不平凡的历程,也是深刻地揭示出全中国为何能在秦朝实现统一的历史根源,这在中国历史上意义重大。清代学者牛运震在《史记评注·秦本纪》中对此有中肯的评论:"盖秦伯王之业,章于穆、孝,成于昭、襄,此始皇因之所以并吞混一而称帝号也。"梁启超也强调,自秦穆公至始皇四百年余间,秦国以创业、拓展为目标,"以图进取,百折不挠而卒贯其初志""虽缘外力抵抗之强弱,而屡有屈伸,顾未尝或一退转,其步骤亦未或一凌乱"。(《先秦政治思想史》)这也是对《秦本纪》的内容和撰述义旨的恰当概括。

秦始皇在前代君主长期经营的基础上,经过二十几年的努力,终于统一全中国,这更是历史上的大事!紧接《秦本纪》之后的《秦始皇本纪》,详记始皇统一天下的功业,高度评价其以全国统一取代列国分立局面,以中央集权制取代分封制的历史功绩。这对于汉代世俗之士故意贬低秦朝的地位、称其为"闰位"的歪曲看法,是有力的矫正,不仅见识卓越,而且凸显司马迁忠实于客观历史的"实录"精神。牛运震也极为赞赏《秦始皇本纪》原原本本记载"史之大事"的特点:"本纪之体,大事书,小事不书。《始皇本纪》自元年以来书置将相,书攻邑,书置郡,书饥旱……即此所书,可以约见本纪书事之法矣。"(《史记评注》卷一《秦始皇本纪》)本篇又一撰述义旨,是总结秦始皇在统一全国之后居功自傲、对民众实行残酷剥削和严刑峻法、奢侈无度,因此暴亡的严重历史教训。为此,司马迁高度评价贾谊《过秦论》对秦朝兴亡历史教训的总结,说:"善哉乎贾生推言之也!"破例将《过秦论》全文引在《秦始皇本纪》篇末论赞之中,用贾谊的话对秦始皇的暴政作了严肃批判。

第四,设置《项羽本纪》《高祖本纪》,以酣畅的笔力写出熊熊燃烧的起义烈火使曾经不可一世的秦朝统治顷刻灭亡,项羽在推翻秦朝中如何起到的号令诸侯的作用,刘邦又如何以过人的谋略和安抚民众的措施在楚汉战争中最终取得胜利,建立西汉政权。汉高祖刘邦改变秦的暴虐政治为宽厚政治,安定天下,开创了更大规模的国家统一局面。司马迁对这一历史的巨大变局十分重视,在《太史公自序》中明确地概括此两篇本纪的撰写义旨:"秦失其道,豪杰并扰;项梁业之,子羽接之;杀庆救赵,诸侯立之;诛婴背怀,天下非之。作《项羽本纪》第七。""子羽暴虐,汉行功德;愤发蜀汉,还定三秦;诛籍业帝,天下惟宁,改制易俗。作《高祖本纪》第八。"我们再从中国历史发展的长河考察,项羽固然是反秦的英雄,在攻灭秦朝的斗争中表现出非凡的气概,但他所实行的分封诸侯和残酷杀戮的政策,是开历史的倒车,所以注定失败。而刘邦建立的西汉政权,除秦繁苛,"改制易俗",正符合"承敝通变"的历史规律,所以,西汉皇朝的建立标志着中国历史前进到一个新的阶段。《项羽本纪》《高祖本纪》两篇,真实、生动地记载了这一段场面广阔、波澜起伏的历史进程,显示出秦至楚、至汉"八年之中,天下三嬗"的演进脉络,并且将项羽、刘邦相反的政治作为和成败结局两相对照,因而成为历代学者推崇的再现楚汉之际历史风云的杰作。

第五,提纲挈领记载了西汉政权巩固和出现盛世的历史进程,开创了重视记载当代史的成功范例。西汉前期的历史,对于华夏文明史具有重要意义。

司马迁依据他身为太史令所能掌握的西汉皇室文书档案史料和他的亲闻亲见，纲举目张地叙述了惠、文、景、武诸朝的重要政治措施和社会领域的深刻变化，包括：医治因秦汉之际长期战乱造成的残破局面，恢复生产，减轻赋税，实行"无为"而治；强干弱枝，相继成功地解决异姓王和同姓王的问题，巩固中央集权；"汉承秦制"，同时又根据时代需要而创立新制度，荐举贤良孝廉，尊崇儒术，抑制豪强兼并，颁行新历法等，成为历代封建王朝的样板；扩大国家版图，加强对周边民族的关系，同时对匈奴进行大规模的自卫战争，解除匈奴游牧民族长期对中原地区的威胁，推进了全中国统一的规模。

司马迁撰写的十二篇本纪，将他所能见到的各种有价值的典籍和档案史料，整理成华夏族自文明始祖至史家所生活时代的贯通古今的历史演进纲要，记载了包括军国大事、经济生产活动、民族交往、文化发展等方面的大事，通过人的活动、时势变迁，以"原始察终，见盛观衰"。《史记》本纪的成功撰著，毫无疑义是中国史学之首创，也是世界文化所特有。而且，"本纪"又构成《史记》中全书所囊括的多种体裁的纲领，本纪以下的各篇表、书、世家、列传，都围绕总纲展开，互相配合，构成华夏文明的"全史"。设若没有成功的"本纪"，全书就失去主干，历史盛衰的大势就被分散的史事碎片所淹没！譬如，《项羽本纪》《高祖本纪》就是楚汉战争、汉朝建立这一时期史事之纲领，以下，像《秦楚之际月表》《汉兴以来诸侯王年表》《高祖功臣侯者年表》，八书中相关的内容，"世家"中的《楚元王世家》《萧相国世家》《曹相国世家》《留侯世家》《陈丞相世家》，"列传"中《张耳陈馀列传》《淮阴侯列传》《刘敬叔孙通列传》等，都围绕这两篇本纪展开。因而做到全书纲领清晰，而又全方位展开，脉络贯通，异彩纷呈，岂非著史之大观！

唐代史学评论家刘知幾曾对《史记》本纪的作用等编纂特点，作过精辟的评论，如说："《史记》者，纪以包举大端，传以委曲细事，表以谱列年爵，志以总括遗漏……显隐必该，洪纤靡失。"(《史通通释》卷二《二体》)但也有批评不当之处，他责备司马迁立《秦本纪》和《项羽本纪》两篇不当，有乖史体。刘知幾太过拘泥于名号、等级，刻板地要求必须身为天子才能立为本纪，如果身为诸侯，就绝无设为本纪之理。关键在于，他未能理解，司马迁设置本纪的主要着眼点不在身份名号，而在于以之作为一个历史时期史事之总纲领，注重其是否起到支配历史大局的作用。为何将秦庄襄王以前的史事立为"本纪"？原因在于，他要以《秦本纪》来担负提挈自春秋至战国历史的总纲。在此春秋、战国时期，列国纷争，周王室仅有名义上的地位，实际上已降为小国。故《周本纪》提挈史事纲领的作用只限于西周时期，此后则大致只限于记载周王室本身史事，而对各诸侯国大事很少涉及。反观《秦本纪》，则除了记述秦国大事之外，又分明起到提挈各国大事的作用。有如：秦武公十三年，载："晋灭霍、魏、耿。齐雍廪杀无知，管至父等而立齐桓公。齐、晋为强国。"秦穆公九年，载："齐桓公会诸侯于葵丘。"秦共公三年，载："楚庄王强，北兵至雒，问周鼎。"秦桓公十年，载："楚庄公服郑，北败晋兵于河上。当是之时，楚霸，为会盟合诸侯。"秦景公十五年，载："是时晋悼公为盟主。十八年，晋悼公强，数会诸侯。"秦哀公十五年，载："楚平王欲诛建，建亡；伍子胥奔吴。晋公室卑而六卿强。"大凡这一类记载各国之大事，大量见于《秦本纪》之中。因此，《秦本纪》乃是司马迁苦心经营之篇章，不但脉络清楚地记述秦如何由小国走向强大，而且用来提挈春秋、战国时期的复杂史事，取代《周本纪》后半篇所不能起到的作用。

项羽骁勇善战，威震天下，巨鹿大战后，被推为上将军，"诸侯皆属焉"，后自立为西楚霸王，号令天下，分封刘邦、张耳、田都、章邯等十八人为诸侯王。因此，在风起云蒸的反秦起义浪潮中，项羽的行动和部署对全局起到支配作用，构成这一复杂多变的重要历史时期的总纲。司马迁并不因为项羽未称"天子"又最后失败，而忽视其历史作用，相反，他以非凡的识力，设置《项羽本纪》。《项羽本纪·赞》中即点明立其为"本纪"的深刻意义所在："夫秦失其政，陈涉首难，豪杰蜂起，相与并争，不可胜数。然羽非有尺寸，乘势起陇亩之中，三年，遂将五诸侯灭秦，分裂天下，而封王侯，政由羽出，号为'霸王'，位虽不终，近古以来未尝有也。"并在《秦始皇本纪》中言简意赅地予以强调："项羽为西楚霸王，主命分天下王诸侯，秦竟灭矣。后五年，天下定于汉。"与上述赞语中"政由羽出"作了有力的呼应。

事情的实质是，司马迁所重不在于身份、名号，而是重视人物在历史中所起到的实际作用，其目的是要再现历史的真相。所以他不刻板行事、胶柱鼓瑟，而是根据历史实际的需要作灵活处理，在必要时敢于突破自己所定的体例。章学诚称誉司马迁著史"体圆用神"，可谓深得其历史编纂学的神髓！

二、记载政治成败得失与刻画人物形象的交响

把记载、总结政治成败得失与刻画帝王的性格胸襟二者结合，是《史记》"本纪"的又一重要史学功能。

先秦史学的主要成果《春秋》《左传》都是编年体，司马迁在对其充分继承的同时，又实现了重大的突破和杰出的创造，各卷的叙事基本上都是按年代先后记述，而全书的总体面貌和记载重心，则是记述人物的活动。这是因为，时代前进推动历史编纂实现重大变革，自春秋、战国以来，特别是从秦汉之际历史变局和汉朝立国以来的史实证明，人物的活动，是历史成败和社会变迁的主要因素。因此，司马迁将记述明主贤臣、杰出人物的活动，作为他著史的宗旨。《史记》以记人物为中心，当然首先必须体现在"本纪"之中。因此本纪各篇成为记载政治成败得失和刻画人物形象的交响，乃是时代前进对历史编纂学的内在发展需要和司马迁本人的自觉追求。

《项羽本纪》和《高祖本纪》，在"本纪"中记载的史实最丰富、场面最宏大，在史料的搜集和剪裁上最下功夫，所倾注的感情也最为深沉，我们即以此为典型篇章略作分析。

项羽名籍，是楚国将领项燕的后代。青年时代，他即具有常人不及的豪

气。秦始皇游会稽，渡浙江，项羽与叔父项梁同往观看，项羽当场即感叹说："彼可取而代也。"在反秦浪潮中，项梁、项羽在江东举兵，渡过江、淮进入中原作战。当章邯率大军包围巨鹿城时，赵王赵歇及将领陈馀、张耳困守城中，号为卿子将军的宋义却拥兵安阳滞留不进，饮酒高会，时天寒大雨，士卒冻饥。当此危急情势下，项羽表现出其果断和勇气，他严责宋义："国家安危，在此一举。今不恤士卒而徇其私，非社稷之臣。"于是以楚怀王的名义下令斩杀宋义。项羽此举大受嘉许，楚怀王拜他为上将军，诸将皆属。

项羽从起兵到败亡历时八年，所经七十余战，作战范围达于河北、河南、关中、山东、江淮等广大区域，司马迁以极高的识力，从中选择了救巨鹿、鸿门宴、垓下之战作为记载的重点。这三个事件正是项羽政治上、军事上成败的关键，也是凸显其性格特点的重要历史场景。

巨鹿大战极写项羽勇力、气势过人，因而成为威震天下、号令诸侯的英雄。当巨鹿两面受敌，情况万分危急时，各诸侯军心怀恐惧、顿兵旁观，独项羽率军以与敌决一死战的气概，破釜凿舟，连续九战，分别击溃秦将苏角、王离、涉间，项羽将士呼声震天，诸侯军人人慴恐。请看司马迁极写项羽的无敌气概："项羽乃悉引兵渡河，皆沉船，破釜甑，烧庐舍，持三日粮，以示士卒必死，无一还心。……当是时，楚兵冠诸侯。诸侯军救巨鹿下者十余壁，莫敢纵兵。及楚击秦，诸将皆从壁上观。楚战士无不一以当十，楚兵呼声动天，诸侯军无不人人慴恐。于是已破秦军，项羽召见诸侯将，入辕门，无不膝行而前，莫敢仰视。"

鸿门宴一幕，则写出项羽不用谋臣范增计策，沽名钓誉，丧失有利时机，放走刘邦，以致留下后患而酿成最终失败。刘邦率军先破秦军进入关中，项羽救赵后也率军入秦。两军相对，项羽处于绝对优势："当是时，项羽兵四十万，在新丰鸿门，沛公兵十万，在霸上。范增说项羽曰：'沛公居山东时，贪于财货，好美姬。今入关，财物无所取，妇女无所幸，此其志不在小。吾令人望其气，皆为龙虎，成五采，此天子气也。急击勿失。'"刘邦依张良计，次日来到鸿门，向项羽谢罪（刘邦派兵守函谷关，致使项羽大军西进时受阻）。在宴席上，范增再三示意项羽下令对刘邦动手："范增数目项王，举所佩玉玦以示之者三，项王默然不应。"席间，项庄拔剑起舞，意在沛公。危急间，勇士樊哙拥盾而入，护卫刘邦，并严词责备项羽。刘邦见势不妙，用计逃席，留下张良将白璧和玉斗分别赠送项王、范增。"项王则受璧，置之坐上。亚父受玉斗，置之地，拔剑撞而破之，曰：'唉！竖子不足与谋。夺项王天下者，必沛公也，吾属今为之虏矣。'"项羽之沽名钓誉、错失良机，与范增的洞察利害、深谋远虑恰成对照。

至垓下之战，项羽已陷于汉军重重包围之中，随骑仅有二十八人，汉军追者数千。直至最后败亡之前，他仍然显示出其令挡者披靡的勇猛气概：

> 项王自度不得脱，谓其骑曰："吾起兵至今八岁矣，身七十余战，所当者破，所击者服，未尝败北，遂霸有天下。然今卒困于此，此天之亡我，非战之罪也。今日固决死，愿为诸君快战，必三胜之，为诸君溃围，斩将，刈旗，令诸君知天亡我，非战之罪也。"乃分其骑以为四队，四向。汉军围之数重。项王谓其骑曰："吾为公取彼一将。"令四面骑驰下，期山东为三处。于是项王大呼驰下，汉军皆披靡，遂斩汉一将。是时，赤泉侯为骑将，追项王，项王瞋目而叱之，赤泉侯人马俱惊，辟易数里。与其骑会为三处。汉军不知项王所在，乃分军为三，复围之。项王乃驰，复斩汉一都尉，杀数十百人，复聚其骑，亡其两骑耳。乃谓其骑曰："何如？"骑皆伏曰："如大王言。"

通过以上三个事件，司马迁成功地记述了项羽兴起之迅猛和结局之悲凉，令人击节，令人慨叹！更可贵的是，司马迁以"寓论断于叙事"的手法，更进一层揭示出项羽最终失败的深刻原因。他在政治上目光短浅，没有安定天下之志，不懂得秦朝长期暴虐统治之后，百姓急迫需要实行德政；相反地，他滥加杀戮，失去天下人之心。巨鹿大战之后，他率军西进，途中，获知秦军降者有不满的言论，"于是楚军夜击坑秦卒二十余万人于新安城南"。更加严重的是，在鸿门放走刘邦之后，他在秦朝京城大肆屠戮，掠抢秦宫室财富："项羽引兵西屠咸阳，杀秦降王子婴，烧秦宫室，火三月不灭；收其货宝妇女而东……项王见秦宫室皆以烧残破，又心怀思欲东归……说者曰：'人言楚人沐猴而冠耳，果然。'项王闻之，烹说者。"秦人因此对他绝望！又实行分封天下，负约封刘邦为汉王，令其僻处于南郑，另封秦降将章邯、司马欣、董翳及魏豹、赵歇等，共分封十八王，自号西楚霸王，更加剧分裂割据的局面。楚怀王心当时名义上是天下共主，项羽将他废弃，徙置湘江上游，并派人击杀于江上。齐王田荣叛项王，项羽北上攻之，"遂北烧夷齐城郭室屋，皆坑田荣降卒，系虏其老弱妇女。徇齐至北海，多所残灭"。其结果，是"齐人相聚而叛之"。

项羽招致败亡的又一重要原因，是缺乏谋略，不采纳智者计策，甚至加以猜疑。范增是著名的谋士，对项羽一再提出良策，项羽却奋其私智，拒谏塞听，因而在鸿门宴上放走刘邦。当楚汉两军在荥阳对垒，汉军运粮的甬道被楚军屡屡侵夺，汉军乏食，请与楚划荥阳为界讲和。此时，范增力劝项羽乘刘邦兵力不足、处境不利之时将之攻灭。在此危急情况下，刘邦采用了陈平的反间计。短视无谋的项羽正好中计，竟然由此而对范增猜疑。项羽因颟顸猜疑，失去了范增这位唯一忠心耿耿的军师，更促使他走向最终的失败。一个叱咤天下的英雄最终却惨死于乌江之畔，这不仅是秦汉之际历史变局上的大事，而且从总结政治成败教训上有极其深刻的意义，司马迁在篇末《项羽本纪·赞》中所作的鞭辟入里的论断，值得人们再三品味："及羽背关怀楚，放逐义帝而自立，怨王侯叛己，难矣。自矜功伐，奋其私智而不师古，谓霸王之业，欲以力征经营天下，五年卒亡其国，身死东城，尚不觉悟而不自责，过矣。乃引'天亡我，非用兵之罪也'，岂不谬哉！"

刘邦也是反秦起义的英雄人物，又是西汉皇朝的开国君主。《高祖本纪》以详实的史实叙述刘邦政治上目光远大，深知百姓长期受秦朝暴政之苦，必须除秦繁苛，休息民力，才能得民心。他富有谋略，知人善任，虚心听从贤者谏议，因而屡屡从困厄中重新奋起，最终平定天下。

司马迁突出地记载刘邦志在战乱中实行仁政、安抚民心的重要事件，证明这正是刘邦在群雄逐鹿中最终胜利的决定性因素。当天下纷扰之时，楚怀王与诸老将商议诣派进入关中的将领，诸老将就曾对项羽和刘邦作了对比："项羽为人剽悍猾贼。项羽尝攻襄城，襄城无遗类，皆坑之，诸所过无不残灭。……独沛公素宽大长者，可遣。"楚怀王并与诸将约，"先入关中者王之"，这就意味着刘邦在各路将领角逐中已开始处于主动地位。刘邦率军以罕见的勇敢和智谋，连连克敌，于汉元年（前206）十月，遂先诸侯军进入关中，接受秦王子婴投降。刘邦进入咸阳，他从樊哙、张良谏议，"封秦重宝财物府库，还军霸上"，同时颁布"约法三章"。刘邦实行的政策，得到长期饱受秦朝暴政之苦的关中百姓发自内心的拥护："唯恐沛公不为秦王。"项羽背约，要使刘邦受困于偏僻闭塞之地。但在力量对比悬殊的情况下，刘邦接受了萧何、张良等的建议，接受封号，到汉中，并烧毁栈道，表示无意东归，麻痹项王。刘邦行时，"诸侯之慕从者数万人"。经过积蓄力量，数月以后，刘邦部署还兵关中，出奇兵，从故道出，连续击破章邯等，夺取了函谷关及其以西地区。刘邦随即采取措施，健全三秦、陇西、北地以至河套这大片地区的郡县行政系统，又"缮治河上塞""诸故秦苑囿园池，皆令人得田之""大赦罪人"。司马迁对以上史实一一详载，实则证明这些措施正是刘邦经略天下的开始。此后在与项羽长期争战过程中，关中便成为其稳固的后方根据地。

楚汉两军在河南荥阳、成皋一带相持争战长达三年时间，《高祖本纪》着重记载刘邦如何虚心听从谋臣谏议，面对复杂局势作出正确决策，因而度过危局，逐步壮大自己，并得到大将韩信、彭越等人的支持，最后由军事上的劣势转变为优势。如，项羽大军曾把刘邦包围在荥阳，刘邦用计得脱，退回关中补充给养，重整旗鼓，留少数兵力固守荥阳。此后，刘邦本欲出兵东向再与楚军正面相持，而袁生进计，说："愿君王出武关，项羽必引兵南走，王深壁，令荥阳成皋间且得休。使韩信等辑河北赵地，连燕齐，君王乃复走荥阳，未晚也。如此，则楚所备者多，力分，汉得休，复与之战，破楚必矣。"刘邦立即采纳，改从武关出军宛、叶，项王果引兵南下，汉军坚壁拒战。刘邦令彭越在项羽后方断其粮道,又在下邳大破楚军,使项羽背后受到威胁。又如,韩信在山东先击败齐王田广,又联合灌婴大破楚军,派人来向刘邦要求封王,说:"齐边楚,权轻,不为假王,恐不能安齐。"刘邦怒,欲以兵攻,张良向他劝谏:"不如因而立之,使自为守。"刘邦立即听从,派张良操印绶立韩信为齐王。此后,刘邦大军遂得到韩信、彭越、英布各军的配合,实现了对项羽包围的形势。

因此,当天下已定,汉高祖刘邦置酒雒阳南宫,君臣一同评说刘项成败原因之时,刘邦即发表大段议论,以他知人善任作为战胜项羽的最重要原因:"夫运筹策帷帐之中,决胜于千里之外,吾不如子房。镇国家,抚百姓,给馈饷,不绝粮道,吾不如萧何。连百万之军,战必胜,攻必取,吾不如韩信。此三者,皆人杰也,吾能用之,此吾所以取天下也。项羽有一范增而不能用,此其所以为我擒也。"刘邦周围的文臣武将不但帮助他战胜了项羽,而且在汉朝开国后为创设制度、治理国家作出卓越建树。最初在沛县起兵跟随刘邦的萧何、曹参、樊哙三人,在长期征战和汉朝开国后一直忠心辅佐刘邦,刘邦对他们高度信任,视为股肱重臣。高祖临终,当吕后问他国政将委托何人时,他交代可委托萧何、曹参、王陵、陈平和周勃,其后的史实恰恰证明刘邦付托得人。

《项羽本纪》《高祖本纪》两篇,史实纷繁复杂,但司马迁所揭示的历史主线十分清楚,对项、刘两人的重要作为及其产生的历史效果均作清晰的交代,记述的场面波澜壮阔,又从多角度展现人物的性格、襟怀,达到形象丰满,生动传神。两篇的内容既互相对照,又互相补充,也堪称是《史记》全书各篇结构紧密、有机结合的一个缩影,因而成为历代传诵不衰的名篇。马克思曾经说过,古代希腊的艺术具有"永久的魅力",它产生于"历史上的人类童年时代,在它发展得最完美的地方"。又说:"他们的艺术对我们所产生的魅力同这种艺术在其中生长的那个不发达的社会阶段并不矛盾。"(《〈政治经济学批判〉导言》,《马克思恩格斯选集》第二卷)马克思的话能帮助我们理解:司马迁虽然处于社会生产不发达的汉代,但在这一时期华夏民族所具有的蓬勃创造力和提供的思想文化条件，也类似于希腊那样，是在人类童年时期发展得最完美的地方，并通过司马迁的杰出才能将之表现出来，因而《史记》同古希腊艺术一样具有"永久的魅力"！

三、"大一统"政治体制的投影

《史记》以本纪置于全书之首，以表、书、世家、列传与之配合，自此体一定，历代修史者遵行不改。这是中国史学史上极其重要的现象，其中的深刻原因是什么呢？这除了《史记》书写历史的极高成就以外，还有史学作为意识形态与社会结构的相互关系问题，也即《史记》作为文化成果在何种程度上符合于社会政治现实需要的问题。

简要地说，一是，《史记》以十二本纪为主干，加上全书其他篇章的配合，记载了华夏民族自文明初始以来以至当代的历程，无可辩驳地证明了历史的前后相续、绵延不绝。尤其是，证明从远古至夏、商的长期孕育，周初实行"封土封邦"、周天子号令天下，到秦朝实现了兼并天下、统一各国，又到汉代实现了更大规模的统一，中华民族逐步走向全国大统一实有深远的根源和强大的内在动力，统一的局面的形成和巩固乃是历史发展的必然。《史记》令人信服地证明了统一是历史的必然，其创立的格局当然也被后代视为著史之"极则"。二是，《史记》以"本纪"为主干，其他诸体与之配合，恰恰成为封建政治体制以"天子"为中心、众臣辅弼、形成等级性结构的投影。天子独尊，出口即是"圣旨"，即是至高无上的法律，以此纲纪天下，从大臣、官吏以至庶民都必须顺从，这正是封建政治体制的特点。汉文帝二年十一月在其诏书中即说："朕获保宗庙，以微眇之身，托于兆民君王之上，天下治乱，在朕一人，唯二三执政犹吾股肱也。"（《史记》卷十《孝文本纪》）称"微眇之身"，是略表自谦，而所言天下之安危、政策的成败，系于一人，正道出封建时代政治的实质! 司马迁揭示出创立《史记》五体结构的宗旨, 在"著十二本纪, 既科条之矣"之后, 即云: "并时异世, 年差不明, 作十表。礼乐损益, 律历改易, 兵权山川鬼神, 天人之际, 承敝通变, 作八书。二十八宿环北辰, 三十辐共一毂, 运行无穷, 辅拂股肱之臣配焉, 忠信行道, 以奉主上, 作三十世家。扶义俶傥, 不令己失时, 立功名于天下, 作七十列传。"(《史记》卷一百三十《太史公自序》)《史记》以本纪为中心的总体特征又是封建政治结构的形象化表达, 是司马迁所处时代的投影。因此, 有利于中华民族"大一统"局面巩固, 并反映出封建等级性政治体制的特点, 是《史记》本纪的又一重要史学功能。此项对于西汉以及历代皇朝, 在一定意义上还具有政治层面的功能。

《五帝本纪》中记载, "诸侯咸尊轩辕为天子", "天下有不顺者, 黄帝从而征之"。司马迁根据《五帝德》等儒家典籍和传说材料整理成这段历史, 显然是根源于后世"天子号令天下"这种统一局面而形成的观念。司马迁又整理出, 自传说中的颛顼、帝喾、尧、舜, 至夏、商、周, 这些古帝王都出于一个共同的祖先——黄帝。从社会史角度看, 如此整齐的古帝先王系统无疑是后人排比加工而成的, 但它恰恰反映出后人对统一的愿望。诚如郭沫若所说: "如五帝三王是一家, 都是黄帝的子孙, 那便完全是人为。那是在中国统一的前后(即嬴秦前后)为消除各种氏族的畛域起见而生出的大一统的要求。"(《郭沫若全集》历史编1)

秦皇朝由兴而亡, 西汉皇朝从建立到出现盛世, 是司马迁时代的近代史和当代史。《史记》本纪和其他相关各篇, 都予以详载, 其总的思想倾向为"过秦"和"宣汉", 这与西汉前期的时代精神正相合拍。而司马迁的卓越之处在于, 他既深刻地揭露和总结秦朝因实行暴政而迅速灭亡的严重历史教训, 同时又明确肯定秦统一全国的巨大功绩。而关于西汉建立和巩固的历史性进步, 以《高祖本纪》以下五篇本纪和相关的多篇表、世家、列传等, 整理、记载了多方面的丰富史实, 又提出许多中肯的论断。在其中, 尤为强调汉高祖创建西汉皇朝, 规模宏远, 拨乱世而反之正, "故汉兴, 承敝易变, 使人不倦，得天统矣"。(《史记》卷八《高祖本纪》)汉文帝执行与民休息的政策，发展生产，减免田赋，本人节俭谦让，与匈奴实行和亲，又加强防备，"汉兴，至孝文四十有余载，德至盛也"。(《史记》卷十《孝文本纪》)景帝时，采用晁错建议，成功地解决藩王尾大不掉、对抗朝廷的问题，为武帝时期的鼎盛局面进一步奠定基础。武帝时，兴建制度，多所设施，实现了更大规模的统一局面，中原与广大周边民族地区的联系大大加强，同时在文化上兴儒学，"天下学士靡然乡风矣"。《史记》以大量确凿的史实记载和热情讴歌的西汉上升和兴盛的局面，已成为中华民族广泛认同的史实和珍贵的历史记忆。《史记》百科全书式的宏伟结构和"厥协六经异传，整齐百家杂语"的大规模整理文献、熔铸成史的功绩，本身更是西汉盛世的产物。

但是以往曾有过"谤书"之说，造成对《史记》记载的史实和史识的歪曲，对此应当严肃地予以澄清。《后汉书·蔡邕传》云："(王)允曰：'昔武帝不杀司马迁，使作谤书，流于后世。'"有的论者即由"谤书"二字，联系到《史记》对武帝的一些批评，因而误认司马迁对武帝时期事事揭露讥贬。其实，王允的说法是对司马迁赞扬汉朝历史性进步的基本立场和"实录"精神的恶意曲解。王允是个擅权的大官僚，内心邪恶，他害怕其篡政行为被"讪议"，害怕有正直史官揭露他，所以他要对司马迁的"信史"态度歪曲诬枉，其所讲的"谤书"应理解为反语。故王允的话是从反面证明司马迁"不虚美，不隐恶"的实录精神所具有的力量。诚然，司马迁对于武帝政治的阴暗面，如连年征伐造成人民困苦疲惫，财政空虚，奢侈浪费，耽于迷信，"与民争利"等，都据事直书予以批评，体现了他关心民众的进步思想。而同时，司马迁对武帝的雄才大略、建树功业又是明确赞扬的。如说："明天子在上，兼文武，席卷四海。"(《史记》卷二十《建元以来侯者年表》)"汉兴五世，隆在建元，外攘夷狄，内修法度，封禅，改正朔，易服色。"(《史记》卷一百三十《太史公自序》)都是对武帝功业作高度评价。今本《孝武本纪》并非司马迁原文，历代学者均认为属后人割裂《封禅书》以充篇幅，不能为据。

总起来说，司马迁著《史记》，在全书编纂的总体设计上，以"本纪"列在其他四种体裁之前，这一安排，突出地体现了其深邃的历史哲学和强烈的信史精神。十二本纪"包举大端"，提纲挈领地记述政治、经济、军事、民族、文化各项大事，构成了全书的主干，其余篇章，或表，或书，或世家，或列传，都与本纪相配合，因而显示出华夏民族自文明初始至其当代历史演进的大趋势；又因有本纪作为总纲，其他篇章中的记载都围绕此展开，紧密联系，因而使这部内容丰富复杂、上下贯通漫长年代的巨著，成为互相联系的有机整体。再者，本纪所载，既重在凸显政治制度的得失，彰明其盛衰兴坏之理，且又以艺术性手法，刻画处于历史变局中心的君主独特的性格、襟怀，所写的西楚霸王、汉高祖，更是栩栩如生，使后代读者产生无穷的感奋和慨叹。"本纪"又一项重要史学功能，是反映出西汉时期"大一统"局面的发展和巩固，反映出封建中央集权政治结构的等级制特征，因而成为时代的投影。这也是后代修史者"递相祖述，莫能出其范围"的深刻原因。

第六讲

世家:"应另换一副眼光读之"

《史记》五体在"本纪""表""书"之后,"列传"之前,特设立"世家"一体。共有三十篇,总分量约占《史记》全书四分之一,其地位之重要显而易见。

以往学者所作的评论中,刘知幾的看法最受我们关注。刘知幾对"世家"历史叙事的对象作了概括:"案世家之为义也,岂不以开国承家,世代相续?"(《史通通释》卷二《世家》)这一说法颇有道理,"世家"即是记述天子所封、世代名号相袭的王侯。但刘知幾继之发表的具体看法,是批评司马迁对世家各篇的设置多为"名实无准",如:"陈涉起自群盗,称王六月而死,子孙不传,社稷靡闻,无世可传",不应立为世家;三晋与田氏,在未立为国君之前的史事,不能归于世家;汉代的同姓王和异姓封侯者,与古代诸侯"专制一国"不同,也不应立为世家。在其后,仍有学者持严厉批评的看法。如,王安石称司马迁"自乱其例"(《临川先生文集》卷七《孔子世家》)王若虚的批评更加激烈,云:"迁史之例,惟世家最无谓。……且既以诸侯为世家,则孔子、陈涉、将相、宗室、外戚等复何预也。"(《滹南遗老集》卷十一《史记辨惑》)

上述批评意见,实际上未能细心体会司马迁本人在《太史公自序》所言:"二十八宿环北辰,三十辐共一毂,运行无穷,辅拂股肱之臣配焉,忠信行道,以奉主上,作三十世家。"并且未能结合《史记》世家不同类型的篇章所反映的历史特点,和司马迁编纂"世家"所采用的基本范式以及对体例的灵活运用等关键问题,作深入思考,因而未能窥见"世家"的重要价值。清代学者吴见思则针对这一类偏颇看法,指出:"为世家者,另有一副笔仗;读世家者,当另换一副眼光,无作矮子观场,随人笑语也。"(《史记论文》第三册《齐太公世家》)所论可谓有识。我们读"世家"三十篇,确实应当"另换一副眼光",方能恰当地总结出其历史编纂的匠心和成就。

一、二体相兼，经纬交织："世家"历史叙事的基本范式

"世家"在全书结构上放在"本纪"之后，"列传"之前；而其历史叙事的对象，按照司马迁本人所申言，是如同二十八宿环北辰那样的"辅拂股肱之臣"。这实际上是指明，"世家"所记述的人物仅位于帝王之下，而对于国家盛衰和历史进程起到重要的作用。这些"辅拂股肱之臣"应包括三类人，一是周初至春秋战国的诸侯；二是孔子、陈涉和汉初社稷重臣；三是汉初楚元王、梁孝王等同姓王。

明确这一点至关重要。何以言之？打开"世家"三十篇，列在前面的十六篇，其首为《吴太伯世家》《齐太公世家》《鲁周公世家》等，末为《赵世家》《魏世家》《韩世家》《田敬仲完世家》。这表明，司马迁著史面临一个重要问题，在纵贯上下设立《五帝本纪》《夏本纪》等十二篇本纪，记载历代君主行事和盛衰大势之后，应该如何处理春秋、战国时期多个列国之历史的问题。在春秋时，有十二诸侯，战国时，有秦和山东六国。这些列国，虽位置在天子之下，但在周初大分封之时，立为诸侯，用以镇守四方，辅翼王室，而且各列国拥有广大封地，有自行任命的文武官员，有自己的国号和纪年，还拥有独立的军队，各诸侯国均世代相传达数百年之久。而且，其中产生出一批重要的人物，如齐桓公、晋文公、楚庄王、吴王夫差、越王勾践，其威望、作用远远超出于本诸侯国之外。即是说，周初分封之后的各诸侯国，虽是在天子之下，却对历史进程起到巨大的作用。要之，这众多的诸侯国其位虽不及天子，却远远高出于一般人物。司马迁的高明之处就在于，他创立了"世家"一体，来记述这些在历史进程中起过重要作用的列国和其中的人物，必须这样做，才能反映出这一历史时期等级制的政治结构和这些历史人物的活动。

设立"世家"的目的和作用既然是如此,于是,在历史叙事的基本范式上,就采取"编年体与纪传体二者相兼"的撰写范式。编年体,是指以年代为先后,记载各列国军政大事;纪传体,是同时适当地记述各国主要历史人物的活动,二者相兼。唯其要叙述各国的盛衰变化,齐、晋、楚、吴、越等大国何以能先后称霸,以及"三家分晋"的出现和韩、赵、魏何以最后被秦所灭,因而要用类似于"本纪"那样的编年体;又唯其要凸显如齐桓公、晋文公、郑子产、赵武灵王这些人物的不同作为和结局,因而要用纪传体,并将两种著史方法结合起来,融为一体。

我们读世家,首先就应当具备这样的"另一种眼光",否则,不但不能理解世家书写各列国历史的主线,体察不到司马迁的良苦用心和精心安排,认识不到《史记》创设"世家"以恰当地解决反映周初分封以后几百年间出现了十六个诸侯国家,彼此兴衰、消长这一重要的历史局面,反而会产生"名实不副""自乱其例"一类的误解。前代学者也曾发表过一些有见识的评论,能帮助我们理解司马迁创立世家的目的,和运用"二体相兼"以写史的独特编纂方法。如宋代学者林駉说:"子长以事之有大于列传,则系之世家。"(《古今源流至论》后集卷九《史学》)清代章学诚也说:"司马迁侯国世家,亦存国别为书之义。"(《文史通义校注》外篇一《和州志皇言纪序例》)当代学者朱东润也说:"史迁所言者,辅弼股肱而已。……周汉之间,凡能拱辰共毂,为社稷之臣,效股肱辅弼之任者,则史迁入之世家;开国可也,不开国亦可也,世代相续可也,不能相续亦可也,乃至身在草野,或不旋踵而亡,亦无不可也。明乎此而后可以读《史记》。"(《史记考索》)

"世家"中记述周代各诸侯国的十六篇中,是如何成功地运用"编年、纪传二体相兼"的编纂方法呢?我们可从《齐太公世家》等篇中举出典型例子来证明。

齐桓公称霸诸侯是《齐太公世家》记载的重点。由于齐襄公昏庸淫乱引起齐国内乱,公子小白因得到有势力的公族国氏、高氏的支持,立为国君,是为桓公。桓公在位四十三年,篇中记载的主线,即是他如何在贤臣管仲、鲍叔、隰朋的支持下革新内政，并连续解救受到戎狄威胁的小国，保持中原的安定局面，因而被推为各国盟主。在其即位之年即突出记载其治国所采取的重大措施："连五家之兵，设轻重鱼盐之利，以赡贫穷，禄贤能。"五年，与鲁有柯之盟，鲁大夫曹沫以匕首劫桓公于坛上，要求退回所侵鲁国之地。齐桓公当场答应，旋又后悔而欲杀曹沫。管仲进谏：不能背信杀之，愈一时之小快，而弃信于诸侯，失天下之援！"于是遂与曹沫三败所亡地于鲁。诸侯闻之，皆信齐而欲附焉。七年，诸侯会桓公于甄，而桓公于是始霸焉。""二十三年，山戎伐燕，燕告急于齐。齐桓公救燕，遂伐山戎。""二十八年，卫文公有狄乱，告急于齐。齐率诸侯城楚丘，而立卫君。""三十年春，齐桓公率诸侯伐蔡，蔡溃。遂伐楚。……乃与屈完盟而去。""三十五年夏，会诸侯于葵丘。……秋，复会诸侯于葵丘，益有骄色。……是时周室微，唯齐、楚、秦、晋为强。晋初与会，献公死，国内乱。秦穆公僻远，不与中国会盟。楚成王初收荆蛮有之，夷狄自置。唯独齐为中国会盟，而桓公能宣其德，故诸侯宾会。"显然，司马迁广泛采用了《左传》《国语》《管子》等书的史料，把握住春秋齐国以及中原各国整个的历史特点，经过精心的剪裁和撰写，因而清晰地再现了齐桓公称霸的原因、经过和对于历史全局的影响，而且又结合叙事，巧妙地刻画出其性格特点，成功地体现出"编年、纪传二体相兼"的编纂方法。

楚国先祖熊绎在周成王时始封，遂在江汉地区发展，春秋以后，熊通自称为武王，此后历文王、成王，相继尽灭周围群蛮百濮等众多小国，成为跨地千里的南方大国。再历穆王，至庄王立，成为一代名君。《楚世家》详细地记述楚庄王在位期间努力向北方拓展的主要事件，同时又刻画其性格特点。庄王继位之初，满足于其先代君王创立的基业，不求进取，"不出号令，日夜为乐"。经大夫伍举、苏从忠言进谏，庄王听从，说："三年不蜚，蜚将冲天；三年不鸣，鸣将惊人。"于是任用贤能，修明内政，革除旧弊。继之于八年伐陆浑之戎，遂至洛阳，观兵于周郊，周定王使王孙满劳楚王，庄王问周鼎之大小轻重。十六年，伐陈。十七年春，"楚庄王围郑，三月克之。入自皇门，郑伯肉袒牵羊以逆……楚群众臣曰：'王勿许。'庄王曰：'其君能下人，必能信用其民，庸可绝乎！'"郑伯请降，楚庄王不恃武力而存其国，践行了华夏族"以德服人"之义理。楚庄王主动退师三十里，并与郑结盟，楚国在政治上、道义上立于不败之地，于是取得邲之战的胜利。以德义服郑之举和邲之战的胜利，遂使楚庄王居于春秋五霸之列。

继庄王、共王之后是楚灵王，其行事与结局恰好与庄王成为对照。楚灵王先出使在郑，半道闻共王有疾而还，弑王自立。此前，楚与晋已在宋举行了弭兵之会，楚晋两国由连续交战转为双方和好。于是，楚灵王于三年六月，"使使告晋，欲会诸侯。诸侯皆会楚于申"。灵王乃仿效齐桓公召陵之会的仪式举行。大夫伍举谏曰："君其慎终！"灵王非但不引以为戒，反而更加无所顾忌。于是，"七月，楚以诸侯兵伐吴"。"八年，使公子弃疾将兵灭陈。十年，召蔡侯，醉而杀之。""十一年，伐徐以恐吴。灵王次于乾溪以待之。"骄盈无度的楚灵王，只愿听到臣下阿谀奉承之辞，一心留在乾溪纵情享乐，征发大批民众服劳役，国人痛苦不堪。其弟公子比、公子弃疾乘机在楚都城发动内乱，杀死灵王太子，被征集在乾溪的民众也溃乱逃走。司马迁详细叙述其众叛亲离的情景，并进一步写出这个骄纵昏乱的君主活活饿死在荒野中的惨状，以作为后人的鉴戒：

> 灵王于是独彷徨山中，野人莫敢入王。王行遇其故涓人，谓曰："为我求食，我已不食三日矣。"涓人曰："新王下法，有敢饷王从王者，罪及三族，且又无所得食。"王因枕其股而卧。涓人又以土自代，逃去。王觉而弗见，遂饥弗能起。（《史记》卷四十《楚世家》）

我们读《楚世家》，确能体味到司马迁对"二体相兼"的撰写方法运用之妙，让我们既能了解楚作为南方大国兴衰起伏的历史主线，又能一睹其有为之君和骄侈之主的不同作为和性格特征，并从中获得有益的启示。

在《赵世家》中，司马迁更以酣畅淋漓的笔墨，记述赵武灵王实行军事改革、胡服骑射，使赵国骤强这一重要事件；同时精心刻画赵武灵王勇毅果断的形象，他面对保守派的阻力，却毫不动摇，以国家利害和历史经验反复宣谕朝臣，而最终获得变法的成功。

赵武灵王于周显王四十四年（前325）即位后，修治内政达十余年。赵武灵王十九年，召大臣肥义、楼缓等商议强国方略。面对朝臣中因循守旧的巨大阻力，他对大臣肥义申明其坚定的决心："有独智之虑者，任骜民之怨。今吾将胡服骑射以教百姓，而世必议寡人。……虽驱世以笑我，胡地中山吾必有之。"赵武灵王之叔公子成以"袭远方之服，变古之教，易古之道，逆人之心"为理由，表示怀疑。赵武王乃亲登其家门，诚恳地陈述历史经验和赵国面临的困厄局势，耐心开导，终于让公子成改变了态度，次日带头改穿胡服上朝。贵族中赵文、赵造等人又提出"如故法便"，企图阻挠。面对他们施加的压力，赵武灵王态度坚定，有力地批驳其错误主张，说："法度制令各顺其宜，衣服器械各便其用。故礼也不必一道，而便国不必古。……循法之功，不足以高世；法古之学，不足以制今。"遂即下令全国，胡服骑射。赵武灵王果断变法的结果，使赵国国势勃兴，连年攻略中山，乘胜攘逐群胡，一举成为战国中期北方的强国。次年，武灵王传位给其少子何，为赵惠文王，命大臣辅佐，而自称"主父"。他还曾改装打扮，诈称使者进入秦国探听虚实，令秦人骇惧："主父欲令子主治国，而身胡服将士大夫西北略胡地，而欲从云中、九原直南袭秦，于是诈自为使者入秦。秦昭王不知，已而怪其状甚伟，非人臣之度，使人逐之，而主父驰已脱关矣。审问之，乃主父也。秦人大惊。主父所以入秦者，欲自略地形，因观秦王之为人也。"司马迁以浓重的笔触记述赵武灵王胡服骑射取得成功的始末，堪称为战国时期的历史放一异彩，赵武灵王也以古代一位成功的改革家而扬名后世。

以上举出齐、楚、赵三篇世家中所记述的盛衰大事和人物活动的生动场面，足以说明：《史记》"世家"的基本撰史方法，是将记载一国大事的编年体与记载人物活动的纪传体二者结合起来，使之自然地统一于每一篇世家之中，互相交融无间。客观历史本来是多层面的，从西周至东周几百年间众多诸侯国的世系，政治、军事的成败兴坏，以及各国主要人物的活动，是这一时期历史进程的重要组成部分，不能不写。但如何恰当地容纳和展现，却是一大难题！司马迁对此以"二体相兼"的方法，成功地解决，这也是其杰出历史编纂才能的体现。

"经纬交织"同样是司马迁编纂"世家"的重要方法。试想，从吴、齐、鲁、燕，到赵、魏、韩、田齐，多达十六个诸侯国，各自经历初封、世代传袭至灭亡，年代久远达数百年，各国都要作纵贯记述，如果没有高明的叙事、编纂方法，岂不成为各自孤立、相互脱节的条条块块？司马迁创造的"经纬交织"的方法，就成功地解决了这一难题。"经"，是指按年代先后纵贯记述一国的盛衰、变迁；"纬"，是指找到两周时期若干重要的事件，特意插入篇中记载，作为历史的横坐标。如周召共和，周宣王即位，周幽王败亡，鲁隐公元年，齐桓公称霸，晋文公践土之盟，孔子卒，等。这样就使各篇的叙事与历史全局结合起来，形成篇与篇之间的有机联系，组织成为一个整体，而免"拼盘"之讥。这样做，尤能大大增强读者的历史感，当读到这些里程碑式的事件时，即可联系天下大势，明晰这一诸侯国至此所发生的事件，是处于西周或东周时期的某一特定历史阶段。

对于司马迁这种"经纬交织"的成功手法，前代曾有多位学者作过中肯的点评，对我们理解"世家"这一编纂特色很有启发。如，清吴见思明确点出《史记》世家之创意，即在将本国叙事与列国大事互为经纬："体虽备于一国，而事通于天下，故以本国之事为经，而他国之事插入为纬，中间又以共和、鲁隐公初立、孔子相鲁、秦始为诸侯，数事提纲，以下篇篇皆同，史公具眼处。"（《史记论文》第三册《齐太公世家》）另一位清代学者邹方锷亦谓："世家纪一国之事，而他国有大故则亦书。国有大故，一国兴亡理乱系焉，天下之兴亡理乱亦系焉，以一国之故而系乎天下，虽在他国，例得书也。"（《大雅堂初稿》卷六《书史记列国世家后》）

这里即以《燕召公世家》中的记事为例证，说明"世家"是如何以插入周王室及各列国的大事，作为历史时势发展变迁的横坐标的。燕国自召公以下九世至惠侯，载："燕惠侯当周厉王奔彘，共和之时。"燕顷侯二十年，载："周幽王淫乱，为犬戎所弑。秦始列为诸侯。"燕缪侯七年，载："鲁隐公元年也。"燕庄公十二年，载："齐桓公始霸。"燕襄公二十六年，载："晋文公为践土之会，称伯。"燕共公五年，载："晋公室卑，六卿始强大。"燕湣公三十一年，载："是岁，三晋列为诸侯。"燕桓公十一年，载："是岁，秦献公卒。秦益强。"

司马迁在"世家"中运用的"编年、纪传二体相兼，经纬交织"的方法，是在对历史的深刻观察指导之下，运用睿思解决了所面临的历史编纂的难题，因而成功地做到再现从周初大分封以后，至春秋、战国时期众多诸侯国的历史，不仅各诸侯国的盛衰变化得到清晰、完整的记述，而且证明在周王室之下，各诸侯国的社会状况是这六百年间历史进程的重要内容。同时，表明像鲁周公、齐桓公、晋文公、楚庄王、赵武灵王等人物，都在一定范围之内起到了推动历史前进的作用。由于彰显了各诸侯国盛衰兴坏之理，又努力表现突出人物的作为，刻画了人物的行事风格和内心活动，使《史记》全书"通古今之变"和以记载人物为中心的总体面貌也因"世家"如此成功撰写而更加凸显，更加丰满。世家各篇的记述，既主线分明，又在横向上与其他篇章相互呼应，构成有机的整体，犹如在读者面前翻开一幅幅立体式的、生动鲜明的历史画卷。

"二体相兼，经纬交织"是三十"世家"历史叙事的基本范式，各篇均有体现，是其共性。而《孔子世家》以下多篇记载人物的篇章，则主要围绕人物活动展开，更加凸显他们或在文化创造，或在政治风云，或在治国兴邦方面的杰出作为，其叙事风格在共性中又具有不同的特性。

二、《孔子世家》《陈涉世家》：史识卓异的出色篇章

以深刻的历史洞察力和丰富的史实，表彰古代文化的伟大代表人物和农

民起义英雄的贡献，使《孔子世家》和《陈涉世家》成为"世家"篇目中最为出色的篇章。恰恰由于司马迁别识心裁地以"世家"作为记述孔子和陈涉行事的载体，不拘常格，而使这两篇传记在历史上产生了深远的影响。——这是我们"另换一副眼光读之"所能得到的又一层意义深长的认识。

为什么要强调司马迁"别识心裁""不拘常格"呢？这是因为，"世家"犹言世禄之家，是专记王侯的，与记述其他人物的"列传"是不同的体例、规格。而孔子并无王侯之位，"特一布衣"，生前栖栖遑遑到处奔走，司马迁却立之为"世家"，这就给予他崇高的历史地位，给以殊荣。对于这种"破例"的做法，习惯于按刻板思维读史者就无法接受，批评司马迁是"自乱其例"的王安石，即言："太史公叙帝王则曰本纪，公侯传国则曰世家，公卿特起则曰列传，此其例也。其列孔子为世家，奚其进退无所据耶！"（《临川先生文集》卷七十一《孔子世家议》）然而，正是司马迁用这种破例的做法，突出地给予孔子以崇高的历史地位，这就更加引人注目，引起读者更多的思考。实际上，前代有更多的学者对司马迁这种变通体例以表彰孔子的做法心领神会，并且倍感佩服！如唐司马贞云："孔子非有诸侯之位，而亦称系家者，以是圣人为教化之主，又代有贤哲，故称系家焉。"（《史记》卷四十七《孔子世家》司马贞《索隐》注）晚清学者金淑基尤称誉司马迁这一创例，更见其"史例之精"，云："史有定例，有创例。凡公侯传国者曰世家，定例也，置孔子于世家，创例也。此正子长史例之精。"（《学海堂四集》卷十七《读史记孔子世家书后》）

《孔子世家》的编纂成就，最明显者有以下三项：

一是，篇中既详尽地记载孔子一生的活动，又表达对孔子的极度景仰，这正处处与《太史公自序》中"继《春秋》"自任的旨意相呼应。司马迁以写好内容翔实的孔子传记的殷殷之意，对各种儒家典籍及其他学派著述中有关孔子的资料，广搜博采，备载孔子的行事，状写其言谈风貌，写得生动传神，血肉饱满。《论语》《左传》是其主要依据，同时又充分撷取《公羊传》《穀梁传》《国语》《礼记》《孟子》《韩诗外传》等儒家典籍中的有关记载；对于其他学派如《墨子》《晏子春秋》《韩非子》中的零星材料，司马迁也加以吸收。如写鲁昭公二十五年孔子适齐："（景公）又复问政于孔子，孔子曰：'政在节财。'景公悦，将欲以尼溪田封孔子。晏婴进曰：'夫儒者滑稽而不可轨法；倨傲自顺，不可以为下；崇丧遂哀，破产厚葬，不可以为俗；游说乞贷，不可以为国。自大贤之息，周室既衰，礼乐缺有间。今孔子盛容饰，繁登降之礼，趋详之节，累世不能殚其学，当年不能究其礼。君欲用之以移齐俗，非所以先细民也。'后，景公敬见孔子，不问其礼。异日，景公止孔子曰：'奉子以季氏，吾不能。'以季、孟之间待之。"这一段记载即系采用《墨子·非儒》《晏子春秋·外篇》及《韩非子·难三》中的史料写成。借此更写出孔子一生所受到的挫折，写出当日不同学派的斗争，从而使这篇孔子传更具真实性。可见，凡是有关孔子的有价值的史料，司马迁都加以搜求，然后爬梳剔抉，熔铸成篇。司马迁对《论语》的重视也很受前代学者关注，如近代学者吴曾祺说："夫《论语》一书，后之学者，罔不尊信，而史公实为之始。"（《泲香山馆文集》二集《史记世家首太伯列传首伯夷论》）

二是强调孔子作为古代文化杰出的整理者和传播者的巨大贡献。司马迁对儒家六经极为推崇，高度评价其治理国家、维系社会秩序、伦理教化和体现民族智慧的作用。如说："是故《礼》以节人，《乐》以发和，《书》以道事，《诗》以达意，《易》以道化，《春秋》以道义。拨乱世反之正，莫近于《春秋》。"（《史记》卷一百三十《太史公自序》）因此，《孔子世家》篇中，他在具体记载孔子的行事和言论的基础上，又上升到更高层次，集中地论列孔子修订六经的功绩，尤其盛赞孔子修《春秋》以寄托政治理想，以褒贬微旨寄托治天下之法，作为后世准则："子曰：'弗乎弗乎，君子病没世而名不称焉。吾道不行矣，吾何以自见于后世哉？'乃因史记作《春秋》……据鲁、亲周、故殷，运之三代。约其文辞而指博。故吴、楚之君自称王，而《春秋》贬之曰'子'；践土之会实召周天子，而《春秋》讳之曰'天王狩于河阳'：推此类以绳当世。贬损之义，后有王者举而开之。《春秋》之义行，则天下乱臣贼子惧焉。"

司马迁这样全面地论述孔子修订六经的时代意义，其深刻含义，是尊奉孔子既是垂教后世的圣人，又是中国文化伟大的整理者和传播者。还有一点，由于司马迁论述六经的意义多是承袭发挥孟子之说，就使孔、孟直接联系起来。尽管后人对孔子修订六经的具体细节尚有异议，但从总体上，孔子作为中国传统文化杰出的代表人物的地位却不可动摇。

三是，篇末的精彩论赞与篇中的翔实记载相配合，交相辉映。司马迁精心地写了一篇赞语，集中表达对孔子的崇敬。开头引《诗》云"高山仰止，景行行止"，已表达出对孔子的衷心向往，最后又称颂孔子为"至圣"，他对孔子的崇敬可谓无以复加！而更有意义的是，司马迁把孔子跟许多生前享尽尊荣富贵的人作对比：他们的富贵是因据有国君王侯的地位，可是曾几何时，死后统统被人忘却，唯独孔子，身为布衣，却以自己的学说历代受人传颂宗仰。他在文化上、思想上享有任何国君王侯所不能比拟的地位。

《太史公自序》中概括《孔子世家》的撰写义旨："周室既衰，诸侯恣行。仲尼悼礼废乐崩，追修经术，以达王道，匡乱世反之于正，见其文辞，为天下制仪法，垂《六艺》之统纪于后世。作《孔子世家》。"这是褒彰孔子的学说具有拨乱反正、作为天下统纪和社会伦理准则的价值。而老子则与韩非立为一传，内容简略，《自序》论其撰述义旨，也只有"李耳无为自化，清净自正"寥寥数字。对于司马迁推尊孔子的贡献，明清学者多有评论。如，李景星极赞司马迁胆识之过高和叙次、组织之高明："太史公作《孔子世家》，其眼光之高，胆力之大，推崇之至，迥非汉唐以来诸儒所能窥测，故刘知幾、王安石辈皆横加讥刺，以为自乱其例，不知史公之不可及处正在此也。……至其叙次，撷润群书，自成体段，既不病疏，亦不伤繁，尤是史公天才独擅。"（《史记评议》卷二《孔子世家》）

"桀、纣失其道而汤、武作，周失其道而《春秋》作，秦失其政，而陈涉发迹，诸侯作难，风起云蒸，卒亡秦族。天下之端，自涉发难。作《陈涉世家》。"（《史记》卷一百三十《太史公自序》）将陈涉起义与汤武革命、孔子著《春秋》一同视为历史上的伟大事件；把诸侯并起、风起云涌的伟大场面归结到由陈涉发难而引起；把雇农出身、起义六个月即告失败的陈涉，评价为推动历史前进的英雄而立为世家——司马迁这种对历史动向的深刻洞察力和他表现在历史编纂上的创造魄力，在两千年后的今天，仍然不失其震撼人心的力量！孔子是古代思想文化的"至圣"，陈涉是反抗暴政、揭竿起义的英雄，而司马迁都破例立为"世家"，这是将对历史进程实质的深刻观察和对历史功过评价的哲理思考，外化为历史编纂形式的创造之成功典范。尤其是，司马迁歌颂陈涉首义的功绩，是对孟子"闻诛一夫纣矣，未闻弑君也"（《孟子·梁惠王下》）的光辉思想的发扬，也是对独夫民贼"残民以逞"的严厉惩戒！晚清学者刘光蕡即有鉴于此，他说："世家者，见凡可以为治世安民所必需者，皆可以世其家。……故陈涉之发难，亦可为世家，见天子之位，世不及择贤，则陈涉之事，亦救民之一端，而戢暴君之焰，使之有所惕也。"（《史记太史公自序注》，见《烟霞草堂遗书》）

  作为人物传，《陈涉世家》着力刻画陈涉反抗压迫，不畏强暴的精神。他少时为人佣耕，因备受奴役，胸中燃起反抗的烈火，对同伴吐露他的志向，说："苟富贵，无相忘。"竟受到同伴的讥笑，他发出深沉的感慨："嗟乎！燕雀安知鸿鹄之志哉！"等到在大泽乡率众起义时，他振臂发出惊天动地的呐喊："壮士不死即已，死即举大名耳，王侯将相宁有种乎！"而大泽乡首义的成功，更在于陈涉对于秦朝暴政必将激起全国民众反抗浪潮的形势作出正确的分析判断，因而对吴广计议说："天下苦秦久矣。……今诚以吾众诈自称公子扶苏、项燕，为天下唱，宜多应者。"并且巧妙地采取"鱼腹丹书""篝火狐鸣"的策略，因而首义一举成功！此篇又是陈胜首义称王六个月中全国范围内史事的总纲，对于风起云蒸的起义形势和陈涉如何诣派各路将领，均作了提纲挈领的记述。如："当此时，诸郡县苦秦吏者，皆刑其长吏，杀之以应陈涉。乃以吴叔为假王，监诸将以西击荥阳。令陈人武臣、张耳、陈馀徇赵地，令汝阴人邓宗徇九江郡。""当此之时，诸将之徇地者，不可胜数。……魏地已定，欲相与立周市为魏王，周市不肯。使者五反，陈王乃立甯陵君咎为魏王，遣之国。周市卒为相。"其时局势多变，头绪纷繁，司马迁却做到全局在胸，详略兼顾，恰当措置。清代学者汤谐对此极表赞赏："种种头绪，纷如乱丝，详叙恐失仓卒之意，急叙又有挂漏之患，岂非难事。乃史公却是匆匆写去，却已一一详尽，不漏不支不蹴不乱，岂非神乎！"（《史记半解·陈涉世家》）

在记述陈涉由揭竿起义到最终失败的全过程之后，司马迁又寓意深长地写了两件事。一是，陈涉称王后，有一个昔日佣耕的伙伴来看他，住下后没有顾忌，讲了陈王以往贫寒的情景。陈王竟听信谗言，把这个伙伴杀了。结果是："诸陈王故人皆自引去，由是无亲陈王者。"二是，陈王以朱房为中正，胡武为司过，主司群臣。两人以苛察为能事，对于不顺从或无交情的将领，随意逮捕，私自治罪。而"陈王信用之。诸将以其故不亲附，此其所以败也"。这两件事看似下笔寻常，实则寓意至深，总结出陈涉失败的原因，正在于因初步胜利而居功自傲，陷于严重脱离群众的境地，又任用小人，致使将领蒙冤受诛罚。因此造成起义军缺乏坚强的领导核心，陈王周围更没有忠心辅佐的贤才，而导致最后被叛徒庄贾杀害的悲惨结局。以事实揭示出这位反秦起义的领袖最后败亡的深刻教训，更大大增强这篇世家的思想价值。最后，司马迁点明："陈胜虽已死，其所置遣侯王将相竟亡秦，由涉首事也。"与《自序》中"秦失其政，而陈涉发迹，诸侯作难，风起云蒸，卒亡秦族"的话相呼应，再次有力地肯定陈涉起义对于导致秦亡汉兴、推动历史进程的巨大功绩。篇末作这样的交代，更显得全文结构完整、紧密。

梁启超曾评论说："（《史记》）以社会全体为史的中枢，故不失为国民的历史。"（《中国历史研究法》，《饮冰室合集》专集之七十三）司马迁把农民起义领袖"破例"立为"世家"，高度评价陈涉的历史功绩，无疑是显示其国民思想的突出例证，两千年前的史学家能有如此历史眼光，尤其难能可贵。这固然应归因于司马迁具有进步的历史观，而同时也是时代的产物。司马迁所处的时代，一方面是秦亡汉兴的历史风云刚刚过去，人们对于陈涉起义开启了汉朝的建立这一历史大变局仍然印象深刻，另一方面，是文化思想领域的封建专制尚未严密化，所以司马迁能够形成比较自由的思想观点，有新鲜锐敏的观察力，能够对农民起义领袖的贡献作出中肯的评价。而到后来，文化专制日益严密，人们的认识就会出现偏差，因而有刘知幾把陈涉贬斥为"群盗"，称司马迁立陈涉为世家为"名实无准"。相比之下，更加说明司马迁史识之卓越和编纂体例运用创造性之可贵！

三、 汉初社稷重臣的群像

汉初人物立为"世家"的篇章中，赫然呈现在读者面前的有《萧相国世家》《曹相国世家》《留侯世家》《陈丞相世家》《绛侯周勃世家》等篇。人们熟知，同样为汉朝立国建树功业的有一批著名人物，如韩信、樊哙、灌婴、张苍等，他们也都被封为"侯"，而司马迁却如此精心安排，拔出萧何等人立为世家。其深刻含意就是承认萧何、曹参等五人在汉朝立国中功绩尤高，是真正起到"辅拂股肱"作用的社稷重臣；这样做，又恰与司马迁充分肯定汉朝历史进步的"宣汉"立场相一致。——这是我们"另换一副眼光"研读所能得出的又一层有价值的认识。

彰显这些文臣武将为汉朝立国建树的功业，是各篇的共同特色。《萧相国世家》详载萧何自沛郡起兵，即为刘邦所倚重。起义军入咸阳，诸将争掠金帛财物，萧何独收取秦朝律令图书，"汉王所以具知天下厄塞，户口多少，强弱之处，民所疾苦者，以何具得秦图书也"。楚汉战争中，他以丞相身份镇抚关中，安定民众，管理有方，使关中成为稳固的根据地，在刘项长达五年激烈对峙中，全力输送士卒粮饷，支持作战，对刘邦最终取胜起到巨大作用。至天下已定，分封列侯，奏定位次，关内侯鄂君进奏，称萧何应功居第一："夫汉与楚相守荥阳数年，军无见粮，萧何转漕关中，给食不乏。陛下虽数亡山东，萧何常全关中以待陛下，此万世之功也。"高祖以此论定萧何第一，并给予"赐带剑履上殿，入朝不趋"的特殊优遇。在篇末论赞中，更称誉萧何奉行与民休息的政策正符合历史时势的需要:"何谨守管籥,因民之疾秦法,顺流与之更始。……位冠群臣,声施后世,与闳夭、散宜生等争烈矣。"《曹相国世家》则详述曹参攻城野战的赫赫战功,并作了确切的总计:"参功:凡下国二,县一百二十二;得王二人,相三人,将军六人,大莫敖、郡守、司马、候、御史各一人。"曹参治国,贵清静无为,"其治要用黄老术,故相齐九年,齐国安集,大称贤相。"萧何卒,曹参继相位,"举事无所变更,一遵萧何约束"。《留侯世家》《陈丞相世家》则详细记述张良、陈平在楚汉争战中屡用奇计辅佐刘邦统一天下,汉朝建立后,又为国家的安定局面多所筹划。并在《太史公自序》中揭示其著述义旨:"运筹帷幄之中,制胜于无形……作《留侯世家》";"六奇既用,诸侯宾从于汉;吕氏之事,平为本谋,终安宗庙,定社稷。作《陈丞相世家》"。

司马迁笔下的这些文武雄才,个个写得栩栩如生,通过着力摹写其语言动作、神情风貌,表现其鲜明的个性。萧何办事处处小心谨慎,他镇守关中,为了消除刘邦的猜忌,先是将本家族十几个人从关中送到楚汉战争前线,继之又拿出全部家财以佐军用,此后又多买民间田宅以污损其相国名声,因而一次次使刘邦"大喜""大悦",终得保全自己。曹参继任相国,躬行清静无为、不事更张的政策。"择郡国吏木讷于文辞,重厚长者,即召除为丞相史。吏之言文刻深,欲务声名者,辄斥去之。日夜饮醇酒。卿大夫已下吏及宾客见参不事事,来者皆欲有言。至者,参辄饮以醇酒,间之,欲有所言,复饮之,醉而后去,终莫得开说,以为常。"结果是:"百姓歌之曰:'萧何为法,顜若画一;曹参代之,守而勿失。载其清靖,民以宁一。'"(《史记》卷五十四《曹相国世家》)陈平足智多谋,多次出奇计为刘邦解救危局。在刘项相持之际,韩信已破齐,他拥有大军,并控制着齐、赵、燕、代广大地区,在战争全局中处于举足轻重的地位。如何得到韩信的稳固支持,是刘邦实现对项羽制胜的关键。司马迁极写陈平在此紧要关头的谋略:"淮阴侯破齐,自立为齐王,使使言之汉王。汉王大怒而骂,陈平蹑汉王。汉王亦悟,乃厚遇齐使,使张子房卒立信为齐王。封平以户牖乡。用其奇计策,卒灭楚。"(《史记》卷五十六《陈丞相世家》）一个"蹑足"细节，生动地表现出陈平的智谋，也写出刘邦的随机应变，带出了刘邦在楚汉战争最终胜利的结局。

司马迁写人物，是通过人物的性格、心理、行为，来表现时代的特点，体现人的活动在历史变局中的作用，同时表现出民族的智慧，反映社会生活的种种面貌，十分值得我们仔细品味。《史记》共设有"世家"三十篇，足见其地位之重要。以往有的学者错误地指责司马迁"名实无准""自乱其例"，实则是为未能究明《史记》世家不同类型篇章所反映的历史特点，司马迁所采用的编纂基本范式，及其对体例的灵活运用。我们读"世家"，应当"另换一副眼光"，以创新的观点作出新概括。一是，司马迁以其睿思解决了历史编纂所面临的难题，以"编年纪传二体相兼、经纬交织"的方法，彰显春秋、战国时期各诸侯国历史的盛衰，并且努力刻画齐桓公、楚庄王、赵武灵王等有作为人物的形象。二是运用别识心裁，将孔子和陈涉立为世家，以表彰古代文化伟大代表人物和农民起义英雄的贡献，因而在历史上产生了深远的影响。三是，从汉初一批开国文臣武将中，拔出萧何、曹参、张良等人立为世家，肯定他们真正是起到"辅拂股肱"作用的社稷重臣，这样做又与司马迁赞扬汉朝历史进步的"宣汉"立场相一致。

第七讲

"八书"的历史编纂首创性价值

《史记》"八书"是用以记典章制度、社会情状。司马迁对此曾明确讲过其撰述指导思想:"礼乐损益,律历改易,兵权山川鬼神,天人之际,承敝通变,作八书。"(《史记》卷一百三十《太史公自序》)八书之中,《礼书》《乐书》《律书》《历书》《天官书》《封禅书》所记为国家重要典章制度,《河渠书》和《平准书》则记载水利工程、经济制度和经济生活。《史记》以记载军国大事和人物活动为中心,而在设置"本纪""表""世家""列传"之同时,又特别立"书"一体以记载典章制度和社会情状,凸显出其多维历史视野和历史编纂的首创精神,因而被推崇为"创为全史"。(《廿二史劄记校证》卷一"各史例目异同"条)司马迁创始于前,东汉初大史学家班固继起于后,在《汉书》中设立"十志",更将典志体向前推进一步,而后历代修史者均遵而不改,在"正史"编纂中必设有"典志"一体,只是篇目有所调整、增减。近些年来有许多学者盛赞的"全景式著史""宏大叙事",司马迁在两千年前已经提供了一个典范,其历史编纂的首创精神岂不令人赞叹!

一、从"礼乐损益,律历改易"看贯穿"八书"的非凡史识

据《史记索隐》作者司马贞言:"书者,五经六籍总名也。此之《八书》,记国家大体。"(《史记》卷二十三《礼书》司马贞《索隐》注)即谓"八书"包含的内容是当时人们心目中典章制度和社会生活中八个最主要的部分。"礼乐损益"指《礼书》《乐书》,"律历改易"指《律历书》,"兵权山川鬼神"指《兵书》《河渠书》《封禅书》,"天人之际"指《天官书》,"承敝通变"指《平

准书》。而今本《史记》"八书"的顺序是，《礼书》第一，《乐书》第二，《律书》第三，《历书》第四，《天官书》第五，《封禅书》第六，《河渠书》第七，《平准书》第八。《律书》《历书》分为两篇，而缺《兵书》。这是什么缘故呢？历来学者多有讨论，如司马贞《索隐》所说，因《礼书》《乐书》《兵书》三书亡缺，补缺者分《律历书》为《律书》《历书》，以足"八书"之数，故今本"八书"中无《兵书》。但今本《礼书》《乐书》《律书》的序，其见识、笔法均应出于司马迁之手无疑，非他人所能拟作。《礼书》"序"以下的内容，为后人摘取荀子《礼论》及《议兵》以补。《乐书》"序"以下，也是后人摘取《礼记·乐记》文字以补。

　　是则，司马迁八书所载均为当时"国之大政"。《礼书》《乐书》《律书》《历书》四篇正文已经佚失，其内容难以详考，但所幸此四篇的序仍存在今本《史记》之中，历来学者均相信其出自司马迁手笔无疑，弥足珍贵。这四篇序恰恰突出地体现出"损益""改易"的历史变易观，成为贯穿《史记》八书的指导思想。

　　请看，在《礼书》开头，司马迁即揭示出，"损益"即随时代条件和社会生活的变化，而增减、改订礼制，乃是普遍性法则："余至大行礼官，（按，大行是秦所立官职，主礼仪。汉初因之。）观三代损益，乃知缘人情而制礼，依人性而作仪，其所由来尚矣。"又云："是以君臣朝廷尊卑贵贱之序，下及黎庶车舆衣服宫室饮食嫁娶丧祭之分，事有宜适，物有节文。"强调礼的规定，必须符合政治与社会现实的需要。对于秦朝"悉内六国礼仪，采择其善"，和汉初叔孙通制礼，"颇有所增益减损，大抵皆袭秦故。自天子称号下至佐僚及宫室官名，少所变改"的做法，均予以肯定。汉朝文、景两代一直对制定汉家礼制之事迁延未议，至武帝即位，乃招致儒术之士，令共定礼仪，但"十余年未就"，儒生们的借口是自古须遇太平盛世，"万民和喜，瑞应辨（按，通'遍'）至"，才能确定制作。以上所言自文帝以来制礼之艰难，正好突出武帝在太平初元年制定汉家礼制之果断和成效。恰恰是武帝在诏书中批驳了儒士泥古保守的观念，申明其不遵太古、着眼当代的需要、垂之后世的指导思想："盖受命而王，各有所由兴，殊路而同归，谓因民而作，追俗为制也。议者咸称太古，百姓何望？汉亦一家之事，典法不传，谓子孙何？"由于武帝勇于变革旧制的魄力和确定的因俗制礼的方针，才取得了兴造制度的重大成果："乃以太初之元改正朔，易服色，封太山，定宗庙百官之仪，以为典常，垂之于后云。"

与上述《礼书·序》中"损益"、变革的历史观相适应，《乐书·序》中强调制作乐曲是为了节制享受的适当，防止沉溺于逸乐。并且提出"作乐，即是节乐"的重要命题。司马迁主张要防止淫佚，应博采风俗，有益于政教，"凡作乐者，所以节乐。君子以谦退为礼，以损减为乐，乐其如此也。以为州异国殊，情习不同，故博采风俗，协比声律，以补短移化，助流政教"。他严肃批评春秋、战国的国君恰恰违背上述原则，"流沔沉佚，遂往不返，卒于灭身丧宗，并国于秦"。而秦二世更是不听臣下谏议恣意享乐，结果顷刻灭亡，为后人提供了反面的教训！《乐书·序》又论述，汉朝立国以后，高祖过沛所作诗《三侯之章》，汉武帝所作十九章乐曲，都是汉家作乐的重要之举。而武帝连年大事征伐，先在玉门关渥洼池中得所谓"神马"，作《太一之歌》，后又因伐大宛，得血汗马，作"天马来兮从西极，经万里兮归有德。承灵威兮降外国，涉流沙兮四夷服"的朝廷乐诗，表现其骄侈之心。当时直言之臣汲黯即向武帝谏说这种做法不符合礼制："凡王者作乐，上以承祖宗，下以化兆民。今陛下得马，诗以为歌，协于宗庙，先帝百姓岂能知其音邪？"在《礼书·序》中，司马迁肯定汉武帝勇于变革，根据现实需要兴造制度、以垂后世的做法，在这里则直书无隐，对武帝一再为"神马""天马"制乐，显示骄侈之心提出批评，两篇序合而观之，恰恰表现出司马迁忠实于客观历史、褒贬分明的史德，主张礼乐的制作应符合现实需要，应有利于社会教化的进步历史观点。

《律书·序》《历书·序》进一步阐述"改易"、变革的历史观点。《律书·序》主要言兵。司马迁以辩证的观点，论述战争具有讨伐强暴、除乱救危、维护正义的进步作用，并强调对这种暴力手段，必须恰当地运用，云：

"兵者,圣人所以讨强暴,平乱世,夷险阻,救危殆。""故教笞不可废于家,刑罚不可捐于国,诛伐不可偃于天下,用之有巧拙,行之有逆顺耳。"对于世儒昏暗无知,不明时势,一味反对用兵的愚见,予以贬责:"不权轻重,猥云德化,不当用兵,大至君辱失守,小乃侵犯削弱。"同时指出夏桀、殷纣、秦二世皆因连年征伐、穷兵黩武而致灭亡,是后人必须记取的教训!尤其值得注意的是,此篇中对于汉朝如何对待匈奴长期袭扰,是应采取征讨还是防守,表明了自己的态度。汉文帝时因匈奴长期袭扰,造成对中原民众莫大的威胁,将军陈武主张兴兵讨伐。汉文帝明确回答:"今匈奴内侵,军吏无功,边民父子荷兵日久,朕常为动心伤痛,无日忘之。今未能销距,愿且坚边设候,结和通使,休宁北陲,为功多矣。且无议军。"事实证明,汉文帝采取的严密防守,不大事攻讨,结和通使的方针确实获得了社会安宁、生产发展的成效。如何对待匈奴的袭扰,这是汉朝政治决策的最大难题。司马迁最为赞赏的正是汉文帝采取的方针,因此以罕见的手法,在篇中高度评价文帝是实行仁政的"有德君子"!

历法的制定,不仅关系到农业生产,同时也关系到民众生活和社会秩序的正常运行。历代王朝都视"颁行正朔"为表明其统治之正统性的重要事件,因此《历书·序》一开头即强调:"王者易姓受命,必慎始初,改正朔,易服色,推本天元,顺承厥意。"这篇序论述了三个重要问题。一是,追溯自远古时代起,历法制定正确与否,即与国家的治乱直接相联系。黄帝之时,因命官员考定星历,生息合时,闰余有度,因而"民神异业,敬而不渎……灾祸不生,所求不匮"。至少昊氏之衰,因九黎乱德,颛顼乃命南正重司天以属神,命火正黎司地以属民,重新使民神异业,恢复秩序。至唐尧时,推定历法之事更经受了一场巨大考验:"其后三苗服九黎之德,故二官咸废所职,而闰余乖次,孟陬殄灭,摄提无纪,历数失序。尧复遂重黎之后,不忘旧者,使复典之,而立羲和之官。明时正度,则阴阳调,风雨节,茂气至,民无夭疫。"这段话,是司马迁采用了《国语·楚语下》楚大夫观射父回答昭王关于古代司天之官的史料,而"闰余乖次"以下四句和"而立羲和之官"以下六句，都是司马迁所加，他所强调的分明是历法失序所造成的严重后果，以及阴阳和顺对社会生活和生产的巨大成效！二是，夏殷周三代历法不同，"夏正以正月，殷正以十二月，周正以十一月"。证明历法久必失差，需要制定新历，才能符合四时的运行。到周襄王时，因朝政紊乱，致使出现襄王二十三年将闰月置于三月之严重失误！至秦朝，因自认为五行中属于水德，规定以十月为岁首，色尚黑。汉初也认为获水德之瑞，因此袭用秦朝正朔服色。三是郑重记载武帝制定《太初历》这一历法史上的大事。至汉武帝时，原先行用的秦颛顼历误差已经十分明显，所以必须进行历法改革，在实际观测的基础上制定新历。武帝年间从事制定新历工作的，有天文学家唐都，历法学家洛卜闳，还有邓平和司马迁本人。制定的新历称为《太初历》，在元封七年颁行，武帝将年号改为"太初"，以示颁行新历之事至关重要。这次改历最大的贡献是重新确定正月为岁首。司马迁在《历书·序》中予以郑重记载："至今上即位，招致方士唐都，分其天部；而巴洛下闳运算转历，然后日辰之度与夏正同。乃改元，更官号，封泰山。"此序之后的《历术甲子篇》，记载了古四分历法一部七十六年朔日及冬至的推步。

简要言之，司马迁记述礼、乐、律、历各篇都凸显出其"损益""改易"的非凡史识。他与动辄以古圣先王为"至治之极"的黄金时代，或是以静止的、凝固不变的观点看待历史的世儒迥然不同。实则这种变易、发展的历史观，也贯穿于八书的其他篇章之中。与此相联系的，是八书同样鲜明地具有贯通古今的宏大气魄。《礼书》首言"观三代损益"，继之述周、秦礼制变迁，一直到记述"今上即位""定宗庙百官之议"。《乐书》的开头是"太史公曰：'余每读《虞书》，至于君臣相敕，维是几安，而股肱不良，万事堕坏，未尝不流涕也。'"直至记述武帝时"得神马渥洼水中"以及"伐大宛得千里马"而作歌于朝。《律书》记述的内容，是从"武王伐纣，吹律听声"，直到汉文帝时，不兴兵革之事，对匈奴"坚边设候，结和通使"，因而"人民乐业，因其欲然，能不扰乱，故百姓遂安。自年六七十翁亦未尝至市井，游敖嬉戏如小儿状"。《历书》则起自述"黄帝考定星历，建立五行"，再而记载少昊氏、唐尧时历数之事，夏、殷、周三正的不同，及秦、汉之正朔服色，直至武帝制定《太初历》。这恰恰证明，司马迁著史"通古今之变"的指导思想，同样生动地体现于八书之中。因此，八书不但显示出司马迁学识之渊博，如刘知幾所言"信作者之渊海"，而且以贯通古今观察历史变迁的卓识为灵魂，如清儒邱逢年所言，"八书通纪历代之法制，而各以类从"。（《史记阐要·全书脉络》）

二、探讨"天人关系"的重大时代课题

八书中的《天官书》，是总结古代天文学知识和对"天人之际"发表系统看法的篇章。"天人关系"一向是观察历史和处理现实关系的重大问题，在西汉时代更是如此。自然史与人类史的关系极其密切，天体运行、各种复杂的气象以至种种自然灾害的发生，都对人类社会产生巨大的影响和作用。人类对天体的认识经历了漫长艰巨的过程，有关"天人之际"的探索同样是复杂艰难的课题。司马迁创立《天官书》作为"八书"之一，将记载、总结天文学知识作为其恢宏的史学著作的一部分，证明他具有过人的见识和渊博的学识。他担任太史令官职，即身兼史官和执掌天文历法两种身份。《天官书》就是结合西汉皇朝建立一百年来官方的天文记载资料而撰成的，因此殊为珍贵。

《天官书》最重要的成就，是开创了中国史学系统地记述天文学史料的优良传统，从而使我国丰富的天文学资料得以很好地保存、流传。特别是，在古代渊源久远的观测和记载的基础上，司马迁完成了相当完整的星官体系的记述，成了古代关于"天文"的典章记载之创始，由于古代天体星宿的变化相对较小，因此《汉书·天文志》等的记载均基本上沿用《史记·天官书》的内容。

《封禅书》的编排与《天官书》相联，也是探讨"天人关系"的重要篇

章。封禅是古代国家的大典，司马迁将此与礼、乐、律、历、天文、河渠、平准等并列为"八书"之一，班固著《汉书》又采用了《封禅书》所载，写成《郊祀志》，由此足见封禅在汉代朝廷典礼之重要。然则，又因司马迁以"实录"的态度详细记述了汉武帝耽于迷信求仙，结果引起有不少论者认为此篇完全是"微文刺讥"之作。这就必须予以辨正，方能正确地认识司马迁郑重记载"国之朝章"的原旨，并恰当地评价其历史观的进步性。

司马迁明确记载，封禅是古代帝王承受天命登上尊位必须举行的大典："自古受命帝王，曷尝不封禅？盖有无其应而用事者矣，未有睹符瑞见而不臻乎泰山者也。……《传》曰：'三年不为礼，礼必废；三年不为乐，乐必坏。'每世之隆，则封禅答焉，及衰而息。"张守节《正义》解释说："此泰山上筑土为坛以祭天，报天之功，故曰封。此泰山下小山上除地，报地之功，故曰禅。言禅者，神之也。"又引《五经通义》云："易姓而王，致太平，必封泰山，禅梁父，何？天命以为王，使理群生，告太平于天，报群神之功。"古代盛行的观念是，帝王必定是承受神圣的天命，让他来治理民众。易代而登帝位者，必须奉行封禅典礼，报答上天之功。因此，封禅是国运兴隆和天意所归的象征，是朝廷重要的典礼。狭义的封禅，是封泰山，禅梁父。广义的封禅，则是祭祀天下名山大川。

作为忠实的历史学家，又是身任"太史令"、负责与上天打交道的官员，司马迁有责任记载自古以来帝王举行封禅的典礼。我们见到《封禅书》中一一记述，如舜"东巡狩，至于岱宗"，还有南岳、西岳、北岳。禹遵之。周公既相成王，郊祀后稷以配天。春秋战国时期，秦历代国王祭祀尤勤，如秦襄公始列为诸侯，作西畤，祠白帝，秦文公作鄜畤，祭白帝，秦灵公作吴阳上畤，祭黄帝。对于秦始皇，既载其"东巡郡县，祠驺峄山，颂秦功业。于是征从齐鲁之儒生博士七十人，至乎泰山下。……而遂除车道，上自泰山阳至巅，立石颂秦始皇帝德，明其得封也。从阴道下，禅于梁父"。又揭露"自齐威、宣之时，驺子之徒论著终始五德之运，及秦帝而齐人奏之，故始皇采用之"；还有羡门高等燕国方士，"为方仙道，形解销化，依于鬼神之事"，于是

"怪迂阿谀苟合之徒自此兴，不可胜数也"。秦始皇迷信方士求仙之道，"自以为至海上而恐不及矣，使人乃赍童男女入海求之"，而秦始皇本人竟死于求海中三神山奇药的路上。

《封禅书》所载确切表明，秦始皇封禅、求仙规模极盛，耽迷程度最甚，司马迁最后讽刺说："始皇封禅之后十二岁，秦亡。……此岂所谓无其德而用事者邪？"对于汉武帝规模更大的历次封禅和求仙活动，司马迁更作为本篇记载的重点，并以讽刺的笔调说"今天子初即位，尤敬鬼神之祀"一句，带出下文。加上《史记·武帝本纪》佚失，后世妄人割裂《封禅书》内容以充篇幅，更造成一些人的错觉，认为司马迁对汉武帝处处讥讽揭露。这就直接关系到《封禅书》设立的本意和作用的问题。持上述看法者颇不乏人，如明郝敬言："子长为《封禅书》，意在讽时，牵引经传往事，若离若合，恍忽渺茫，不为典要。"（《史汉愚按》卷二）清梁玉绳云："此书先杂引鬼神之事，比类见义，遂因其傅会，备录于篇，正以著其妄，用意微矣。惟牵引郊社巡狩诸典礼，未免黩经。"（《史记志疑》卷十六《封禅书》）

这些学者指出《封禅书》对秦皇、汉武迷信的种种举动加以讽刺，是确有道理的。但如果认为此项即是司马迁撰著本篇的唯一寄托，并将篇中记载帝王祭祀、巡狩等内容视为不应有的"牵引"，是"黩经"，那就十分失于片面，而且不明设置《封禅书》是为记载古代重大典礼此项更加主要的作用。《太史公自序》言此篇撰述义旨云："受命而王，封禅之符罕用，用则万灵罔不禋祀。追本诸神名山大川礼，作《封禅书》第六。"封禅还有一层重要意义，即天子巡狩天下名山，抚镇四方，是国家大一统规模和政治清明、天神与民众相处和睦的象征。因此，司马迁在《礼书·序》中将"以太初之元改正朔，易服色，封太山"，作为汉朝制礼的重大举措，又《封禅书》郑重记载："（武帝即位）元年，汉兴已六十余岁矣，天下艾安，缙绅之属皆望天子封禅改正度也。"还有，司马迁父子两人的命运竟与武帝封禅直接相关："是岁天子始建汉家之封，而太史公留滞周南，不得与从事，故发愤且卒。"（《史记》卷一百三十《太史公自序》）这是元封元年（前110）的事，汉武帝东巡上泰山封禅，司马谈从行至周南（洛阳）病重滞留，因不能成行，"发愤且卒"！这说明封禅对于国家是何等重要的典礼！司马迁因此而继任太史令。作为亲身参与的人，他对封禅象征国家隆盛、天下安宁的意义体会更加深刻。因此，撰写《封禅书》的首要意义，当然是记述朝廷的重大典礼，表明天子敬受天命和国家的大一统。而汉武帝在历次的封禅、祭祀活动中又极度迷信鬼神，与秦始皇一样，一再受方士的欺骗而不觉悟，所以篇中给以深刻的讽刺，揭露事实的真相，表明其对"天人关系"所持的进步观点。这两项都是实录精神和进步历史观的体现。

要之，《封禅书》一方面如实地记载帝王封禅大典，作为重要典章制度的实录；另一方面对秦始皇、汉武帝受尽方士欺骗，沉溺于鬼神迷信也予以详载，并作了辛辣的讽刺。司马迁未能完全摆脱"天人感应"说的影响，这是时代条件使然。而他的明显思想倾向是：社会的治理、国家的兴旺，主要靠政治清明，国君积德行义任贤。如果一味耽于鬼神迷信，结果只能是耗尽钱财，民众受祸。若像秦始皇那样，不行善政，连年征伐，苛暴虐民，那么祠祭再频繁也是"无其德而用事者"，得不到天神保佑，最后难逃败亡的结局！篇中所载，就是要揭露方士的种种欺骗伎俩，让后人获得鉴戒。司马迁在篇末赞语作了画龙点睛的评论："余从巡祭天地诸神名山川而封禅焉。入寿宫侍祠神语，究观方士祠官之意，于是退而论次自古以来用事于鬼神者，具见其表里。后有君子，得以览焉。"有力地揭示出其记载封禅的客观实录态度和本篇具有的深刻鉴戒意义。

三、 开创水利史经济史先河
关注民生和社会盛衰

八书的编排顺序按其内在的逻辑展开，前六篇所载基本上是属于上层建筑、意识形态领域的内容，后面《河渠书》和《平准书》，是记载水利史和经济史的专篇。后两项对于社会发展意义重大，对于史学研究也更加重要，司马迁分别为后人提供了开其先河之作。

《河渠书·赞》中曰："甚哉，水之为利害也！"这是司马迁结合历史观察，又遍历长江下游、淮河、华北、四川以至朔方，考察各地水利工程而得出的深刻认识。尤其是武帝元封二年（前109），他亲身参加了"负薪塞宣房"、堵黄河决口的惊心动魄的战斗，因此更有这种强烈的感受。中国自古以农立国，兴修水利、治理水害是发展农业的基础，也是国之大计。《河渠书》贯通古今，自大禹治水开始，历周、秦至汉代，备载各个历史时期兴修的水利工程，指明其修建的特点，强调其对发展生产、改善民生所发挥的作用。如说：大禹导河入海，"九川既疏，九泽既洒，诸夏艾安，功施于三代"。蜀守李冰凿离碓，修都江堰，"辟沫水之害，穿二江成都之中。此渠皆可行舟，有余则用溉浸，百姓飨其利。至于所过，往往引其水益用溉田畴之渠，以万亿计"。西门豹"引漳水溉邺，以富魏之河内"。秦开郑国渠，凿泾水自中山西抵瓠口。渠成，"溉泽卤之地四万余顷，收皆亩一钟。于是关中为沃野，无凶年，秦以富强，卒并诸侯"。还有武帝时大农令郑当时在关中开凿漕渠，"三岁而通。通，以漕，大便利。其后漕稍多，而渠下之民颇得以溉田矣"。至武帝年间尤出现大兴水利的局面，关中修辅渠、灵轵渠，汝南、九江引淮河水，泰山下引汶水，朔方、西河、河西、酒泉引黄河及川谷水溉田。大规模兴修水利工程，促进了武帝时国力的强盛。

武帝时最大的水利工程是堵塞瓠子（今河南濮阳附近）黄河决口。文帝时黄河在酸枣（今河南延津）决口，武帝元光三年（前132），黄河又在瓠子决口，滔滔黄水经巨野泽南流，灌入淮、泗，泛滥达十六郡，造成长年的严重祸害。武帝命汲黯、郑当时召集人力堵塞，因水势太猛，未成。其时，骄扬跋扈的外戚田蚡为丞相，因其奉食邑在鄃（今山东平原县西南），处黄河北岸，他为了自己的私利竟阻挠堵塞决口。司马迁在篇中揭露其卑劣自私的用心和阻挠堵决口的荒谬借口："鄃居河北，河决而南则鄃无水灾，邑收多。蚡言于上曰：

'江河之决皆天事，未易以人力为强塞，塞之未必应天。'而望气用数者亦以为然。于是天子久之不事复塞也。"司马迁记载这一史实，实则寄托他总结水利史上教训的深刻用意！至元封二年，武帝命汲仁、郭昌发卒数万人塞瓠子决口。武帝本人东巡泰山返回，亲临堵决工地，沉白马玉璧于河以示决心，"令群臣从官自将军已下皆负薪填决河"。武帝现场作《瓠子之诗》，表达对民众长期遭受洪水灾害的伤悼之情，有云："瓠子决兮将奈何？晧晧旰旰兮闾殚为河！……为我谓河伯兮何不仁，泛滥不止兮愁吾人？……""颓林竹兮楗石灾，宣房塞兮万福来。"此役终于将危害长达二十三年的黄河大决口堵住！此篇成功的撰写，开创了我国水利史研究的先河，其后《汉书·沟洫志》及历代数量众多的记载水道、总结治水经验的论著，均导源于此。

论述社会经济发展与历史进程、国家盛衰的关系，更是司马迁的卓识。在中外，人类关于物质经济生活对于历史进程起到何等重要作用的认识，曾经历了漫长的过程。先是认为历史发展是由"神意"决定，继之认为是由个别"英雄"人物所决定，这些错误观念曾长期支配人们的头脑。历经不知多少世代之后，最为睿智、杰出的学者才透过种种复杂现象，认识到经济条件对于历史发展起到根本支配的作用，如唯物史观创立者之一恩格斯在《社会主义由空想到科学的发展》一书英文版序言中所表述的，"一切重要的历史事件的终极原因和伟大动力是社会的经济发展"，那是到了19世纪大工业时代才提出的伟大发现；而司马迁则在西汉时代已经认识到经济活动与社会发展之间极其密切的联系。他撰写了《平准书》和《货殖列传》两篇，一以社会生活为主要视角，一以人的活动为主要视角，记载物质生产、经济交换等对于历史进程的重大关系。

《平准书》在历史编纂学上的首要意义，是以开阔的视野记载了汉代的经济状况及发展趋势，为后人提供了经典性论述。经过秦朝滥用民力对民众的残酷榨取和秦汉之际长期战乱之后，西汉初年的社会经济状况是什么景象呢？《平准书》篇首即为我们描绘了一幅当时经济凋敝、社会残破的画面："汉兴，接秦之弊，丈夫从军旅，老弱转粮饷，作业剧而财匮，自天子不能具钧驷，而将相或乘牛车，齐民无藏盖。于是为秦钱重难用，更令民铸钱，一黄金一斤，约法省禁。而不轨逐利之民，蓄积余业以稽市物，物踊腾粜，米至石万钱，马一匹则百金。"而到了武帝初年，国家却完全是另一番景象："国家无事，非遇水旱之灾，民则人给家足，都鄙廪庾皆满，而府库余货财。京师之钱累巨万，贯朽而不可校。太仓之粟陈陈相因，充溢露积于外，至腐败不可食。众庶街巷有马，阡陌之间成群，而乘字牝者傧而不得聚会。守闾阎者食粱肉，为吏者长子孙，居官者以为姓号。故人人自爱而重犯法，先行义而后绌耻辱焉。"这是历史上少有的民众殷实、国库充足的情景。这如同从地下唤出的巨大财富是从何而来的呢？司马迁用确凿的史实说明，是因汉初"承敝易变"，接受亡秦教训，从高祖立国之始即采取恢复生产、爱惜民力的"宽省"政治，特别是文帝、景帝相继实行的轻徭薄赋、与民休息政策取得的巨大成效！汉初和武帝初年是西汉经济发展的两个关键时期，司马迁的论述从大处落笔，记载的史实既典型，而又生动、鲜明，凸显了时代的特征，并且揭示出演进的趋势，因而千百年来成为研史者认识汉代社会经济发展的最为珍贵的依据。

　　武帝时期，西汉国力强盛，在此基础上，西汉皇朝面临两项艰巨的任务，一是必须解除匈奴从汉初以来对中国北方的严重威胁，进行自卫战争；二是加强与东南、南方、西南周边民族的关系，开拓版图。加上武帝本人雄才大略的性格，于是结束了西汉前期"清静无为"的政治局面，改变为实行奋发有为的治国方针，兴造功业、多所设施。武帝时期实行的战略转变，包括连续大规模出兵、进行反击匈奴的战争，以及对边境地区开发交通和大规模移民等。这一切重大举措，都需要征发大军打仗、征调大量人力从事转运物资、从事工程劳作，更需要支付大量军费和其他财政支出，同时必须采取多种措施尽量增加国库收入，以上各项，都必然要极大地增加全国民众的负担。司马迁敏锐地把握住武帝时期的战略转变和全国民众沉重负担的史实，《平准书》对此有深刻的揭示："自是之后，严助、朱买臣等招来东瓯，事两越，江、淮之间萧然烦费矣。唐蒙、司马相如开路西南夷，凿山通道千余里，以广巴蜀，巴蜀之民罢焉。彭吴贾灭朝鲜，置沧海之郡，则燕齐之间靡然发动。及王恢设谋马邑，匈奴绝和亲，侵扰北边，兵连而不解，天下苦其劳，而干戈日滋。行者赍，居者送，中外骚扰而相奉，百姓抏弊以巧法，财赂衰耗而不赡。"由此我们能深切体会到，全国劳苦大众为武帝盛世的出现和国家版图的拓展承受了多么巨大的负担！历史走的就是一条曲折的道路，任何大的进步都要付出沉重的代价！

《平准书》记载的又一重点，是武帝时期加强中央集权，为解决巨额财政支出而采取一系列的经济措施，因而支持了数十年间对内对外的大规模运作。

兹举其重要者，一是实行卖武功爵。"请置赏官，命曰武功爵。级十七万，凡直三十余万金。诸买武功爵官首者试补吏，先除；千夫如五大夫；其有罪又减二等；爵得至乐卿：以显军功。"二是实行币制改革。先后发行皮币，造银锡为白金，铸五铢钱，铸赤侧钱等。其中以官铸五铢钱作用最为巨大，使用最为稳定，其余则旋行旋废。武帝取消了郡国铸钱的权利，专令水衡都尉所属钟官、辨铜、均输三官负责铸造。朝廷掌管铸钱大权，禁令严格，新币质量又高，使盗铸者无利可图，所以币制得到长期稳定。直到王莽时滥用各色名目的货币，造成市场交换混乱，民众根本不予信用，民间暗中仍以武帝时三官所铸五铢钱相流通，可见武帝时在强有力的国家体制下官铸钱币的价值有确实的保证。三是实行盐铁官营、禁私铸铁器、私人煮盐。武帝接受大农属官主管盐铁专卖事宜的孔仅（大铁商）、东郭咸阳（大盐商）的建议："愿募民自给费，因官器作煮盐，官与牢盆。浮食奇民欲擅管山海之货，以致富羡，役利细民。其沮事之议，不可胜听。敢私铸铁器煮盐者，钛左趾，没入其器物。郡不出铁者，置小铁官，便属在所县。"产盐官募人煮盐的产品，统由官府收购发卖。在产铁区设立铁官，经营采冶铸造，发卖铁器。盐铁官统属于中央的大农。盐铁官吏，多用过去的盐铁商人充任。四是实行算缗、告缗，打击富商大贾，收财产税。令商贾自报资产，一律按照二千缗资财缴纳一算的比率征税。隐匿不报或自报不实者罚戍边一岁，没收财产。奖励告发，查实后给以所没收财产之半。五是实行均输、平准。任桑弘羊为治粟都尉，领大农，主管天下盐铁事，行均输、平准。各地置均输盐铁官，令各地货物按照贵贱时相互调剂，打击商人囤积居奇。在京师设平准官，总管全国范围的物资调拨，平衡物价，故名"平准"。

总结社会经济生活与国家盛衰的规律性，是《平准书》的第三个重点。司马迁明确总结为两项："承敝通变""物盛而衰"。前者，是由汉初"接秦之弊"、加上连年战乱而造成的经济凋敝局面，经过高祖"与民更始""约法省禁"，至惠帝、吕后遵行"清静无为"，文帝、景帝更有效地实行"轻徭薄赋，与民休息"，而终于出现"海内殷富，府库充实"，由于深刻吸取秦亡教训而采取"与民更始"、休养生息政策，其结果是短短七十余年间产生了卓著的成效。"承敝通变"，是司马迁对中国历史长期发展中的经验教训概括出来的重要命题，在一个时期内，大量的社会问题、社会矛盾积累了，继续前进遇到严重障碍，就必须找到改革、变易的办法，为社会的发展开辟新路。不但西汉初年"承敝通变"取得了如此巨大的成就，而且往上再回溯到上古史时期，商代初年、西周初年同样是接前代之弊之后，激发有作为的政治家毅然采取变革措施而取得开国、上升的气象，故《平准书》篇后"太史公曰"对此总结说："汤、武承敝易变，使民不倦，各兢兢所以为治。"

后者，则是司马迁对武帝时期相继产生的种种社会问题的敏锐观察，因而要求施政者对此警醒：如果不正视问题，不采取措施，盛世将变为衰败！司马迁对历史发展的辩证法有深刻的理解，对国计民生有深深的关切，所以才能在问题刚刚显露出来之时就予以重视，并且不怕忠言逆耳，出于强烈的责任感及时向当权者发出警告！《平准书》中论及的严重社会问题主要有：大规模征发士卒，长时间、长距离转运战争物资，造成民众不堪忍受的负担，社会生产的凋敝；富商大贾、地方豪强仗财欺压穷苦民众，贵族、大官僚骄奢淫逸，挥霍财富；皇帝频繁出巡、大规模赏赐、讲究排场而耗费巨额费用。《平准书》中对此直书无隐，痛陈其弊，并且指出时势相激而引起的社会风尚的变化。司马迁纵观历史经验及现实社会状况的变迁，因而总结出"是以物盛则衰，时极则转"的规律。并且在全篇之末，以秦亡的教训寓喻汉事，提出警告：

> 于是外攘夷狄，内兴功业，海内之士力耕不足粮饷，女子纺绩不足衣服。古者尝竭天下之资财以奉其上，犹自以为不足也。无异故云，事势之流，相激使然，曷足怪焉。（《史记》卷三十《平准书》）

如此措辞尖锐的警告，恰恰说明司马迁对于国家民族命运的严重关切！至武帝晚年，面临种种社会危机景象，汉武帝终于改变兴师劳民的政策，幡然改悔，决定罢兵息民，挽救危机。征和四年（前89），武帝断然否定桑弘羊请求远戍轮台之议，下诏"深陈既往之悔"（《汉书》卷九十六《西域传》），宣布从此不复出军，朝廷的政策乃以发展农业生产为急务。由于及时地吸收了秦亡的教训，而使汉朝延续了近百年的统治。武帝晚年实行政策转变，这一历史进程难道不正有力地证明司马迁预见的正确性吗？

作为一位杰出的史学家，司马迁在《平准书》中据实批评武帝政策的过失，但《史记》全书对武帝时期的兴盛局面则是明确地予以肯定。同样，司马迁在经济思想上主张放任政策，让百姓自由致富，反对与民争利："人各任其能，竭其力，以得所欲。""故善者因之，其次利道之，其次教诲之，其次整齐之，最下者与之争。"（《史记》卷一百二十九《货殖列传》）因此他对与民争利、加重民众负担的做法极不赞成，《平准书》中一再批评："兴利之臣自此始也。""故三人（东郭咸阳、孔仅、桑弘羊）言利事析秋豪矣。"但司马迁又明确地肯定桑弘羊主持的均输、平准获得巨大成效。这不但说明司马迁对于经济政策、社会状况有极其深刻的观察，而且突出地证明其"实录"精神和高尚史德！

综上所述，《史记》虽然以人物为中心，而司马迁又设置"八书"以记载典章制度和社会生活情状，突出地表明其多维历史视野和创为"全史"的观念，在历史编纂学史上有十分重要的首创性意义。八书所载礼、乐、律、历、天官、封禅、河渠、平准，均为国家典制之要和社会发展之大问题。又贯穿以"损益""改易"的眼光作考察,不仅内涵宏富,而且史识卓越,彰显了其"通古今之变"的著史宗旨,对于"天人关系"、水利与社会生活的关系、经济政策与国家盛衰的关系,都作了深刻的总结,成为历来学者研究上古史和西汉史不可缺少的重要文献。八书撰著的成功,为历代"正史"的典志篇章和多样的典章制度史著作的出现开辟了道路。

第八讲

成功刻画特定历史环境中的人物形象

司马迁创立纪传体，其根本原因是时代的推动。从春秋、战国时期各列国的盛衰兴灭，秦的崛起和统一六国的成功，反秦风暴的掀起，楚汉相争及西汉皇朝的建立，汉初由经济凋敝、社会残破到盛世的出现——这无数腾挪跌宕的事件、波澜壮阔的场面、感人至深的活剧，都是人的活动造成的。人是历史的创造者，历史著作应以记载人物活动为中心，这就是客观历史进程向历史学家所昭示的结论。《史记》七十列传基本上都是写人，本纪中《秦始皇本纪》《项羽本纪》《高祖本纪》《孝文本纪》等篇，以及世家中的不少篇章也都突出地记载了人物活动。尽管在西汉时代鬼神之说盛行，神意史观、五德终始之类的说法仍然占据着不少人的头脑，但司马迁却以无数确凿可信、生动感人的史实证明历史是人创造的。他是以成功的历史编纂学实践否定了神意创造历史一类邪说，而为我们奉献了中华民族发皇壮大时期勇于创造、生生不息的宝贵记录。

一、伍子胥的韬略与楚、吴、越三国盛衰

司马迁写人物的重要特点之一，是不孤立写人，而将人物置于时代环境之中，既通过人物活动写出时代特点，又刻画了典型环境中的典型性格。白寿彝先生曾说："编写人物传记，既要在传记中写出历史人物的历史作用，还要写出他们身上所反映的时代特点。"（《中国通史·导论》）《史记》所取得的出色成就，正好为我们提供极为宝贵的借鉴。

在有关春秋时期人物的篇章中，伍子胥是司马迁尤为关注的人物，他在《左传》《国语》提供的史实的基础上，撰成完整生动的《伍子胥列传》，从一

个侧面反映了楚、吴、越三国的盛衰。当楚平王囚禁伍奢,派人召伍尚、伍子胥兄弟时,子胥即识破楚王欲一网打尽的奸计,决心经过艰难曲折的努力以达到最终报仇的目的,因而果断地告诉伍尚:"楚之召我兄弟,非欲以生我父也,恐有脱者后生患,故以父为质,诈召二子。二子到,则父子俱死。何益父之死?往而令仇不得报耳。不如奔他国,借力以雪父之耻,俱灭,无为也。"他经历了许多磨难,逃到了吴国。其时,吴公子光为将,伍子胥探知其欲杀王而自立,于是进刺客专诸于公子光,本人等待时机。不久,吴王僚派兵袭楚,被楚击败,公子光乃令专诸袭杀吴王僚,自立为吴王阖庐。"阖庐既立,得志,乃召伍员以为行人,而与谋国事。"吴楚两国多年连续相攻,吴王阖庐听从伍子胥与将军孙武之谋,联合唐、蔡伐楚。五战,攻至楚都郢。伍子胥求楚昭王不得,乃掘平王之墓,为父报仇。楚大夫申包胥至秦求救兵,立于秦廷号哭七昼夜,秦乃派兵击败吴军。后二年,吴派太子夫差伐楚取胜,楚惧吴而迁都。"当是时,吴以伍子胥、孙武之谋,西破强楚,北威齐、晋,南服越人。"

  伍子胥洞悉吴与越国及北方齐、晋等国的情势和利害关系,在吴国命运攸关时刻,一再向吴王夫差提出具有远见的计谋。吴越相争,吴败越于夫湫。越王勾践乃以余兵五千人栖于会稽之上,派大夫种厚礼贿赂吴太宰嚭以请和,称委国以为臣妾。吴王将许其和,伍子胥乃忠心进谏:"越王为人能辛苦,今王不灭,后必悔之。"预见许和必让越王能卷土重来,制吴于死命!吴王竟不听从,而用太宰嚭之计,与越讲和。吴王夫差因胜越而骄侈狂妄,欲乘齐景公死、大臣争宠、新君幼弱之机,兴师伐齐。伍子胥当即告诫说,吴国的真正威胁乃在越国,北上用兵将招来祸患:"勾践食不重味,吊死问疾,且欲有所用之也。此人不死,必为吴患。今吴之有越,犹人之有腹心疾也。而王不先越而乃务齐,不亦谬乎?"夫差拒不听从,伐齐,获胜而归,从此对伍子胥越加疏远。其后四年,吴王夫差又将伐齐,越王勾践别有用心地派士卒助吴,伍子胥及时识破其计策,劝夫差改弦更张,说:"夫越,腹心之病,今信其浮辞诈伪而贪齐。破齐,譬犹石田,无所用之。""愿王释齐而先越;若不然,后将悔之无及。"吴王仍不听其计,却派伍子胥使齐。"子胥临行,谓其子曰:'吾数谏王,王不用,吾今见吴之亡矣。'"太宰嚭又加谗害,称伍子胥"常鞅鞅怨望,愿王早图之",于是夫差赐剑逼伍子胥自杀。子胥满怀悲愤,临死前留言说:"必树吾墓上以梓,令可以为器;而抉吾眼悬吴东门之上,以观越寇之入灭吴也。"次年,夫差北上大会诸侯于黄池,越王勾践乘其虚突袭,大败吴兵。九年后(前473),越灭吴,杀吴王夫差。

司马迁生动地刻画了伍子胥刚烈坚忍的性格,他识破楚平王设下的险恶圈套,历尽艰辛求得生存,最终实现为父报仇的心愿,而其具有远见卓识的谋略,更导致演出楚、吴、越三国盛衰迭起的局面。篇末赞语极力赞扬其智慧和毅力,云:"向令伍子胥从奢俱死,何异蝼蚁。弃小义,雪大耻,名垂于后世,悲夫!方子胥窘于江上,道乞食,志岂尝须臾忘郢邪?故隐忍就功名,非烈丈夫孰能致此哉?"(均见《史记》卷六十六《伍子胥列传》)

二、 抗击强秦　急人之难

《史记》记载战国时期为数甚多的人物,如苏秦、张仪、穰侯、孟尝君、平原君、信陵君、春申君、范雎、蔡泽、乐毅、廉颇、蔺相如等。六国面对秦的进攻,需要联合起来抗击,同时,六国之间利益又不可能真正一致,而秦随着国力的强大,在政治上、军事上越发占据优势。苏秦、张仪从事合纵、连横活动,其声势可以倾动天下,如《孟子·滕文公下》引景春说:"公孙衍、张仪岂不诚大丈夫!一怒而诸侯惧,安居而天下熄。"其论辩滔滔不绝,往往用一篇说辞,即可以完全改变国君对局势的判断和决策。正如明代学者茅坤所概括的,苏秦、张仪游说之词,"适以倾乱人主""特其言利处则讳其害,言得处则蔽其失,亦自有耸跃人处"。(《史记钞》卷四十一)

司马迁所倾注最深沉的感情撰成的篇章,是《魏公子列传》。此篇是《史记》历代传诵的名篇之一，原因在于记载集中，形象鲜明。全篇围绕两条主线展开，一是信陵君礼贤下士，本人贵为公子，是魏安釐王之异母弟，尊崇无比，但对于出身贫寒而有才能之士，无不倾心结交，声誉著于魏国内外。二是在赵国遭受秦国进攻、局势危殆的情况下，他为赵国解除了重围，挫折了秦向东进攻的气焰。围绕以上两条主线，篇中集中地写了迎侯嬴于众人广坐之中和窃符救赵两个高潮，因而成功地凸显出信陵君受人称誉的行为、性格，并且表现出时代的特点。

养士是当时的风气，齐国孟尝君、赵国平原君、魏国信陵君、楚国春申君都有门客三千人或数千人。何以信陵君声誉最高？司马迁首先总括他行事的特点："公子为人仁而下士，士无贤不肖皆谦而礼交之，不敢以其富贵骄士。士以此方数千里争往归之，致食客三千人。当是时，诸侯以公子贤，多客，不敢加兵谋魏十余年。"并以一个情节作为全篇的铺垫。有一次，公子与魏王下棋，魏国北方边境忽然传来举烽火的消息，说："赵寇至，且入界！"魏王立刻紧张起来，要召集大臣计议。公子阻止他说："赵王田猎耳，非为寇也。"然后依旧从容下棋。魏王却感到害怕，心思不在棋盘上。过一会儿，又从边境传来消息："赵王猎耳，非为寇也。"魏王感到大为惊讶，问公子何以知道。信陵君回答说："臣之客有深得赵王阴事者，赵王所为，客辄以报臣，臣以此知之。"司马迁用这个小插曲说明，信陵君广泛礼交士人，士也处处为他出力。

隐士侯嬴是大梁夷门守门人，七十岁了，家境贫寒。公子听说他是贤者，便前往拜访，要给他丰厚的礼物。侯嬴拒不受礼，说："臣修身洁行数十年，终不以监门困故而受公子财。"信陵君于是为侯生设下盛大宴席，宾客都坐定了，他亲自乘坐车骑，虚着左边尊位，迎接侯生。侯生从容地整理了自己穿戴的破旧衣帽，大模大样地坐到左边上座，故意不作谦让，欲观察公子的反应。公子手执马缰绳，表情更加恭敬。侯生又对公子说：我有个朋友朱亥在市上卖肉，请绕路去看望他。司马迁接着写道："公子引车入市，侯生下见其客朱亥，俾倪，故久立与其客语，微察公子。公子颜色愈和。当是时，魏将相宗室宾客满堂,待公子举酒。市人皆观公子执辔。从骑皆窃骂侯生。侯生视公子色终不变,乃谢客就车。至家,公子引侯生坐上坐,遍赞宾客,宾客皆惊。酒酣,公子起,为寿侯生前。"这里用特写镜头,"聚焦"当时的场景,借满堂尊贵客人的期待,市人惊奇的注视,从骑暗中对侯生的恼怒,全部用来衬托信陵君对地位低下的寒士的谦恭和超乎寻常的礼节。信陵君礼贤下士的美名更加远近传扬。盛宴结束,公子拜侯生为上客。侯生又告诉魏公子,朱亥是个有作为的人,世人不知,因此隐居在屠宰行中。公子几次去拜访他,朱亥却故意不回访答谢,公子也不明白其中缘故。

魏安釐王二十年(赵孝成王九年,公元前 257 年),秦将白起在长平之役大败赵军,坑赵降卒四十万人,又进兵围邯郸,赵国形势危急。赵向魏求救,信陵君之姊是赵惠文王弟平原君夫人,也一再写信给魏王和信陵君请派救兵。魏王派将军晋鄙率十万军救赵,秦国向魏王发出威胁:"吾攻赵旦暮且下,诸侯敢救赵者,已拔赵,必移兵先击之!"魏王恐惧,派人命令晋鄙在邺城驻扎,"名为救赵,实持两端以观望"。赵国都城邯郸处于秦军重围之下,平原君派出的使者前后冠盖相属,向信陵君恳切求援,又以不能急人之困责备他。信陵君向魏王无数次求情,却毫无结果,别无选择,只好打算带领宾客去与秦军拼命!在这关键时刻,侯嬴献出计策,说:能窃得魏王卧室内的兵符,便能夺得晋鄙军。如姬是魏王最宠爱的妃子,公子以前对她有大恩,求她,她定能办到!信陵君按计而行,果然得到虎符。至邺,向晋鄙假称受魏王命令代领大军。晋鄙,欲不听从,在危急之下,朱亥袖四十斤铁锤,锤杀晋鄙,遂夺得兵权。信陵君下令军中:"父子俱在军中,父归;兄弟俱在军中,兄归;独子无兄弟,归养。"得精兵八万人,进击秦军。司马迁以饱满的激情,称颂信陵君这一彪炳史册的壮举:"秦军解去,遂救邯郸,存赵。赵王及平原君自迎公子于界,平原君负韣矢为公子先引。赵王再拜曰:'自古贤人未有及公子者也。'当此之时,平原君不敢自比于人。"信陵君盗窃虎符,夺晋鄙军而败秦存赵,是违抗魏安釐王之意旨的,但却在全局上有利于魏国,因而赢得人们的赞誉。因为赵、魏毗邻,在对抗秦国的强势进攻上有休戚与共的利害关系，如果赵国被秦灭亡，魏国也沦于危险境地！侯嬴在与信陵君诀别时说："请数公子行日，以至晋鄙军之日，北乡自刭，以送公子。"至信陵君夺晋鄙军之日，侯嬴果然北向引刀自决。这也恰是当日崇尚的"主人施以恩惠，门客尽忠报效"时代风气的写照。

此后的事件是上述高潮的余波，也是围绕信陵君与门下士关系的线索展开。魏王恼恨信陵君夺晋鄙军，信陵君因此不敢返回魏国。赵王对他感恩戴德，计议封他五城，于是公子"意骄矜而有自功之色"。有门客劝说他："夺晋鄙军以救赵，于赵则有功矣，于魏则未为忠臣也。"公子"立自责，似若无所容者"，见赵王时，自言罪过，以负于魏。十年之后，秦利用信陵君长期留在赵国、魏国力量削弱的时机，派大军攻魏。魏王因形势危急连连派使者劝公子归国，信陵君却担心魏王仍旧恼恨他，严诫门下客不准为魏王使者通报。此时，只有信陵君在赵国新结交的两个寒士毛公、薛公，敢于站出来求见信陵君，劝说他："公子所以重于赵、名闻诸侯者，徒以有魏也。今秦攻魏，魏急而公子不恤，使秦破大梁而夷先王之宗庙，公子当何面目立天下乎？"未等两人说完，信陵君"立变色，告车趣驾归救魏"。于是，魏王任命公子为上将军，公子派出使者遍告诸侯合力救魏。"诸侯闻公子将，各遣将将兵救魏。公子率五国之兵破秦军于河外，走蒙骜，遂乘胜逐秦军至函谷关，抑秦兵，秦兵不敢出。当是时，公子威振天下。"司马迁对信陵君的品行、功业高度赞赏，篇末赞扬他名冠诸侯，为战国诸公子所不及，曰："天下诸公子亦有喜士者矣，然信陵君之接岩穴隐者，不耻下交，有以也。名冠诸侯，不虚耳。"（均见《史记》卷七十七《魏公子列传》）

信陵君在秦汉之际产生很大影响。《魏公子列传》末尾特意记载："高祖始微少时，数闻公子贤。及即天子位，每过大梁，常祠公子。高祖十二年，从击黥布还，为公子置守冢五家，世世岁以四时奉祠公子。"司马迁还在《史记》另外两篇讲到两位历史人物对他的敬慕。一是《张耳陈馀列传》载，张耳为梁人，"其少时，及魏公子无忌为客"。二是《韩信卢绾列传》载："陈豨，梁人，其少时数称慕魏公子。"可见，"名冠诸侯"之语，是确切有据的。

三、为秦统一六国建功的勇将

客观历史是复杂曲折的运动过程。战国时期，东方六国抗秦与秦对六国的进攻互相交错，两者都有其必然性和历史合理性。秦对东方六国的攻伐，自然伴随着破坏杀戮，六国的抵抗，如信陵君救赵和率五国之师抗击秦对魏国的进攻，符合六国人民的利益，因而值得肯定。而秦在西方长期经营，自孝公以后，历代君主很有作为，富国强兵，因而具备统一六国的实力。汉初人士因为要总结秦亡汉兴的历史教训，一味"过秦"，每每把秦的历史视为罪恶的堆积，不愿做正面评价。司马迁则能把握历史发展的大趋势，精辟地评价"秦取天下多暴，然世异变，成功大"（《史记》卷十五《六国年表·序》），并且分析秦的统一在客观上符合历史的必然性。在列传中，他既写了抗击秦军的文武贤才、反秦的英雄，同时又写了一批在秦统一六国进程中建立了卓著战功的将领，如穰侯、白起、王翦等，写出这些军事家在战场上的胜算。必须将抗秦人物与秦朝勇将双方的活动合而观之，对于战国这一重要时代的特点，才能有全面的认识。

穰侯名魏冉，为秦昭王母宣太后之弟、昭王之舅，昭王年少，宣太后用事，穰侯秉政，四为秦相，兼任将军。秦昭王十四年（前293），穰侯举荐白起为将军，进攻韩、魏，败之伊阙，斩首二十四万，虏魏将公孙喜。次年，又攻取楚国宛、叶。其后，秦任穰侯为将军，东伐魏，魏献河东方四百里土地，拔魏之河内，取城大小六十余，遂使秦国势隆盛。于秦昭王五十九年（前248），称为西帝，而齐称东帝。穰侯第四次任相期间，将兵攻魏，围大梁。听梁大夫须贾之言，在楚、赵之兵未及援魏之时，以"少割收魏"（即暂要求魏少量割地予秦，以稳定魏国）为策略（《史记》卷七十二《穰侯列传》），同时行挑拨之计策，使楚、赵两国怨恨魏国，导致合纵解散，三国争相奉事秦国。

白起是秦昭王时名将，连立战功，他所指挥的著名战役是上党之战。其时，秦军长平，与赵军对峙。指挥赵军的是名将廉颇，他精于用兵，富有谋略，"坚壁以待秦，秦数挑战，赵兵不出"。秦相应侯乃行反间计，诈言：秦所最惧怕的是赵括，廉颇容易对付，他很快要投降秦军了。赵国误中奸计，遂撤换廉颇，改用赵括指挥。赵括是个只会纸上谈兵的庸才，于是秦国认为绝好的机会到来了！立即改派名将白起为主将。白起周密布置，封锁消息，"令军中有敢泄武安君（即白起）将者斩"，白起设下埋伏。而赵括不明敌情，轻躁出击，被秦事先布下的两队奇兵围住，白起又派出五千骑兵切断赵军营垒与前方赵括所率主力的通路。赵军被分割为二，两头不能相救，粮道被断绝，而秦军连出轻兵攻击，赵军毫无应对之策，只好等待救兵。秦昭王亲临河内前线督战，征发十五岁以上的男子上阵，隔绝赵军救兵和运粮通道，赵括主力被严密包围在山谷之中。"至九月，赵卒不得食四十六日，皆内阴相杀食。来攻秦垒，欲出，为四队，四五复之，不能出。"赵括带领锐卒亲自搏击，被秦军用箭射死。赵军溃败，四十万人全部投降。此役使赵国实力遭到重创，标志着秦朝着统一三晋的目标前进了一大步。此役的尾声，是白起对赵降卒实行了残酷杀戮，借口担心赵卒反复有变，"乃挟诈而尽坑杀之"。其后，白起因为功高，遭到秦相范雎（应侯）谗毁，秦昭王派人赐剑令其自裁。白起临死前，曰："我固当死，长平之役，赵卒降者数十万人，我诈而尽坑之，是足以死。"司马迁在传末补写的这一笔，正是表达对白起残酷杀戮行为的严厉谴责！

王翦是秦始皇大将，先后将兵灭赵，灭燕，其子王贲又先后攻楚，灭魏，因此司马迁在《白起王翦列传》中称，秦始皇"尽并天下，王氏、蒙氏（恬）功为多，名施于后世"。王翦战功累累，而传中只详写其攻灭楚国之役。司马迁匠心独用，以"年少勇壮"、最后失败的李信与之作对比，极力写王翦指挥作战足智多谋，又体恤士卒、深得军心，因而书写了军事史上堪称精彩的一页。李信是个少壮派将领，曾率数千兵追击燕太子丹。此时，秦已先后灭三晋，灭燕，又数次大败楚军，秦始皇自感得意，想用少量兵力最后攻下楚国。他问李信灭楚估计需要多少军队，李信回答说："不过用二十万人。"又问王翦，回答说："非六十万人不可。"秦始皇鄙夷王翦年老而怯，赞赏李信势壮而勇，于是派李信、蒙恬率二十万军攻楚。王翦因被嫌弃，称病告老闲居频阳。李信、蒙恬先连胜两役之后，两军相会于城父，而楚军用计尾随其后，三日三夜紧追不舍，大破李信军，"入两壁，杀七都尉，秦军走"。

王翦正是在秦国处于极其不利的局势下，受命率师攻楚。篇中生动地描写秦始皇怀着愤怒与悔恨交织的复杂心情驰见王翦，恳请他重新出山，和王翦老成持重、依旧坚持前识的情景：

> 始皇闻之，大怒，自驰如频阳，见谢王翦曰："寡人以不用将军计，李信果辱秦军。今闻荆兵日进而西，将军虽病，独忍弃寡人乎！"王翦谢曰："老臣罢病悖乱，唯大王更择贤将。"始皇谢曰："已矣，将军勿复言！"王翦曰："大王必不得已用臣，非六十万人不可。"始皇曰："为听将军计耳。"于是王翦将兵六十万人，始皇自送至灞上。

这里通过详细叙述秦始皇登门谢罪、好言劝勉、完全答应所请和隆重送行等情节，充分表现王翦在平楚之役中举足轻重的作用。又写王翦深知秦始皇暴躁易怒、每每惩罚大臣，因而在临行前特意请求赐给大量良田美宅，以消除其疑心。以上描写，都预示着王翦出师必胜。楚人闻秦国改派由王翦统帅大军而来，便集合全国兵力迎战。王翦不愧沉勇有谋，他实行两项策略，一是坚壁而守，挫折楚军锐气，"荆兵数出挑战，终不出"。二是处处关心士卒。司马迁详细描写王翦如何使士卒心怀感动，因而个个摩拳擦掌欲与楚军拼命："王翦日休士洗沐，而善饮食抚循之，亲与士卒同食。久之，王翦使人问军中戏乎？对曰：'方投石超距。'于是王翦曰：'士卒可用矣。'"楚军见一再挑战毫无结果，引兵向东。"翦因举兵追之，令壮士击，大破荆军。至蕲南，杀其将军项燕，荆兵遂败走。秦因乘胜略定荆地城邑。岁余，虏荆王负刍，竟平荆地为郡县。"（均见《史记》卷七十三《白起王翦列传》）整篇王翦传主要记载的就是这次平楚之役，成功地运用对比手法，以李信之恃勇躁进，来反衬王翦之深谋胜算。又用秦始皇先对王翦鄙夷不屑，而后亲自登门请求他出兵挽回败局，作了有力的烘托，因而更加丰满地刻画了王翦老练沉勇、韬略过人的形象。

司马迁对穰侯、白起、王翦三人为秦攻战建立的功绩作了充分的肯定。《太史公自序》评价穰侯说："苞河山，围大梁，使诸侯敛手而事秦者，魏冉之功。"《穰侯列传》赞语中又说："而秦所以东益地，弱诸侯，尝称帝于天下，天下皆西乡稽首者，穰侯之功也。"与《自序》中的称扬正相呼应。然而赞语又严肃地批评他"贵极富溢"。这是以极其精练的文字对篇中所载的穰侯自恃功高，擅权贪财行径的概括。穰侯因功先封于穰，又加封陶，于是穰侯之富，"富于王室"！已成为国君的威胁，遂遭免去相国职位的厄运，而"穰侯出关，辎车千乘有余"。最后在陶忧郁而死。司马迁这种高明的历史洞察力和对事物善于作辩证分析的态度，同样充分体现于《白起王翦列传》篇末论赞之中。其论云："鄙语云'尺有所短，寸有所长'。白起料敌合变，出奇无穷，声震天下，然不能救患于应侯。王翦为秦将，夷六国，当是时，翦为宿将，始皇师之，然不能辅秦建德，固其根本，偷合取容，以至殁身。及孙王离为项羽所虏，不亦宜乎！彼各有所短也。"（《史记》卷七十三《白起王翦列传》）

这篇议论，一针见血地指出白起的短处。白起的非凡指挥才能声震天下，但他原由穰侯魏冉所荐举，范雎相秦之后，白起同样遭其谗毁，这位在战场上奇计无穷的常胜将军，却不能防备谗毁者的暗算，岂不令人慨叹！对王翦的评论更抓住了秦统一六国前后秦国君臣政策上的根本错误。司马迁指出，王翦军事上有大功，"夷六国"，因其资格很老，功劳又高，秦始皇尊之为师。王翦却缺乏政治远见，不懂得治国的关键是实行德政，固其根本，要将原先长期实行的攻战政策，改变为废除繁苛、休息民力的政策，反而一味阿附秦始皇，毫无建言，目的只求保持住自己的名位，这是王翦本人也是秦国君臣所犯下的历史性错误。司马迁的这段评论，表现出其极高的历史见识，对于民众遭遇的深切同情，以及他以辩证眼光分析评价历史人物的睿智，对于全篇记载的白起、王翦的军事活动作了很好的提升。从战国分立到秦、汉两次统一，历史进程曲折复杂，军事斗争、外交斗争尖锐激烈、相互交错，既有无数的壮举和智谋，有从不同方面坚持把历史向前推进的不断努力，也有反面的深刻教训，更有因长期攻战而造成的民众灾难和大量牺牲，说明历史的每一进步都要付出沉重的代价，这是我们应该深刻记住的。

四、汉初"引义慷慨"的卓荦之士

司马迁运用匠心写了一大批汉初见识卓异的人物，表现出这个历史时期的独特风采，成为我们民族珍贵的历史记忆。

从西汉建立之后大约一百年间，经由休息民力、发展经济和重建社会秩序，因而出现了蓬勃上升的景象。有的学者称汉初是"英雄时代"。与当时社会出现的旺盛创造力相合拍，汉初这些有为之士往往在历史的关节点上，慷慨陈言，议论国家的政治得失、历史教训、军事经济文化政策措施的利弊，他们思想顾忌少，"引义慷慨"。司马迁对于这一类人物十分欣赏，对他们身上体现出来的时代特点有准确把握，在《袁盎晁错列传》中，称"袁盎常引大体慷慨"，又在篇末赞语中概括说："（袁盎）仁心为质，引义慷慨，遭孝文初立，资适逢世。"一再赞其引大义慷慨的气质和性格，并认为这种气度禀性正与时代要求相适应。《史记》列传中所写的这批人物，有刘敬、陆贾、樊哙、栾布、季布、刘章、贾谊、张释之、袁盎、晁错等，他们生活于同一时代，尽管出身、经历、文化修养、职位各有不同，但他们勇于针对国家民族的重要问题慷慨议论，却是共同的特点。这里仅以刘敬、陆贾、袁盎为例作简要论列，以略见司马迁笔下的汉初人物风采。

刘敬原名娄敬，山东人，本是拉车的戍卒。但他眼光远大，了解国家形势，熟悉历史知识，正当西汉建立、百废待举之际，他不顾本人身份低下，先后勇敢地就三项重要问题直接向汉高祖建言，为西汉政权的巩固建立了大功。刘敬传既生动具体地记述其作为、性格，又鲜明地表现出汉初的时代风貌，因而成为历代传诵的名篇。第一项，是建议定都长安。汉五年（前202），汉朝初建，高祖在洛阳。当时，娄敬是一名应征从山东前往陇西的戍卒，拉着小车路过洛阳。他决定面见高祖建言，通过山东同乡虞将军介绍。虞将军看他穿着寒酸，要他换上鲜丽服装，娄敬谢绝他，说："臣衣帛，衣帛见；衣褐，衣褐见，终不敢易衣。"见到高祖，问他来意，娄敬说："陛下都洛阳，岂欲与周室比隆哉？"高祖称是。娄敬于是滔滔不绝发表了一篇大议论，讲出自己大不相同的观察和判断。他陈述周和汉建国的基础很不相同，坚决主张定都长安。他提出有力的理由："夫秦地被山带河，四塞以为固，卒然有急，百万之众可具也。因秦之故，资甚美膏腴之地，此所谓天府者也。陛下入关而都之，山东虽乱，秦之故地可全而有也。"他还用两人搏斗生动地作比方，必须扼住对方咽喉、猛击对方后背，才能获全胜。"今陛下入关而都，案秦之故地，此亦扼天下之亢而拊其背也。"原先在定都问题上，朝臣有一种压倒性意见，因为大臣们原籍在山东，希望都城邻近家乡，并且以秦都关中二世而亡，周都洛阳则延续了几百年作为理由。又称，洛阳东西有成皋、崤山之险，南北靠着黄河、洛河，可以据险而守。高祖听了娄敬这一番议论，又转过来问众大臣，大臣们因原籍在山东，争着要求建都洛阳，称"周王数百年，秦二世即亡，不如都周"。高祖拿不定主意，再问足智多谋的留侯张良，"及留侯明言入关便，即日车驾西都关中"。高祖大力表彰娄敬首先建言之功，说"本言都秦地者娄敬"，拜为郎中，号为奉春君，并赐姓"刘"。

西汉的历史充分证明，建都长安是关系汉朝政权长期稳定的大事。关中不但形势极其险要，而且因多年来刘邦委任萧何在关中镇守，汉朝在这里有稳固的统治基础。不久以后，异姓王臧荼、陈豨、英布叛乱，景帝时同姓吴楚七国之乱，都是在山东地区发生，汉都长安处在西方，凭借其险要形势控制全国，确实有利于保持大局的稳定。历史证明娄敬、张良等人的远见卓识。司马迁的记述极为生动，而且突出地显示出其对时代特点的深刻观察，他将"刘敬脱挽辂一说，建万世之安"在汉初历史上作了定格，让后人永远记住这位挽车戍卒披着羊皮裘向皇帝建言这一场景，同时也凸显出汉高祖虚怀若谷、从善如流的特点。这些都是在汉初这一特定时期才有可能出现的，因而我们阅读此篇，不但能够准确地把握住人物鲜明的性格特点，而且认识了这个时代。司马迁的篇末论赞更引起读者的深深思索：

> 语曰："千金之裘，非一狐之腋也；台榭之榱，非一木之枝也；三代之际，非一士之智也。"信哉！夫高祖起微细，定海内，谋计用兵，可谓尽之矣。然而刘敬脱挽辂一说，建万世之安，智岂可专邪！（均见《史记》卷九十九《刘敬叔孙通列传》）

司马迁所赞赏的正是众贤才勇于建言献策，君主能够虚心采纳，这样的时代风气推动了汉初社会上升局面的形成。前人也颇有见于此，如明儒高嵣谓："刘敬建都关中议，自具卓识，留侯赞之，高帝纳之，遂定汉家四百年之基。"（《史记钞》卷四《刘敬叔孙通列传赞》）刘敬勇于提出有关国家长治久安大计的建言，还有与匈奴和亲、徙强族大姓入关中两件大事。司马迁为出身贫贱的刘敬写了内容厚重、记述生动的传，并置之显著的地位，其重要的意图，是通过其建言和作为，写出汉初的时代特点，因此在《太史公自序》中概括了本篇内容的主干，即"徙强族，都关中，和约匈奴"三桩大事。明代学者凌稚隆对此也作了恰当的评论："按传内迁都、使虏、和亲、徙大姓，皆汉初大事也。太史公只叙此四事，而敬之功业自见矣。"（《史记评林》卷九十九）

汉初这些引大义慷慨、敢于直言的人物，他们为国家大计所作的谋划，涉及政治、民族、外交以及维护朝廷重大礼制等方面，无不显示出其眼光远大、有胆有识。

陆贾楚人，是富有政治智慧的著名辩士。高祖时天下初定，尉他据南粤称王，高祖派陆贾出使封尉他"南越王"印玺。尉他起初态度倨傲，陆贾告喻他高祖顺应人民，起兵讨暴秦、诛项羽，五年之中，平定海内，为百姓兴利除害。对尉他晓之以理，卒令尉他改变态度，接受汉的封号，"称臣奉汉约"。因而陆贾对安定南粤作出重要贡献。陆贾对汉初社会进程所产生的巨大影响，更在于他劝说高祖接受儒家仁政学说，确立治国方针。高祖以征战得天下，但他不重视总结成败兴亡的历史教训。陆贾明知高祖最讨厌儒生，但他为了国家大计，却不怕当面冒犯，而恳陈应以儒家仁政学说作为治国方针的道理，使高祖从"不怿"到心悦诚服。陆贾传对此有生动的记载：

> 陆生时时前说称诗书。高帝骂之曰："乃公居马上而得之，安事诗书！"陆生曰："居马上得之，宁可以马上治之乎？且汤武逆取而以顺守之，文武并用，长久之术也。昔者吴王夫差、智伯极武而亡；秦任刑法不变，卒灭赵氏。乡使秦已并天下，行仁义，法先圣，陛下安得而有之？"高帝不怿而有惭色，乃谓陆生曰："试为我著秦所以失天下，吾所以得之者何，及古成败之国。"陆生乃粗述存亡之征，凡著十二篇。每奏一篇，高帝未尝不称善，左右呼万岁，号其书曰《新语》。（《史记》卷九十七《郦生陆贾列传》）

汉初实行体恤民众、休养生息、恢复生产，陆贾与有力焉！宋代学者黄震对此即评论说："时时称说《诗》《书》，以祛高帝马上之习，社稷灵光，终必赖之矣。"（《黄氏日抄》卷四十六《史记》）至吕太后称制时，诸吕擅权，汉家朝廷处于危险局面。右丞相陈平终日忧虑，陆贾去拜访他，径直走到他面前都不觉察。陆贾对陈平说："天下安，注意相；天下危，注意将。将相和调，则士务附……为社稷计，在两君掌握耳。"献计让陈平以重礼为太尉周勃祝寿，于是两人深相结好，形成了保卫刘姓天下的强有力基础，因而最终挫败诸吕的阴谋。孝文帝即位后，派陆贾第二次出使南粤，"令尉他去黄屋称制，令比诸侯"，再次圆满完成任务。

司马迁称扬袁盎的性格特点是"常引大义慷慨"，袁盎传详载其行事，我们从中又能认识到汉初君臣关系的特点和朝廷风气。文帝初即位，袁盎任中郎。其时，绛侯周勃因诛灭诸吕、迎立文帝立了大功，任丞相，权势无比，每次罢朝，周勃意气自得，汉文帝反而态度谦恭，常常亲自送他。袁盎进谏说："丞相如有骄主色。陛下谦让，臣主失礼，窃为陛下不取也。"此后上朝，文帝越发显示出庄重的神色，丞相则越发表示对文帝敬畏。对于骄横不法的同姓王，袁盎也及时地向文帝建议削弱封地，但未能实行。文帝爱幸宦官赵同，出入让赵同参乘，赵同倨傲，又常常构害他人，袁盎果断地俯伏在车前禀奏："臣闻天子所与共六尺舆者，皆天下豪英。今汉虽乏人，陛下独奈何与刀锯余人载！"文帝听罢，只好让赵同下车。文帝十分宠爱王妃慎夫人，在宫禁中或外出到上林游玩，都让慎夫人与皇后并排而坐。袁盎在场，郑重其事地引慎夫人坐到后面座位，慎夫人气恼不肯坐，文帝也愤而离开。袁盎上前说："臣闻尊卑有序则上下和。今陛下既已立后，慎夫人乃妾，妾主岂可与同坐哉！适所以失尊卑矣。且陛下幸之，即厚赐之。"并举出因高祖宠爱戚夫人，以后吕后对戚夫人残忍报复的教训。终于让文帝和慎夫人懂得袁盎的进谏符合朝廷的大礼节，利于国家，因而表示愉快接受。

更有意义的是，司马迁在传中详细记述了袁盎晓谕丞相申屠嘉的一席话，讲了文帝虚心纳谏的细节，让读者由此真切地感受当时朝廷有一种良好的气氛。其时，袁盎已先后调任地方官职，先为陇西都尉，后又任齐相、吴相。一次，袁盎在路上遇到丞相申屠嘉，袁盎赶忙下车拜谒，申屠嘉却傲慢地坐在车上拱手示礼而过。于是袁盎专门到丞相官邸，向申屠嘉论理，以文帝对职位低下的郎官谦虚纳谏，与申屠嘉的傲慢态度作对比。袁盎说：您身为丞相，但并不像陈平、周勃，有辅翼高祖定天下，或诛诸吕、安刘氏的大功，您不过是从材官、队率、太守积累资格升迁，并无攻城野战之功，无法与陈平、周勃相比。更重要的是，您要知道皇帝以其尊贵的地位，却是如何对待官职卑微的下属的。"陛下从代来，每朝，郎官上书疏，未尝不止辇受其言，言不可用置之，言可受采之，未尝不称善。何也？则欲以致天下贤士大夫。上日闻所不闻,明所不知,日益圣智;君今自闭钳天下之口而日益愚。夫以圣主责愚相,君受祸不久矣。"(均见《史记》卷一百一《袁盎晁错列传》)这一席话使申屠嘉大为震惊,于是表示恭敬受教,拜为上客。正因为汉文帝有虚心纳谏的襟怀,才有臣下勇于建言,为国家大事献计献策的局面。

袁盎晚年退职住在安陵家中,当时,文帝的小儿子、梁孝王刘武受太后宠爱,谋求作为景帝的继任人。袁盎认为这违反了朝廷"父死子继"的根本礼法,因而向景帝进谏,表示反对。还有大将军窦婴也引用《春秋》大义,设法阻止,至此景帝才不再犹豫,决定立刘彻为太子,是为后来的武帝。但梁孝王由此衔恨,派出刺客将袁盎刺杀在安陵郭门外,实则袁盎是为维护西汉朝廷的大经大法而付出生命的。

西汉前期是中国历史上富有创造力的重要时代。此时,封建制度正在成长。在推翻秦朝暴政和经过长期战乱之后,社会迫切需要实现安定局面。高祖实行休养生息、恢复生产、减轻民众负担的政策,在文、景之世得到有力的贯彻。西汉前期君主大多很有作为,能接受忠直之言,采纳智慧之策,因此才有刘敬、陆贾、袁盎等一批人物,"引义慷慨",勇敢地针对有关时政的重大问题提出建言,表现出这一时期独有的蓬勃生气。司马迁精心撰写的这些篇章,如实地记载了这些意气风发的人物和这个大有作为的时代,因而世代受到珍重。

司马迁记述人物的成就有诸多方面,其中"成功地刻画特定历史环境的人物形象"尤其值得我们深入总结和大力阐释。《伍子胥列传》《魏公子列传》《袁盎晁错列传》等名篇,不仅展现了这些人物生动感人的性格、神采,而且深刻地反映出他们所处的不同时代的特点,因而为我们提供了撰写历史人物传记的成功典范。习近平同志指出:"提高国家文化软实力,要努力展示中华文化独特魅力。"他又强调:"要系统梳理传统文化资源","把跨越时空、超越国度、富有永恒魅力、具有当代价值的文化精神弘扬起来"。我们要认真借鉴《史记》的成功经验,努力实现对传统史学精华的创造性转化和创新性发展，不断探求在当今历史书写中如何做到既能生动地刻画人物的活动、性格、气质，又能凸显其所处的时代特点，从而有效地克服历史著作平淡乏味的缺陷。继承的目的在于发展，愿我们撰写的史书更能受到大众的欢迎，让中国史学的优良传统进一步得到弘扬。

第九讲

为平民阶层出身的人物立传

司马迁著史，体现出鲜明的平民视角。这里包含两层含义：一是成功地记载了一批平民出身的人物的活动，摹写他们的性格、感情、心理，有力地肯定他们的历史作用；二是以平民的眼光和价值标准，观察历史变迁，评价功过是非，剖视社会情状。《史记》记载史事将帝王将相的活动置于显要地位，全书结构以"本纪"为核心，以三十世家象征"二十八宿环北辰，三十辐共一毂，运行无穷，辅拂股肱之臣配焉，忠信行道，以奉主上"，全书形成等级结构，其总体面貌恰与当时的政治社会结构特点相映衬。——这些都是由司马迁所处的时代条件决定的，再一次为"社会存在决定社会意识"的原理提供明证，假若司马迁所创造的体裁没有这样的时代特点，那反而不可理解了。

司马迁难能可贵之处，是其观察历史、反映历史有突出的平民意识，在许多篇章中反映平民阶层的生活状况，赞扬平民出身的人物的作为，从多方面记载他们推动历史前进的作用。他写鲁仲连"义不帝秦"，令秦将却军五十里；写毛遂压倒楚王咄咄逼人之势，捍卫了赵国的尊严；歌颂雇农出身的陈涉揭竿起义，点燃了反秦起义的烈焰；记述樊哙、郦商等出身贫贱的人物，为汉朝立国建树了功业；创设了记载医者、游侠、滑稽、日者等下层人物的合传、类传；又破除视工商为末业的社会偏见，专门为工商业者立传，以大力表彰"布衣匹夫之人……取与以时而息财富"。

司马迁这种进步的历史观和卓异的历史编纂思想，使《史记》成为真正记载社会各阶层人物活动的一代"全史"，而且具有超越时空的意义。在司马迁之后两千年，生活在二十世纪初的史家梁启超，其时他已确立了近代史学观点，曾激烈地批判旧史简直成为一家一姓之谱牒，明确主张著史应以"叙述人群进化之现象，而求得其公理公例"为宗旨，但他却评价说："太史公诚史界之造物主也。其书亦常有国民思想，如项羽而列诸本纪，孔子、陈涉而列诸世家,儒林、游侠、刺客、货殖而为之列传,皆有深意存焉!"(《新史学》,《饮冰室合集》文集之九)至1922年,梁启超著《中国历史研究法》,又称:"(《史记》)以社会全体为史的中枢,故不失为国民的历史。"(《中国历史研究法》,《饮冰室合集》专集之七十三)这说明,以平民意识观察历史、再现历史,正是《史记》具有宝贵思想价值和取得历史编纂杰出成就的深刻原因之一。以下举出典型例证略作分析。

一、 鲁仲连义不帝秦

鲁仲连,战国齐人。他是个没有官职的平民,《史记·鲁仲连邹阳列传》称他:"好奇伟俶傥之画策,而不肯仕宦任职,好持高节。"秦将白起在长平之役大破赵军之后,秦军东进围邯郸,其时,诸侯各国派来的救兵却不敢迎击秦军,赵孝成王深感恐惧。魏安釐王派客将军新垣衍间道入邯郸,通过平原君向赵王进说:此前秦、齐两国争强为帝,后来各又放弃帝号,现今齐湣王已势弱,而独有秦国称雄天下,此次秦派大军围邯郸,其真心并非要攻下邯郸,而是欲重新称帝,赵国如果派使者尊秦昭王为帝,秦王高兴,秦大军便会解围而去。平原君听罢,心中犹豫不决。鲁仲连此时正在赵国,他听说魏国派来客将军向赵王献计尊秦为帝,便立即求见平原君。平原君急切地向鲁仲连诉苦:赵国刚刚在长平之战损失四十万大军,如今秦国又兵临城下,魏王派客将军新垣衍来责令赵王尊秦为帝,我现在是心中乱成一团,一点主见都没有。鲁仲连说:我原先知道平原君声名在外,现在才知道您是缺乏远见的人。我要见魏国使者新垣衍,我要痛责他一顿,让他离开!

见到新垣衍,新垣衍问:鲁先生为什么久居这围城之中而不离开?鲁仲连意气昂扬地回答:我今天来见新将军,是为了救助危急中的赵国。"彼秦者,弃礼义而上首功之国也,权使其士,虏使其民。彼即肆然而为帝,过而为政于天下，则连有蹈东海而死耳，吾不忍为之民也。"新垣衍问：您救赵有什么好办法呢？鲁仲连回答：齐、楚二国已经明确表示助赵抗秦。我还要让燕国、魏国一同救赵。新垣衍冷笑说：我是魏国人，我倒要请教鲁先生您有什么办法能让魏国救助赵国？鲁仲连坚定地回答："梁（即魏国）未睹秦称帝之害故耳。使梁睹秦称帝之害，则必助赵矣。"只见新垣衍忧心忡忡，说：先生您没见过奴仆吗？十个奴仆小心翼翼地侍候一个主人，就因为心中畏惧他呀！鲁仲连嘲笑他说：您真是畏秦如虎，甘当奴仆！然后义正词严对新垣衍分析利害，指出堂堂魏国君臣，如果尊秦为帝，那就堕落为秦的臣妾仆役，不但尊荣荡然无存，而且丧失起码的人格。

鲁仲连处危城而不惧，临敌军而胆壮，他在关键时刻这番大义凛然、鞭辟入里的言辞，产生了强大的力量，使新垣衍改变了怯懦态度，更令秦将感到理亏，立即退师五十里。司马迁大力肯定这位富有智谋的义士的功绩，他在传中以赞扬的笔调记述："于是新垣衍起，再拜谢曰：'始以先生为庸人，吾乃今日知先生为天下之士也。吾请出，不敢复言帝秦。'秦将闻之，为却军五十里。适会魏公子无忌夺晋鄙军以救赵，击秦军，秦军遂引而去。"功成之后，鲁仲连仍然一心保持平民身份，不羡慕富贵，不贪求权势。"于是平原君欲封鲁连，鲁连辞让者三，终不肯受。平原君乃置酒，酒酣起前，以千金为鲁连寿。鲁连笑曰：'所贵于天下之士者，为人排患释难解纷乱而无取也。即有取者，是商贾之事也，而连不忍为也。'遂辞平原君而去，终身不复见。"

鲁仲连又一桩用智计解救危局的贡献，是在二十多年后，帮助齐国收复被燕将占据的聊城。其时，燕将攻下齐国的聊城，聊城人用计到燕国谗毁他，燕将害怕被治罪，不敢归国。齐将田单攻聊城，历时一年多，士卒大量死伤，仍未攻下，城中民众更遭受深重苦难。鲁仲连乃写了一封信，捆绑在箭上射入城中。这封《遗燕将书》陈说利害，竟胜过田单雄兵攻战。鲁仲连用的是攻心计策，他洞悉燕将当时的处境，带兵攻战在外，得罪了燕王，归国惧诛。现今虽然占据聊城，但面对的是整个齐国的威胁。鲁仲连正是抓住其前后受敌的心理，告诉他：现今齐秦联合，形势已变，楚魏退师，燕又不救聊城。

齐国可集中全力攻聊城，而你即将陷于危险之中！鲁仲连告喻燕将只有两条路可走，或是归燕，或是降齐，已别无选择。鲁仲连信中指出的这两条路，对于燕将来说都很现实，但又是他无法选择的，因此，信中的分析、警告，无疑大大加剧燕将内心承受的压力，使他陷于绝望境地。司马迁明白交代鲁仲连书信产生的巨大效应："燕将见鲁连书，泣三日，犹豫不能自决。欲归燕，已有隙，恐诛；欲降齐，所杀虏于齐甚众，恐已降而后见辱。喟然叹曰：'与人刃我，宁自刃。'乃自杀。"燕将已死，城乱，田单乃得乘势收复。

田单为报偿鲁仲连的大功，欲封他官职。鲁仲连却仍然坚守贫穷布衣的志节，保持其洁白身份，"逃隐于海上，曰：'吾与富贵而诎于人，宁贫贱而轻世肆志焉。'"司马迁在篇末赞语中大力表彰这位平民义士刚直不屈、不慕富贵的高尚品格："余多其在布衣之位，荡然肆志，不诎于诸侯，谈说于当世，折卿相之权。"（均见《史记》卷八十三《鲁仲连邹阳列传》）

二、 汉初布衣将相风采

《史记》列传第三十五《樊郦滕灌列传》，将四位封侯人物（舞阳侯樊哙、曲周侯郦商、滕公汝阴侯夏侯婴、颍阴侯灌婴）同立为一篇"合传"，格外引人注目。司马迁在历史编纂上这一特殊的设置，恰恰凸显出其著史的平民视角，四人都跟随刘邦在沛郡起兵，而出身寒微，樊哙是鼓刀屠狗者，郦商是无业游民，夏侯婴是沛郡马厩司御，主管养马驾车，灌婴是贩缯者。他们长期跟随刘邦征战，屡建功勋，被高祖视为心腹勇将。汉朝立国后都跻身卿相高位，樊哙任左丞相，郦商任右丞相，夏侯婴任太仆，灌婴高祖时任御史大夫，惠帝、高后、文帝时任太尉、丞相。司马迁把四人立为"合传"恰好产生了群体效应，从一个侧面再现了秦汉之际的历史变局，而更为重要的是，以群体的形象彰显了汉初一群布衣之士由于搏击时代风云而成为历史舞台的重要角色。这是对"时势造英雄",平民出身的人物在历史机遇中能够大有作为的历史法则的生动阐释。司马迁将这一深刻的历史认识在篇末论赞中揭示出来,并且交待了他为了写这篇合传,在史料收集上下了功夫,到丰沛故地作了实地考察,访问了故老,又通过与樊哙的后代广为交往获得第一手资料,其论赞云:"吾适丰沛,问其遗老,观故萧、曹、樊哙、滕公之家,及其素,异哉所闻!方其鼓刀屠狗卖缯之时,岂自知附骥之尾,垂名汉廷,德流子孙哉?余与他广通,为言高祖功臣之兴时若此云。"

作为汉初开国功臣,合传中以简洁的文字记载了四人的战功。如写樊哙在沛公起兵时,即为舍人(随从副官)跟随沛公在泗水、砀、濮阳、东阿、开封一带作战,因"先登""却敌"而屡屡受赏、赐爵,直至破南阳、入武关,进关中、至霸上,又从入汉中、还定三秦。又随汉王至陈,围项羽,"项籍既死,汉王为帝,以哙坚守战有功,益食八百户"。汉朝立国后,樊哙又先后跟随高祖击败臧荼、韩信、韩王信、陈豨、卢绾,功劳显赫。对郦商等三人同样详表其勇将之功。而合传中最能显示这些人物特色的,是生动地写出他们出身贫贱时与刘邦的亲密关系,以及在汉朝立国前后的若干关键时刻所发挥的特殊作用。如写鸿门宴上,当"亚父谋欲杀沛公,令项庄拔剑舞坐中,欲击沛公"的紧急时刻,樊哙"乃持铁盾入到营。营卫止哙,哙直撞入,立帐下",并怒责项羽违背怀王与众将之约,又听信谗言,欲加害沛公,将使天下人心瓦解。令项羽无言可对,沛公因得机会逃席。叙述简略,而樊哙过人的勇敢和气势跃然纸上,与《项羽本纪》中的细致描写各显特色。段末又归结说,"是日微樊哙奔入营谯让项羽,沛公事几殆",点出樊哙以沛公亲近护卫身份建立的特殊功勋。

篇中又写高祖病重时颓废不让群臣见面,独樊哙排闼直入,动情地责怨劝导,令他振作的情景:

> 先黥布反时,高祖尝病甚,恶见人,卧禁中,诏户者无得入群臣。群臣绛、灌等莫敢入。十余日,哙乃排闼直入,大臣随之。上独枕一宦

者卧。哙等见上流涕曰:"始陛下与臣等起丰沛,定天下,何其壮也!今天下已定,又何惫也!且陛下病甚,大臣震恐,不见臣等计事,顾独与一宦者绝乎?且陛下独不见赵高之事乎?"高帝笑而起。

这番声泪俱下、感人肺腑的劝说,非如樊哙这样亲密关系者不敢言,也非他这样具有胆识者不能言!樊哙以高祖身为平民率众反秦时何等壮勇,来反衬他今日身为帝王却颓废疲惫,尤使高祖深受感动,让他感到愧对群臣,于是一笑而起。明代学者杨慎曾恰当地点赞樊哙悲愤言词中饱含的"布衣之忧,骨肉之悲",其评论云:"流涕数语,有布衣之忧,有骨肉之悲,不独似哙口语,而三反四正,复情词俱竭,只是子长笔力!至一个'绝'字,惊痛声泪俱透,更千万语不能尽,更千万人不能道。"(《史记题评》卷九十五)

滕公夏侯婴传中,生动地记载夏侯婴为沛郡马厩司御者与刘邦患难中见真情的经历:"每送使客还,过沛泗上亭,与高祖语,未尝不移日也。婴已而试补县吏,与高祖相爱。高祖戏而伤婴,人有告高祖。高祖时为亭长,重坐伤人,告故不伤婴,婴证之。后狱覆,婴坐高祖系岁余,掠笞数百,终以是脱高祖。"这一典型情节得自司马迁到沛县故里亲自访问故老所得,生动地说明原先夏侯婴与刘邦就是患难至交,宁可忍受酷刑,也要让刘邦脱祸。沛公起兵后,夏侯婴一直担任御者,在长期征战中时时跟随护卫。当彭城大战,沛公失利逃走时,出现了这样的景象:"项羽大破汉军。汉王败,不利,驰去。见孝惠、鲁元,载之。汉王急,马罢,虏在后,常蹶两儿欲弃之,婴常收,竟载之,徐行面雍树乃驰。汉王怒,行欲斩婴者十余,卒得脱,而致孝惠、鲁元于丰。"极写其时沛公为逃离险境的万分窘急,和夏侯婴既要保护沛公安全,又要救出鲁元姐弟二人的耿耿忠心。刘邦称帝后,夏侯婴任太仆,位居九卿。高祖平城被围之役,最后是因夏侯婴驾车护卫而得以脱身。孝惠帝时,他仍居太仆要职,"孝惠帝及高后德婴之脱孝惠、鲁元于下邑之间也,乃赐婴县北第第一,曰'近我',以尊异之"。

颍阴侯灌婴在刘邦起兵时即为亲近侍卫官,一再"疾斗""力战",连连破敌,先后拜为中谒者、中大夫、御史大夫。其后,更在垓下之围和诛灭诸吕中建立殊功。当诸吕阴谋作乱时，夏侯婴一方面牵制吕禄，一方面协同绛侯周勃暗中策划锄灭吕姓势力，同时与举兵西向的齐哀王刘襄有（齐悼惠王刘肥之子）联络，示意他驻兵勿进等待消息，对挫败诸吕作乱起到关键性作用："太后崩，吕禄等以赵王自置为将军，军长安，为乱。齐哀王闻之，举兵西，且入诛不当为王者。上将军吕禄等闻之，乃遣婴为大将，将军往击之。婴行至荥阳，乃与绛侯等谋，因屯兵荥阳，风齐王以诛吕氏事，齐兵止不前。绛侯等既诛诸吕，齐王罢兵归，婴亦罢兵自荥阳归，与绛侯、陈平共立代王为孝文皇帝。孝文皇帝于是益封婴三千户，赐黄金千斤，拜为太尉。"（均见《史记》卷九十五《樊郦滕灌列传》）

总之，这篇《樊郦滕灌列传》以合传的形式，生动地刻画了汉初布衣将相的群像，以鲜明的平民意识，讴歌出身贫贱的人物在时代风云中建立的功勋；同时，又因将四个人的经历、功绩合在一起叙述，产生了群体效应，凸显出秦汉之际历史变局中的特点，因而给读史者以深刻的启发。清代史学家赵翼在其名著《廿二史劄记》中特立了"汉初布衣将相之局"的条目，论述因秦始皇实行暴政，"威虐毒痛，人人思乱，四海鼎沸，草泽竞奋，于是汉祖以匹夫起事，角群雄而定一尊。其君既起自布衣，其臣亦多亡命无赖之徒，立功以取将相，此气运为之也。"所举有陈平、陆贾、郦商、夏侯婴、樊哙、周勃、灌婴、娄敬等人，又称："一时人才皆出其中，致身将相，前此所未有也。盖秦、汉间为天地一大变局"。（《廿二史劄记校证》卷二"汉初布衣将相之局"条）赵翼的精辟论述，显然是在司马迁深刻的历史观察的基础上加以发展的。

三、平民视角下的医者、游侠、日者、滑稽人物

《史记》还有记载医者、游侠、日者、滑稽人物的合传、类传，记述了

各阶层人物的活动，提供了反映丰富、复杂的社会史内容的重要篇章。

《扁鹊仓公列传》是记载医家的合传。古代视巫医同列，是低贱的职业。司马迁一反世俗之见，创立记载医者的篇章，确是卓识，因为他认识到医师职业对民众健康和社会生活的重要意义。扁鹊是春秋时名医，姓秦，名越人，因其医术高明，人们以相传黄帝时的名医扁鹊称之。司马迁记述扁鹊以高明的医术治愈危重病人的经历，而尤其重视阐明治病的道理。篇中所载为齐桓侯治病的故事最有警策意义："扁鹊过齐，齐桓侯客之。入朝见，曰：'君有疾在腠理，不治将深。'桓侯曰：'寡人无疾。'扁鹊出，桓侯谓左右曰：'医之好利也，欲以不疾者为功。'后五日，扁鹊复见，曰：'君有疾在血脉，不治恐深。'桓侯曰：'寡人无疾。'扁鹊出，桓侯不悦。后五日，扁鹊复见，曰：'君有疾在肠胃间，不治将深。'桓侯不应。扁鹊出，桓侯不悦。后五日，扁鹊复见，望见桓侯而退走。桓侯使人问其故。扁鹊曰：'疾之居腠理也，汤熨之所及也；在血脉，针石之所及也；其在肠胃，酒醪之所及也；其在骨髓，虽司命无奈之何。今在骨髓，臣是以无请也。'后五日，桓侯体病，使人召扁鹊，扁鹊已逃去。桓侯遂死。"事物是发展的，疾病也是如此。齐桓侯有病，扁鹊第一次见到他时，就已观察到他病在腠理，但他讳疾忌医，拒绝扁鹊为他治疗，结果丧失了治病的时机，于是发展到病入骨髓，无药可治，这时再想找扁鹊治病，为时已晚。这一典型医案，同时又具有认识论的深刻意义。篇中根据扁鹊医疗实践总结出的"病有六不治"，至今天看来，仍然包含着极为可贵的科学价值："骄恣不论于理，一不治也；轻身重财，二不治也；衣食不能适，三不治也；阴阳并，藏气不定，四不治也；形羸不能服药，五不治也；信巫不信医，六不治也。有此一者，则重难治也。"

仓公名淳于意，临淄人，齐太仓长。他从小喜爱医术，后又得到同郡七十余岁的老医生传授毕生积累的验方、禁方、脉书，医术更加高明，"决嫌疑，定可治，及药论，甚精"。仓公医术高明，却遭人忌恨，告发他有罪，要解送往长安判刑。他的小女儿缇萦随之到长安，向汉文帝上书禀告其父的冤情，表示愿入身为官婢，以赎其父刑罚。文帝见其上书，怜悯她，在这一年废除了肉刑。恰好文帝也重视医道，知仓公是名医，便亲自诏问："方伎所长，及所能治病者？有其书无有？皆安受学，受学几何岁？尝有所验，何县里人也？何病？医药已，其病之状皆何如？具悉而对。"于是仓公遵命一一作书面回答，一共写了二十五个医案，司马迁即根据官府档案材料整理、记载下来，成为汉文帝时代留下来的一部临床医学史。这里应特别注意到其编纂的特点，司马迁对这些医案是有意原文直录，不作删削或改写，因而更加提高了其科学文献价值。淳于意对病人的姓名、所属县里、病症、诊断、治疗方案、医治效果等项，均有具体明晰的记载。这些病案，在今天看来其辨证和治疗仍然很有医学根据。最后，记述淳于意回答"诊病决生死，能全无失乎？"的问题，以此总结其一生治病"必先切其脉"和"心不精脉……时时失之"的经验，曰："意治病人，必先切其脉，乃治之。败逆者不可治，其顺者乃治之。心不精脉，所期死生视可治，时时失之，臣意不能全也。"（《史记》卷一百五《扁鹊仓公列传》）以朴实简洁的语言，说明"神医"必须精于脉理，如果不专心治疗，必定造成过失。去掉神化色彩，把医术高明最终落实到专心切脉，确是至理名言，意味深长。

游侠是春秋战国间至西汉时期重要的社会现象，司马迁设立《游侠列传》，赞扬那些出身平民，能扶危救难、言信行果的侠义之士。他将游侠区分为两类，一类是布衣之侠，称赞他们"设取予然诺，千里诵义，为死不顾世，此亦有所长，非苟而已也。故士穷窘而得委命，岂非人之所谓贤豪间者邪！"另一类是"暴豪之徒"，则予以严厉遣责，说："至如朋党宗强比周，设财役贫，豪富侵凌孤弱，恣欲自快，游侠亦丑之。"他认为鲁之朱家就是布衣之侠的典型，能救人之难，振恤贫贱，而又不夸功矜能，因而声誉广布：

> 鲁人皆以儒教，而朱家用侠闻。所藏活豪士以百数，其余庸人不可胜言。然终不伐其能，歆其德，诸所尝施，唯恐见之。振人不赡，先从贫贱始。家无余财，衣不完采，食不重味，乘不过轺牛。专趋人之急，甚己之私。既阴脱季布将军之厄，及布尊贵，终身不见也。自关以东，

莫不延颈愿交焉。

还有河南轵县的郭解也为司马迁所称道。郭解少年时借机报仇，干了许多不法的事。以后去恶从善，"更折节为俭，以德报怨，厚施而薄望""既已振人之命，不矜其功"。郭解的声望达于近旁郡国，"诸公以故严重之，争为用。邑中少年及旁近县贤豪，夜半过门常十余车，请得解客舍养之"。至汉武帝徙天下豪族富户家财在三百万钱以上的人家至茂陵，郭解家财达不到，但地方官仍把他列在迁徙名单。大将军卫青为他说情，称"郭解家贫不中徙"。却被汉武帝当面驳回，说："布衣权至使将军为言，此其家不贫。"郭解入关以后，"关中贤豪知与不知，闻其声，争交欢解"。其后因杀人，被告发，汉武帝下令追捕，最后被族诛。

值得深思的是，郭解的名声达于洛阳附近郡国及关中各县，汉武帝因此将他列为与豪强大宗一样有势力的人物，最后以"大逆罪"遭族诛，而司马迁却对他大加称道。其深刻原因，是借此以表达与当权者大不相同的平民阶层的道德观，强调像朱家、郭解这样，能扶危济困，帮助别人渡过难关，言必信，行必果，这就是有仁义之心，有高尚的道德。司马迁结合本人的亲身经历，痛切感受到一个贫寒之士往往会遭遇到困厄，此时如能得到他人无私救援，度过劫难，那就真正彰显出人性仁义善良之宝贵！因此，他在《游侠列传》开头感叹说："且缓急，人之所时有也。太史公曰：昔者虞舜窘于井廪，伊尹负于鼎俎，傅说匿于傅险，吕尚困于棘津，夷吾桎梏，百里饭牛，仲尼畏匡，菜色陈、蔡。此皆学士所谓有道仁人也，犹然遭此灾，况以中材而涉乱世之末流乎？其遇害何可胜道哉？"又在篇末议论云："吾视郭解，状貌不及中人，言语不足采者。然天下无贤与不肖，知与不知，皆慕其声，言侠者皆引以为名。谚曰：'人貌荣名，岂有既乎！'於戏，惜哉！"（均见《史记》卷一百二十四《游侠列传》）《太史公自序》中概括本篇撰著义旨，更大力赞扬布衣之侠的高尚品德："救人于厄，振人不赡，仁者有乎；不既信，不倍言，义者有取焉。"司马迁在历史编纂上精心谋划，通篇灵活地运用或叙事或议论的手法，表达出他对封建统治下不合理社会现实的抗议和对民众苦难的深切同情！

《日者列传》和《滑稽列传》也别识心裁地运用巧妙的手法表现史家的平民眼光。[1] 日者，是指察日占候的占术者，也是占候卜筮望气者的统称。自战国至秦汉，占星卜筮望气之术盛行，至西汉，风气尤甚。此其时，长安城中以占卜算卦为业者大有人在，而《日者列传》却只记司马季主一人。尤为出人意表者，通篇并不记司马季主占卜之术，而集中记载他饱含哲理而又闪烁着批判锋芒的议论。

司马季主是楚之贤者，通《易经》和黄老之术，博闻远见，隐于长安卜肆之中。此篇以问答体的形式，由中大夫宋忠、博士贾谊的问话，引出司马季主的滔滔议论。宋忠、贾谊问司马季主"尊官厚禄，世之所高也，贤才处之"，而"卜筮者，世俗之所贱简也"，听您的言谈是一位贤者，却为何从事这种擅言灾祸、索人钱财的卑污职业呢？这样的问话引起司马季主捧腹大笑，他在答语中毫不客气地抨击当日官场虚伪谄媚、贪财谋利的恶浊风气："今公所谓贤者，皆可为羞矣。卑疵而前，孅趋而言；相引以势，相导以利；比周宾正，以求尊誉，以受公奉；事私利，枉主法，猎农民；以官为威，以法为

---

[1] 司马贞《集解》称《史记》原缺《日者》《龟策》二传，与《景帝本纪》等八篇同为褚少孙所补。又谓《日者》《龟策》言辞最鄙陋，非太史公之本意也。按，《史通》卷六《叙事》云："人之著述，虽同出一手，其间则有善恶不均，精粗非类。"举出《五帝本纪》《三王世家》《日者》等篇为证。刘知幾谓《日者》文词粗疏并不公允，但他认为同为司马迁所作。今证明此两传为司马迁原作，可以举出多项证据。两传褚少孙所补文字，均写有"褚先生曰"，恰恰证明传文为原作。又，褚补云："夫司马季主者，楚贤大夫，游学长安，通《易经》，求黄帝、老子，博闻远见。观其对二大夫贵人之谈言，称引古明人圣人道，固非浅闻小数之能。"说明司马季主确有其人，宋忠、贾谊游观长安卜肆确有此事。尤其是，两传行文及思想多处可与《史记》其他篇章互证。如，《封禅书》卷首曰："自古受命帝王，曷尝不封禅？"《日者传》起论云："自古受命而王，王者之兴，何尝不以卜筮决于天命哉？"《龟策传》起句云："自古圣王，将建国受命，兴动事业，何尝不宝卜筮以助善！"三篇起论的用语和风格甚为契合，更为后两篇为司马迁原作提供确证。（参见张大可：《史记研究》）

机，求利逆暴，譬无异于操白刃劫人者也。"由此造成"盗贼发不能禁""奸邪起不能塞"，"使君子退而不显众"的种种严重社会痼疾。反观以占卜为业的人，遵循"法天地，象四时，顺于仁义"的规矩，"然后言天地之利害，事之成败"，所行合乎礼义，"言而鬼神或以飨，忠臣以事其上，孝子以养其亲，慈父以畜其子，此有德者也"。占卜者于民众之利甚大，所获的酬谢却甚少。"以义置数十百钱，病者或以愈，且死或以生，患或以免，事或以成，嫁子娶妇或以养生，此之为德，岂直数十百钱哉！"司马季主反问宋忠、贾谊二人：那么当官者和占卜者相比，究竟何为高尚？何为卑污呢？

司马季主一番辩驳，使两人如同当头浇了一盆冷水："忽而自失，芒乎无色，怅然噤口不能言。于是摄衣而起，再拜而辞。行洋洋也，出门仅能自上车，伏轼低头，卒不能出气。"整篇传布局巧妙，将透彻的说理、犀利的辩驳，与起伏跌宕的故事情节糅合在一起，既出人意料之外，却又尽在情理之中。宋忠、贾谊二人见识肤浅与司马季主的卓识睿智形成了鲜明对比，二人起始的潇洒自若与结尾的无言对答是又一层对比，运用这两层对比更凸显出司马季主这位平民人物对社会现实的深刻观察和智者风度。难怪这篇思想性、艺术性高度统一的成功之作一再被后代文章家揣摩效法。清代学者梁玉绳云："其文汪洋恣肆，颇可爱诵。黄震《古今纪要》二言吕东莱谓欧公（欧阳修）每制文，必先取《日者传》读数过。"（《史记志疑》卷三十五《日者列传》）

《滑稽列传》一篇，从历史编纂的角度考察同样别具一格。此篇记载三位谈话诙谐的人物，一是齐之淳于髡，是个赘婿；二是楚之优孟，是个乐人；三是秦之优旃，是个演戏的侏儒。西汉之世，优伶人物社会地位最为低下，赘婿甚至受到法律歧视，同样处于社会最底层。司马迁却肯定他们的历史作用，他在篇前一段议论立意至为高远，指出：言谈诙谐的人物有时能起到类似于《六经》那样重要的政治作用，在统治者面前，用机智含蓄的语言说中至理，让其有所省悟，起到大臣的严肃谏议所起不到的作用。其论云："天道恢恢，岂不大哉！谈言微中，亦可以解纷。"惟其司马迁以独特的平民视角观察历史，才能得出这样卓异的见解，由此也更加证明其胸怀的博大和其史学体系蕴涵之宏广！他又在篇末论赞中大力肯定这些滑稽人物具有高尚的品格和杰出的作用："淳于髡仰天大笑，齐威王横行。优孟摇头而歌，负薪者以封。优旃临槛疾呼，陛楯得以半更。岂不亦伟哉！"

篇中记载的人物，时间跨度一百多年，选材极具匠心，记载的故事十分典型。如记齐威王奢靡淫乐，好长夜之饮。一次，置酒后宫，召淳于髡，赐之酒。问他"先生能饮几何而醉？"淳于髡回答：我饮一斗亦醉，饮一石亦醉。齐威王问其缘故。淳于髡回答：如果场面拘束，行酒令的官员把我夹在中间，我饮一斗就醉了。环境越放纵，我就越饮得多。"日暮酒阑，合尊促坐，男女同席，履舄交错，杯盘狼藉，堂上烛灭，主人留髡而送客，罗襦襟解，微闻芗泽，当此之时，髡心最欢，能饮一石。故曰酒极则乱，乐极则悲；万事尽然。"言不可极，极之而衰。笑谈中讲出重要的道理，使齐威王听而醒悟。

优孟谈笑讽谏的是楚庄王。楚庄王格外宠爱马，让马披上锦缎衣，拴在雕梁画栋的房内，喂它枣脯一类美食。结果马肥得过度而死，庄王令群臣举丧，欲用大夫等级的棺椁礼葬。众大臣反对，庄王大怒，传言："有敢以马谏者，罪至死！"优孟听说这情形，进入殿门，仰天大哭，庄王感到吃惊，问他何故，他说："马者王之所爱也，以楚国堂堂之大，何求不得，而以大夫礼葬之，薄，请以人君礼葬之。"庄王问他用何规格，回答说："臣请以雕玉为棺，文梓为椁，楩枫豫章为题凑，发甲卒为穿圹，老弱负土，齐赵陪位于前，韩魏翼卫其后，庙食太牢，奉以万户之邑。诸侯闻之，皆知大王贱人而贵马也。"优孟以谈笑的方式辛辣地讽刺庄王"贱人而贵马"，这正打中庄王的要害，使他在昏昏然中有所醒悟，说："寡人之过一至此乎！"再问优孟该如何处理？优孟说：就按照普通牲畜办，用大灶大鼎做它的棺椁，放上各种佐料，大火炖熟了让大家吃，葬到人的肠胃之中。于是庄王下令立即把马送到大厨房，"无令天下久闻也"。

秦优旃身材矮小，却善于谈笑，诙谐的语言中常蕴含着深刻的道理。他用笑话谏止秦始皇要将整个关中变成苑囿猎场的荒唐想法："始皇尝议欲大苑囿,东至函谷关,西至雍、陈仓。优旃曰:'善。多纵禽兽于其中,寇从东方来,令麋鹿触之足矣。'始皇以故辍止。"(均见《史记》卷一百二十六《滑稽列传》)司马迁的记述让人在阅读这些滑稽故事后不能不掩卷沉思,因而收到一箭双雕之效,既刻画了这些处于社会最底层的人物具有过人的智慧,敢于用诙谐的方式对昏君荒主进谏,又揭露了这些昏暴的统治者的极度奢靡荒淫。正因为司马迁以鲜明的平民视角观察历史、记载历史,因而大大增强了《史记》内容的深刻性和生动性。

四、赞"布衣匹夫之人,取与以时而息财富"

《史记》卷一百二十九为《货殖列传》,司马迁以此作为"七十列传"的压轴之篇。货者财货,殖者增殖,《货殖列传》就是记载商人、手工业者活动的类传。创立记载这一社会群体活动的专篇,在历史编纂学史上明显地具有非同寻常的意义。简要言之,有以下三项:

——论述从事经济活动、发展生产是人类生存的基础和社会前进的动力,并且注重从社会经济生活中寻找历史的发展线索。

重视考察客观历史和关注民众生存状况的观点,使司马迁认识到:人们要求满足衣、食、住、行等各项物质需要的欲望是天生合理的,由此推动社会的前进。因此《货殖列传》开篇即说:"夫神农以前,吾不知已。至若《诗》《书》所述虞、夏以来,耳目欲极声色之好,口欲穷刍豢之味,身安逸乐,而心夸矜势能之荣。使俗之渐民久矣,虽户说以眇论,终不能化。"他所强调的"俗",就是人类生活长期形成的希望不断满足物质要求的状况。而老子所鼓吹的"小国寡民"政治理想,则完全违背这种长期形成的客观现实,违背民众的天生智能,"涂民耳目",是根本行不通的。司马迁进而认识到,各地区不同的物产和人们的不同需要，推动了社会分工和交换的形成。这些丰富而多样的物产，"皆中国人民所喜好，谣俗被服饮食奉生送死之具也。故待农而食之，虞而出之，工而成之，商而通之。此宁有政教发征期会哉？人各任其能，竭其力，以得所欲。故物贱之征贵，贵之征贱，各劝其业，乐其事，若水之趋下，日夜无休时，不召而自来，不求而民出之。岂非道之所符，而自然之验邪？"人类从受神意史观支配，到认识人们的衣、食、住、行才是社会发展的真正基础，经历了极其漫长的过程，而司马迁作为两千年前的历史学家却已经这样精辟地论述经济生活具有自己的法则，从中寻找历史发展的线索，这是十分了不起的。

——摆脱轻视工商业活动的传统观念和世俗眼光，为成功的工商业者立传，明确主张鼓励人们自由获得财富。

先秦儒家贱视生产活动，而与司马迁同时代的"一代儒宗"董仲舒宣扬"正其谊不谋其利，明其道不计其功"（《汉书》卷五十六《董仲舒传》），作为治理国家和立身行事的根本准则。视工商为末业，是封建时代根深蒂固的观念，西汉时期商人在法律上受到歧视，高祖时甚至"令贾人不得衣丝乘车，重租税以困辱之"，以后法令虽有松弛，但仍规定"市井之子孙亦不得仕宦为吏"。（《史记》卷三十《平准书》）司马迁却从平民意识出发，形成一套超越传统观念和世俗眼光的独特价值观，他总结说：农、工、商、虞四者，"民所衣食之原也。原大则饶，原小则鲜。上则富国，下则富家。"正因为生产活动是社会运行和国家富强的基础，所以他勇于为成功的工商业者立传，《太史公自序》明确地概括《货殖列传》的撰著义旨是："布衣匹夫之人，不害于政，不妨百姓，取与以时而息财富，智者有采焉。作《货殖列传》。"赞扬工商业者合法获利，很有智慧，有益于社会，应当受到人们的尊重。他在篇中高声宣布："天下熙熙，皆为利来，天下攘攘，皆为利往。夫千乘之王，万家之侯，百室之君，尚犹患贫，而况匹夫编户之民乎！"在他的笔下，展现了一幅社会各阶层尽心竭力追求财富的生动图画。

司马迁还在篇中以赞扬的笔调具体记载前代（春秋战国）和当代（秦汉）

成功致富的著名工商业者，如范蠡、计然、子赣、白圭、猗顿、乌氏倮、巴寡妇清，以及蜀卓氏、程郑、宛孔氏、曹邴氏、齐刀闲、宣曲任氏、桥姚、无盐氏等，足见其对工商业活动之重视，史料采录之广，表彰的货殖人物之众！

——重视货殖和民众经济生活，使司马迁具有广阔的视野，篇中以宏大的气魄记载了全国各地区的物产、民情、风俗，记载各阶层致富所从事的行业，总结了工商业者成功致富的经营理念和方法，因而使本篇在经济史、社会史、风俗史上均具有珍贵的开创性价值。

司马迁按照自然条件、物产类型和民众习俗，划分全国为山西、山东、江南、龙门碣石以北四个大区。由于他多次在全国壮游、奉使和随汉武帝出巡，亲自作调查访问，对于广阔国土上自然形成的经济区域的特点和民情风俗有深入的了解，出于他对民生状况的重视，他在篇中对此一一作了记述。他划分的经济区域有十一个，即：关中、巴蜀、陇西、三河、代北、燕、齐鲁、梁宋、东楚、西楚、南楚，又记载长安、邯郸、洛阳、临淄、陶、睢阳、吴、番禺、南阳为全国九大经济都会，对于各经济区域的地理特点，生产、交通、贸易状况，人民生计和民风习俗如数家珍。如记述巴蜀："巴蜀亦沃野，地饶卮、姜、丹沙、石、铜、铁、竹、木之器。南御滇僰，僰僮。西近邛笮，笮马、旄牛。然四塞，栈道千里，无所不通，唯褒斜绾毂其口，以所多易所鲜。天水、陇西、北地、上郡与关中同俗，然西有羌中之利，北有戎翟之畜，畜牧为天下饶。然地亦穷险，唯京师要其道。故关中之地，于天下三分之一，而人众不过什三；然量其富，什居其六。"像这一类博采各种资料和得自史家本人亲自调查的记载都成为后世人文社会科学领域各专业学者经常引用的权威论述。

司马迁在篇中还记载大工商业者经营致富的理念和增殖财富的方法，如预见行情变化，抓住有利时机，选择适当地点以利用当地物产，资金周转要快，利润率不可太高，经营多数人需要的热门商品等。如称计然致富的观念："旱则资舟，水则资车"，"积著之理，务完物，无息币，以物相贸，易腐败而食之货勿留，无敢居贵。论其有余不足，则知贵贱。贵上极则反贱，贱下极则反贵。贵出如粪土，贱取如珠玉。财币欲其行如流水。"写范蠡致富的方法："朱公（范蠡离开越国至陶经商改称陶朱公）以为陶天下之中，诸侯四通，货物所交易也。乃治产积居，与时逐而不责于人。故善治生者，能择人而任时。"司马迁还通晓各个地区农牧工商生产经营部门，举出的有：牧马、牛、羊、猪、养鱼、林业、果树、城郊种田、种植卮茜、姜、韭，运输，织帛絮细布，采矿，制皮革、木器、铜器、造船、造车，造酒，做酱，屠宰，卖薪藁等，指出从事这些经营都可以"用贫求富"，"利于国家"。这一详载春秋战国至秦汉时期工商业者活动和全国经济状况的名篇，便与《平准书》一同成为中国经济史的开创性著作。

总之，《货殖列传》充分体现出司马迁在历史编纂上的卓识，他突破了贱视工商业者的世俗偏见，用充足的篇幅记载身居社会底层而能经营致富的"布衣匹夫之人"。而更为重要的是，重视平民人物历史作用的独特眼光和进步史识，使他观察历史的广度和深度令人赞叹，概述了全中国范围内不同地区的经济特点和民生状况，论述了各地生产经营致富的众多部门和有效的致富手段，并且从哲理高度论述经济生产活动是社会前进的基础，探求经济发展内在的法则性。司马迁将本篇置于七十列传之末无疑意味着：历史的发展是奠定在平民大众每日每时无休止的生产经营活动之上的。因此，本篇不但与《平准书》一同成为中国经济史的开创性著作，而且它所揭示的经济生产推动社会前进的深刻哲理具有超前的价值。至晚清以后，由于逐渐接受了西方近代经济观念，遂使一些感觉敏锐的中国学者从《货殖列传》中发现了新的价值。如陈玉树因重读《货殖列传》而慨叹历代当政者"视农工商微贱特甚"陈腐观念之误国，认识到司马迁重视经济生产，乃深知"为国之体要"（《后乐堂文钞续编》卷三《史记货殖列传书后》）。梁启超在初步接受西方近代经济学说之后，更称赞说："西人言富国学者，以农矿工商为四门。……四者相需，缺一不可，与《史记》之言，若合符节。"（《史记货殖列传今义》，《饮冰室合集》文集之二）

更加引人注目的是，当历史进入改革开放的新时期，有更多学者从司马迁的富民思想中获得深刻的启示，发表文章论述其思想价值和现实意义。人们重新发现篇中的论述蕴含有切合于时代需要的价值观念和深刻哲理，能从中获得破除思想禁锢，鼓励自由致富、合法求富的动力。有的学者认为，司马迁"以锐利的眼光观察历史和社会，看出了人们的经济地位的重要，看出了富的重要"，"津津乐道地介绍了一批致力于富民富国的政治家和许多从平民百姓中冒尖出来的生财有道、发家致富的人物"。"想想从前曾经存在过的那种以穷为荣，耻于说富、讳以说富的变态的社会心理"，再来思索司马迁所讲的道理，确实觉得"耐人寻味，启人思索"。（陈泊微：《读〈史记·货殖列传〉》，《人民日报》1984年12月10日）司马迁撰写的出色篇章，在两千年后能产生如此强烈的反响，恰恰有力地证明了其经济思想的进步性和以平民视角著史的超前性意义。

第十讲

记载人物与展现民族智慧

司马迁写人物，极其重视记载人在复杂的环境中如何审时度势，作出正确决策，因而取得成功。故而，他精心撰写的七十列传，堪称展现了中华民族发皇壮大时期智慧发展的轨迹。人类的智慧和理性，是长期的与荒诞杜撰之说和落后迷信意识相斗争而发展的。司马迁生活的时代，一方面是汉朝文治武功成就显著，社会状况蓬勃向上，另一方面，却是鬼神迷信、灾异吉凶之说盛行。那么，是相信人类的努力终于战胜了种种阻碍、推动了社会前进，以此来观察历史呢？还是相信巫师术士编造的种种谎言来解释历史？这对司马迁无疑是巨大的考验。司马迁恰恰是在根本观点上重视人的作用，在解释历史进程的动因时一贯强调人的智慧、作为，推动了社会前进。因此，司马迁为后人提供的不仅是一部中华民族的信史，而且是一部展现我们的先人如何运用智慧解决各种复杂难题、推动社会向前发展的历史，其中包括历代睿智之士对复杂情况的透彻分析、过人的远见谋略、果断的决定、坚毅的努力等。《史记》刻画人物形象的又一重要成就是，在记述人物作为的同时，又让我们从中获得极其宝贵的智慧启示。展读其中许多出色篇章，无不发人深思，益人神智。

一、春秋战国时期的智者

春秋战国时期的智者，我们可以举出晏婴和蔺相如两位典型。

《管晏列传》是司马迁为春秋齐国名相管仲和晏婴撰写的合传。管仲辅佐的齐桓公是大有作为的政治家，管仲为他谋划了一整套改革内政的方针，因而助桓公而成霸业。晏婴是历仕齐灵公、庄公、景公三朝的名相，其时齐国颓势已成，国内连续出现危机局面。司马迁首先称誉晏婴操守的廉正和善于应对混乱政局的智慧："事齐灵公、庄公、景公，以节俭力行重于齐。既相齐，食不重肉，妾不衣帛。其在朝，君语及之，即危言；语不及之，即危行。国有道，即顺命；无道，即衡命。以此三世显名于诸侯。"其次，赞扬晏婴有荐举人才的眼光和襟怀。越石父是贤人，却因事被囚禁，晏婴先是解下自己乘的左骖为他赎罪，而后又延请他为家中上客。晏婴善于从细微处观察人的变化。他仔细观察出每日为他驾车的御者待人接物的态度前后有很大变化，原先这位御者为一国之相驾着驷马大车，意气洋洋，十分自得，而后来却常常表现出谦抑的样子。晏婴很觉奇怪，就问御者为什么前后有这么大的变化？御者回答说，是他的妻子从门缝里偷偷观察他，见他为相国驾车，神气得不得了，回到家里，妻子提出要离开他，说："晏子长不满六尺，身相齐国，名显诸侯。今者妾观其出，志念深矣，常有以自下者。今子长八尺，乃为人仆御，然子之意自以为足，妾是以求去也。"（《史记》卷六十二《管晏列传》）晏婴感到御者能听取意见立即改正缺点，努力提高自己的修养，以后定能有所作为，就举荐他为齐国大夫。

在《齐太公世家》中，还记载有晏婴身为大臣，秉持利国利民的原则，在国君面前正直地谏议、正直地行事的事迹，足以与晏婴本传中的记述相映衬。齐灵公二十七年（前555），晋伐齐，齐师败，灵公走入临淄。"晏婴止灵公，灵公弗从。曰：'君亦无勇矣！'晋兵遂围临淄。临淄城守不敢出，晋焚郭中而去。"庄公六年（前548），发生崔杼弑庄公的事件。崔杼之妻（原为棠公妻，棠公死后，崔杼娶之）貌美，庄公与之私通。五月乙亥（十七日），庄公借口探问生病的崔杼，到崔家以后却被崔氏之徒属关上大门。崔氏徒属从里面杀出，庄公逃走不得，登上高台请求和解，不许；请盟，不许；请自杀于宗庙，不许。庄公狼狈地爬到墙上，被箭射中，坠下来被崔氏之徒属杀死。晏婴闻讯，赶到崔家门外。面对如此复杂混乱的局面，晏婴作为大臣，首先严肃地表示，不能为这位因私人的不光彩行为而丧命的国君担负责任，他在大门外高声宣布："君为社稷死则死之，为社稷亡则亡之。若为己死己亡，非其私昵，谁敢任之！"而因崔杼干的是弑君之事，他要在道义上表示对其谴责，向庄公致哀，在现场尽到大臣的礼数。"门开而入，枕公尸而哭，三踊而出。人谓崔杼：'必杀之。'崔杼曰：'民之望也，舍之得民。'"其后齐景公好建造华丽的宫室，大养狗马，对民众征收重赋，施以严酷刑罚，民众怨声载道。景公三十二年（前516），彗星出现，齐国君臣惊惶不安。晏婴却借此机会，冷静而机智地向景公进谏。《齐太公世家》详载了晏婴正直锋利的言辞：

> 彗星见。景公坐柏寝，叹曰："堂堂！谁有此乎？"群臣皆泣，晏子笑，公怒。晏子曰："臣笑群臣谀甚。"景公曰："彗星出东北，当齐分野，寡人以为忧。"晏子曰："君高台深池，赋敛如弗得，刑罚恐弗胜，茀星将出，彗星何惧乎？"公曰："可禳否？"晏子曰："使神可祝而来，亦可禳而去也。百姓苦怨以万数，而君令一人禳之，安能胜众口乎？"（《史记》卷三十二《齐太公世家》）

晏婴任齐国之相，历任三朝，立身行事处处奉行忠于国家社稷的原则，面临复杂危难的局面而始终不失大臣的风范，又能救人于困厄，荐人于寒贱，司马迁对其政治智慧和人生智慧敬佩之至，说如晏婴在世，甚至愿意为他执鞭赶车。篇末赞语云："方晏子伏庄公尸哭之，成礼然后去，岂所谓'见义不为无勇'者邪？至其谏说，犯君之颜，此所谓'进思尽忠，退思补过'者哉！假令晏子而在，余虽为之执鞭，所忻慕焉。"（《史记》卷六十二《管晏列传·赞》）

蔺相如是司马迁所大力表彰的具有大智大勇的人物，他的高度智慧主要表现在外交斗争上，作为赵国使者，在秦强赵弱的情况下，他一再挫败了秦国强横的气焰，以自己超乎寻常的机智和勇敢，维护了赵国的尊严。

为了表现蔺相如折冲樽俎的智慧，司马迁在蔺相如传的开头，巧妙地作了铺垫。其时，秦昭王恃秦国强大，向赵惠文王送交一封表面平和，而实则包含威胁和欺诈阴谋的信,说秦愿拿十五城交换赵国刚刚得到的宝玉"和氏璧",使赵惠文王一时找不到对策,也找不到能够担当出使重任的合适人选。这时,宦者令缪贤举荐其家臣蔺相如,他以本人的亲身经历证明相如的才干。缪贤曾因有罪,想逃往燕国,他的想法是,燕王在与赵王会见时,曾私握其手,说,"愿结交",逃去燕国准能受到接纳。蔺相如却向他分析说:"夫赵强而燕弱,而君幸于赵王,故燕王欲结于君,今君乃亡赵走燕,燕畏赵,其势必不敢留君,而束君归赵矣。君不如肉袒伏斧质请罪,则幸得脱矣。"缪贤听从其计,果然得到赵王赦免,由此证明"其人勇士,有智谋,宜可使"。当赵王召见蔺相如,问秦王称愿以十五城交换和氏璧、应该如何应对时,相如即明确地讲了两层意思:一层是,"秦强而赵弱,不可不许"。又一层是,"秦以城求璧而赵不许,曲在赵;赵予璧而秦不予赵城,曲在秦。均之二策,宁许以负秦曲。"并自告奋勇愿担当出使重任,说:"臣愿奉璧往使。城入赵而璧留秦;城不入,臣请完璧归赵。"

相如奉璧入秦,他是如何在秦国群臣虎视眈眈的情况下,摧折秦昭王强横霸道的气焰的?又是如何用巧计"完璧归赵"的?司马迁绘声绘色,对此作了生动的记述。秦昭王在章台宫接见他,接过和氏璧,秦王心花怒放,"传以示美人及左右,左右皆呼万岁"。蔺相如见此情景,心想,果然不出所料,秦王信中所言偿赵十五城完全是个骗局,毫无真心实意。于是假称璧上有个小斑点让我指给秦王看,要回了和氏璧。这时,蔺相如手握璧,倒退几步,靠着宫中大柱站着,怒发冲冠,对秦昭王一阵厉声斥责:"大王欲得璧,使人发书至赵王,赵王悉召群臣议,皆曰:'秦贪,负其强,以空言求璧,偿城恐不可得。'议不欲予秦璧。臣以为布衣之交尚不相欺,况大国乎!且以一璧之故逆强秦之欢,不可。于是赵王乃斋戒五日,使臣奉璧,拜送书于庭。何者?严大国之威以修敬也。今臣至,大王见臣列观,礼节甚倨,得璧,传之美人,以戏弄臣。臣观大王无意偿赵王城邑,故臣复取璧。大王必欲急臣,臣头今与璧俱碎于柱矣!"蔺相如的无畏气势震慑全场,他怒责秦昭王的锋利言辞更令其理屈词穷!相如当机立断,提出赵王送璧时,斋戒五日,今秦王亦宜斋戒五日，设九宾于廷，才敢献璧。秦王不好强夺，只好勉强答应。蔺相如却利用这间隙，派随从穿着粗布衣，怀揣着宝玉，从小路归璧于赵国。五日以后，再见秦王，相如以甘愿付出生命来维护赵国尊严的决心，首先责备秦自穆公以来二十余君，无一能坚守信用，因为怕白白受骗，已将和氏璧送回赵国了，并说："且秦强而赵弱，大王遣一介之使至赵，赵立奉璧来，今以秦之强而先割十五都予赵，赵岂敢留璧而得罪于大王乎？臣知欺大王之罪当诛，臣请就汤镬，唯大王与群臣孰计议之！"秦王见相如已用计完璧归赵，无奈只好设法圆场，说：杀了蔺相如也得不到和氏璧，反而绝了秦赵之欢，不如礼送他回去吧！赵王难道会因为一块璧欺骗秦国吗？

蔺相如以其大智大勇挫败了秦国贪婪强横的图谋，为赵国立了大功，"赵王以为贤大夫使不辱于诸侯，拜相如为上大夫"。

蔺相如又一次在外交上表现出大智大勇，是在第二年的"渑池会"上。酒宴上，秦王故意设法让赵国受辱，一共经过三个回合，一是秦王强令赵王鼓瑟，二是秦御史在史册上记载，秦王"令赵王鼓瑟"，三是秦国群臣高喊，"请以赵十五城为秦王寿"。蔺相如针锋相对，寸步不让，一一以相同的方式回敬。当蔺相如上前要求秦王击缶，秦王恼怒拒绝时，相如以甘愿一死强请："相如曰：'五步之内，相如请得以颈血溅大王矣！'左右欲刃相如，相如张目叱之，左右皆靡。于是秦王不怿，为一击缶。相如顾招赵御史书曰'某年月日，秦王为赵王击缶'。"整个会见结束，秦王始终无法凌驾于赵王之上。而赵国内廉颇将军率领军队严阵以待，秦国不敢轻举妄动。司马迁着力刻画的蔺相如智勇过人的气势，令后世读者感到回肠荡气、血脉偾张。明代学者凌稚隆即评价蔺相如在渑池会上的气势，具有夺走秦国君臣胆魄的力量，他说："相如渑池之会……一时勇敢之气，真足以褫秦之魄者，太史公每于此等处，更著精神。"（《史记评林》卷八十一）

司马迁将蔺相如与廉颇合写为一篇合传，因为两人同是赵国举足轻重的大臣，彼此的事迹又紧密相联。当年廉颇率兵大破齐军，立了大功拜为上卿时，蔺相如只是缪贤的家臣，无名之辈。因相如凭借智勇两次挫败强秦扬名诸侯，赵王先拜他为上大夫，渑池会后又拜为上卿，位在廉颇之右。廉颇因此十分不满，以为自己是赵国名将，有攻城野战之大功，而蔺相如徒以舌为劳，却位居其上，扬言要羞辱他。蔺相如听说后极度忍让，上朝时常常称病，不与廉颇争座次，路上远远望见廉将军车骑过来，自己立即引车避匿。相如的随从十分生气，纷纷向蔺相如抱怨，说：您与廉将军同为上卿，现今闻知廉将军有意羞辱，您就处处躲避，害怕得很，这样懦怯连普通人都感到羞耻，更何况处于卿相的高位？我们感到丢人，不愿再跟随您了！相如反问这些随从：你们看廉将军与秦王相比，谁更厉害？回答说：当然不如秦王厉害。相如这时才明白讲出心中的想法，他说："夫以秦王之威，而相如廷叱之，辱其群臣，相如虽驽，独畏廉将军哉？顾吾念之，强秦之所以不敢加兵于赵者，徒以吾两人在也。今两虎共斗，其势不俱生。吾所以为此者，以先国家之急而后私仇也。"（均见《史记》卷八十一《廉颇蔺相如列传》）廉颇闻知大受感动，肉袒负荆，让宾客领着亲自登门谢罪，说："鄙贱之人，不知将军宽之至此也。"两人重新和好，成为生死之交。蔺相如在外交场合，面对强横的秦王却无所畏惧，置个人生死于度外，用过人的智慧一再挫败强秦的图谋，捍卫了赵国的尊严，而在处理国内事务上却表现出高风亮节，"先国家之急，而后私仇"，以谦和、坦诚、包容的态度化解与廉颇将军的矛盾，使廉颇知错谢罪，最终将相同心为国出力！司马迁着力刻画的蔺相如大智大勇的形象历代传扬，被改编成的戏剧作品《完璧归赵》《渑池会》《将相和》，长期上演不衰。

二、汉初奇谋之士

楚汉之际是历史一大变局，也是在群雄角逐中展现汉初杰出人物智慧的空前历史大舞台。从高祖沛郡起兵、经过艰难转战进入关中，到楚汉双方长期相持，到高祖建立帝业、稳定统治基础，八年之间演出了无数生动跌宕的活剧，中华民族的智慧也在这一时期发出更加耀眼的光彩。楚汉之际精英人物的典型，就是高祖置酒雒阳南宫时所评论的"汉初三杰"张良、萧何、韩信。刘邦精到地概括了三人智谋和功绩的特点，张良是"运筹策帷帐之中，决胜于千里之外"；萧何是"镇国家，抚百姓，给馈饷，不绝粮道"；韩信是"连百万之军，战必胜，攻必取"。（《史记》卷八《高祖本纪》）这里重点讲张良。[1]

张良字子房，其祖父与父亲相继为韩国五世之相。张良少年和青年时期受到了多家学说教育、影响，曾受教于儒家的礼学，又深受道家思想影响，又曾研习兵家权谋著作，并且崇尚侠义精神。正由于他广泛地接受诸多学派的思想营养，因而成长为卓异的智谋之士，堪称是古代华夏民族杰出智慧的代表人物，尤其对于道家的"大直若讪"、以屈求伸，对兵家的知己知彼、出奇制胜以及儒家的经权之说、济世安民思想，体会、运用得最为精到。在反秦风暴掀起之时，张良即聚众投附刘邦，以后他便成为汉高祖最重要的谋士。不但张良本人最后功成身退之时自称"以三寸舌，为帝者师，位列侯"，而且后人也公认他是"帝师"的典型人物。司马迁为张良立传，明言其"所与上从容言天下事甚众"，而只是选择"天下所以存亡"者，载于史册之中。举其最要者约有六项。

一是，刘邦从沛郡起兵，沿途作战连败秦兵，又攻破险关、首先进入关中，多得张良正确的谋划。如，沛公从洛阳南下，得张良之助，接连攻下韩十余城。沛公又同张良一起，攻下豫西南重镇宛城，然后入武关。再西进，来到蓝田东南险要的峣关。沛公本欲派出两万兵硬攻。张良阻止他，劝他采用"智取"的办法。张良说，峣关邻近秦都咸阳，守关将士有战斗力。但我已打听到，守关的秦将是屠户之子，这种人最易受收买。张良用智取的办法，

---

[1] 本节将《留侯世家》《陈丞相世家》两篇结合列传的记载一起论述。因为此两篇系专记张良陈平事迹，其笔法与《淮阴侯列传》等无异，而与《齐太公世家》《晋世家》等篇主要记述诸侯国盛衰者明显不同。

一方面是布下疑兵，按五万大军的阵势在各个山头插上旗帜，使秦将感到恐惧，另一方面是派郦食其用重宝贿赂守关秦将。"智取"之计大获成功，不费一兵一卒夺得险关。怀王曾与各路反秦将领约，"先入关中者封汉王"，沛公用张良之计，首先攻入关中，占据秦都咸阳，因而掌握了政治上极其重要的主动权。张良又及时劝说沛公不在咸阳享乐，封府库。"沛公入秦宫，宫室帷帐狗马重宝妇女以千数，意欲留居之。樊哙谏沛公出舍，沛公不听。良曰：'夫秦为无道，故沛公得至此。夫为天下除残贼，宜缟素为资。今始入秦，即安其乐，此所谓"助桀为虐"。且"忠言逆耳利于行，毒药苦口利于病"，愿沛公听樊哙言。'沛公乃还军霸上。"

二是，鸿门宴上，因用张良计策，沛公得以从险境中脱身。张良又通过与项伯昔日的深交，请项伯劝说项羽，使项羽放弃消灭刘邦的打算。汉元年（前206），项羽大封诸侯，封刘邦为汉王，封地在巴、蜀。张良以刘邦赏赐给他的厚礼赠送项伯，项伯为汉王说情，项羽同意，刘邦乃得汉中为封地。刘邦就封，率领人马入汉中，听张良之计，烧绝所过栈道，"示天下无还心"，以麻痹项羽。遂使此后刘邦得以汉中为根据地，重整力量，还定三秦，然后东向与项羽争天下。

三是，楚汉双方在彭城激战，汉王大败。在此紧急情势下，汉王向张良求教说，愿将洛阳以东大片地方划给能干将领作为控制范围，以共同对付项羽强大的军事优势，扭转败局。希望张良提出计策。张良献计主张立即重用英布、彭越、韩信三人，可划给他们各自大片的作战活动地盘，让九江王英布占有楚地，因他与项羽有深刻的矛盾；彭越作战骁勇，让他占有梁地；"而汉王之将独韩信可属大事，当一面。即欲捐之，捐之此三人，则楚可破也。"沛公完全听从，"乃遣随何说九江王布，而使人连彭越。及魏王豹反，使韩信将兵击之，因举燕、代、齐、赵。"张良作出的这一战略规划对于导致刘胜项败的最后结局有决定性的意义，故司马迁评论说："然卒破楚者，此三人力也。"遂使项羽多面受敌，活动范围越来越缩小，陷于不可挽回的衰颓的趋势中。

四是，至汉三年（前203），刘、项在荥阳、城皋一带长期相持，汉王深深为此苦恼，急于寻找给项羽制造障碍的办法。郦食其提出应实行立六国贵族之后，分封为王，授予他们金印，他们就都会向风望义，拥戴沛公，那么项羽也会北向称臣。沛公表示赞成，让郦食其负责刻造金印，赶紧办理。正好张良来谒见沛公，沛公正在用餐，便问张良有何主意。张良当即分析利害，痛陈得失，滔滔雄辩讲出八项理由。他强调周武王实行分封之时，能"发巨桥之粟，散鹿台之钱，以赐贫穷"，而您汉王现今有此经济力量吗？目前项羽势力尚强，双方胜负未决，汉王能如西周初年那样"休马华山之阳，示以无所为"，"放牛桃林之阴，以示不复输积"吗？尤其是，如实行分封诸侯，就等于将数年来聚集在您汉王麾下的文武人才全部遣散："今复六国，立韩、魏、燕、赵、齐、楚之后，天下游士各归事其主，从其亲戚，反其故旧坟墓，陛下与谁取天下乎？"张良陈说的八项利害，使沛公猛然醒悟。"汉王辍食吐哺，骂曰：'竖儒，几败而公事！'令趣销印。"（均见《史记》卷五十五《留侯世家》）张良此番透彻的分析和坚决劝阻，避免了因分封六国贵族而出现的历史倒退，对刘邦最终战胜项羽和建立统一的西汉国家实在具有重要的作用。同时再一次证明张良善于总结历史经验，确有超乎常人的政治远见。

五是，促使刘邦在力量对比上超过项羽，并最终形成对楚军包围之势，也得力于张良的正确计策。汉四年，韩信大破齐军之后，派使者向刘邦要求封王。当时刘邦正处于困难形势，本想发怒拒绝。张良及时地劝说高祖，使他立即改变态度，答应封韩信为齐王，并派张良亲自送去印绶。到了这年秋天，楚汉相争已到最后阶段。刘邦追项羽，却兵败固陵。此时刘邦召彭越出兵合力进攻项羽，彭越却婉言拒绝，说："魏地初定，尚畏楚，未可去。"高祖征集各地诸侯军，竟无有响应者。高祖再度陷入苦恼，于是又向张良求计。张良一针见血地分析局势，提出关键在于对彭越、韩信两人必须明确划出分封给他们的地盘，应将原来魏豹的地界划给彭越，将陈以东的地盘划给韩信，两人的欲望得到满足了，他们便会立即出兵，合力对付项羽。高祖立即听从，派使者告知彭越睢阳以北大片地盘为其封地。"使者至，彭越乃悉引兵会垓下，遂破楚。"（《史记》卷九十《魏豹彭越列传》）张良以他高超谋略迅速征集来几十万大军，帮助高祖取得战胜项羽的最后胜利。

六是，向高祖献计，平息诸将军争功的不满。汉六年正月高祖大封功臣，先行分封二十余人，大多是跟随高祖在沛郡起兵的文武近臣，其余将领日夜争功不决，未得行封。高祖在雒阳南宫，望见宫外罕有的情景，诸将三五成堆坐在沙中议论不休。高祖问张良，他们讲得这么起劲，想干什么？张良回答：他们想谋反。因为，陛下出身平民，是靠着这些将领打下了天下。"今陛下为天子，而所封皆萧、曹故人所亲爱，而所诛者皆生平所仇怨。今军吏计功，以天下不足遍封，此属畏陛下不能尽封，恐又见疑平生过失及诛，故即相聚谋反耳。"高祖为此十分发愁，再次求教于张良，张良让高祖找"平生所憎，群臣所共知，谁最甚者"先封。高祖说最恨的是雍齿，但因他功多，不忍杀他。张良说："今急先封雍齿以示群臣，群臣见雍齿封，则人人自坚矣。"于是高祖摆酒宴，封雍齿为什邡侯，同时命令丞相、御史对诸将赶快定功行封。酒宴结束，诸将大喜，都说："雍齿尚为侯，我属无患矣。"张良又用他的智慧平息了一场将要爆发的风暴。这次分封行赏，高祖再次高声赞誉张良的过人智慧和卓著功勋，说："运筹策帷帐中，决胜千里外，子房功也。"（均见《史记》卷五十五《留侯世家》）让他自择齐三万户受封。张良却极其谦让，只要求封于留，留是沛郡东南的小县，因为张良跟从高祖起兵时在这里会合，于是封为留侯。

陈平在汉初与张良同为足智多谋、屡建奇功的杰出人物，当魏无知将他荐给汉王刘邦时，就称他为"奇谋之士"。他从小好读书，其兄勤于耕田，支持陈平外出游学，因而很有智谋，遇事每有奇妙计策。陈平早年在乡间有为乡亲分肉公平、受到父老称扬的著名故事："里中社，平为宰，分肉食甚均。父老曰：'善，陈孺子之为宰！'平曰：'嗟乎，使平得宰天下，亦如是肉矣！'"可见其志向之远大！项羽从江东起兵至中原，陈平曾归附他，但不受项羽重用，于是只身仗剑往修武投奔刘邦。渡河时，船夫见他长得高大白皙，猜他是逃亡将领，身上定有钱财，一直斜着眼盯陈平，想伺机害他。陈平见状不妙,"乃解衣裸而佐刺船,船人知其无有,乃止"。

投汉后,汉王赏识其才能,甚为信用,拜为护军中尉。刘项在荥阳长期相拒,楚军急攻,断绝汉军运粮通道,把汉军包围在荥阳城中。汉王感到形势危急,向陈平问计。陈平对汉王分析形势,说:项王手下正直有谋略的人物,只有亚父范增等数人。"大王诚能出捐数万斤金,行反间,间其君臣,以疑其心,项王为人意忌信谗,必内相诛。汉因举兵而攻之,破楚必矣。"于是汉王出资四万斤金,让陈平行反间计。陈平派人在楚军将领中散布说,范增等人自以功多,却未得封王,已与汉王暗中联合,要消灭项氏势力。项王果然产生疑心。"项王既疑之,使使至汉。汉王为太牢具,举进。见楚使。即佯惊曰:'吾以为亚父使,乃项王使!'复持去,更以恶草具进楚使。楚使归,具以报项王。项王果大疑亚父。"亚父出计让项羽紧急攻下荥阳城,项王因对他怀疑,不听从。亚父范增于是愤而离开项王,走到半路背发疽而死。项王从此失去最重要的谋士,军事行动更加陷入盲目,加速走向下坡路。陈平又用声东击西的计策让汉王脱离荥阳重围:"陈平乃夜出女子二千人荥阳城东门,楚因击之,陈平乃与汉王从城西门夜出去。"汉王得此机会回到关中收集军士,补充给养,重整旗鼓,再次出关,到荥阳、广武前线与楚军对抗,最后战胜项羽。

汉六年(前201),有人上书告发楚王韩信谋反。汉廷诸将主张发兵消灭他。高祖忧心忡忡,向陈平求教。陈平分析韩信兵强将勇,汉朝如采取军事行动,不仅无取胜把握,反而会出现危险局势。陈平向高祖献"伪游云梦"的计策,说:"古者天子巡狩,会诸侯。南方有云梦,陛下弟出伪游云梦,会诸侯于陈。陈,楚之西界,信闻天子以好出游,其势必无事而郊迎谒。谒,而陛下因禽之,此特一力士之事耳。"高祖依计而行,在韩信半道迎接时,事先布置好武士将他捆绑,"遂会诸侯于陈,尽定楚地。还至雒阳,赦信以为淮阴侯,而与功臣剖符定封"。次年,陈平以护军中尉随高祖北行至代,高祖为匈奴所围,七日不得食。"高帝用陈平奇计,使单于阏氏,围以得开。"高祖南回过曲逆城,见县城规模甚大,屋室宽敞,说:"壮哉县!吾行天下,独见洛阳与是耳。"因陈平功高，遂改封陈平为曲逆侯，"尽食之"。高祖临终托付国事，交代继萧何、曹参之后，由王陵、陈平任相国。至其后，诸吕用事，几成篡逆之势，幸得陈平与周勃定计，诛杀诸吕，迎立文帝，为保卫汉家政权立了大功，文帝拜陈平为丞相。司马迁总结陈平一生，在传末赞语中极力赞誉其屡出"奇计""智谋"，为高祖解救危难，为国家扶持大局："常出奇计，救纷纠之难，振国家之患。及吕后时，事多故矣，然平竟自脱，定宗庙，以荣名终，称贤相，岂不善始善终哉！非知谋孰能当此者乎？"（均见《史记》卷五十六《陈丞相世家》）

三、 兵家"出奇无穷"

记载军事上的攻守策略和胜败影响，是司马迁著史重要内容之一。兵家之奇计无穷，也是古代民族智慧的生动表现。春秋战国时期的司马穰苴、吴起、孙武、孙膑、乐毅、赵奢，秦则有白起、王翦、蒙恬等，司马迁对他们的谋略和战功，都有生动的记述，而汉初最为出色的军事家则是汉初三杰之一韩信。

韩信之拜为汉之大将，曾经历了一系列的戏剧性场面。他形象壮伟，又有谋略，当项羽的人马渡过淮河北上时，他投靠项羽，曾多次向项羽提供计策，但都不被采纳。汉王率领部众离开关中赴汉中就国，他离楚归汉，得了个管粮仓的小职位。又因犯法，要同其他十三人一起斩首，该轮到韩信了，他抬头一看，恰好汉王的亲随将领滕公路过，韩信急忙向他大喊："上不欲就天下乎？何为斩壮士！"滕公"奇其言，壮其貌"，就释放了他，一交谈，很佩服他的见识。于是立即向汉王推荐，任他为治粟都尉。韩信又多次与萧何接触，萧何认为他是个出色的人才。队伍长途跋涉，一直到了南郑，韩信心想，萧何是汉王的左膀右臂，他认为我是个将才，可是已过了这么多天了，估计萧何早该在汉王面前举荐过,却不见提拔我的动静,汉王不重用我,我不如另找出路!韩信跑了,萧何一听说,急得头上冒火,于是有了以下紧张、生动,成为韩信人生重要转折的戏剧性场面:

> 何闻信亡,不及以闻,自追之。人有言上曰:"丞相何亡。"上大怒,如失左右手。居一二日,何来谒上,上且怒且喜,骂何曰:"若亡,何也?"何曰:"臣不敢亡也,臣追亡者。"上曰:"若所追者谁何?"曰:"韩信也。"上复骂曰:"诸将亡者以十数,公无所追;追信,诈也。"何曰:"诸将易得耳。至如信者,国士无双。王必欲长王汉中,无所事信;必欲争天下,非信无所与计事者。顾王策安所决耳。"王曰:"吾亦欲东耳,安能郁郁久居此乎?"何曰:"王计必欲东,能用信,信即留;不能用,信终亡耳。"王曰:"吾为公以为将。"何曰:"虽为将,信必不留。"王曰:"以为大将。"何曰:"幸甚。"于是王欲召信拜之。何曰:"王素慢无礼,今拜大将如呼小儿耳,此乃信所以去也。王必欲拜之,择良日,斋戒,设坛场,具礼,乃可耳。"王许之。诸将皆喜,人人各自以为得大将。至拜大将,乃韩信也,一军皆惊。

萧何称韩信"国士无双",是他从关中到南郑历经崎岖山路长途行军,从多方面对韩信的观察、了解,而对其高度智慧、才能所作的极高评价!他如此郑重举荐,并且坚持一定要拜韩信为大将,一定要举行最为隆重的仪式,就是认定韩信将是帮助汉王争取天下举足轻重的人物!当年的"拜将台",历经两千年风云,至今故址犹存,场面广大,可容纳数万人,是所有到汉中参观、旅游的人必定要前往瞻仰的胜地,人们完全可以想象当年汉王拜韩信为大将的场面是如何空前隆重、热烈。

拜将完毕,汉王急切地向韩信询问取胜的计策,于是有了历史上影响刘项之争整个进程的著名的"汉中对"。韩信纵观时代风云,把握战争全局,对刘项双方的力量对比和策略得失作了极其透彻的分析,节节道出事情的本质,议论掷地有声。他首先向汉王指陈，项羽虽然在个人勇力和军事实力上占据优势，但他的政策措施存在致命的错误，因此"其强易弱"，从长远看是可以战胜的。"项羽喑恶叱咤，千人皆废，然不能任属贤将，此特匹夫之勇耳。"项王平常生活上关心下属，但到论功行赏、封爵授印的关头，却"忍不能予"，又任人唯亲，所以"诸侯不平"。而注定项羽最后必然失败的原因是，他实行残酷的杀戮政策，早已失去民心："项王所过无不残灭者，天下多怨，百姓不亲附，特劫于威强耳。名虽为霸，实失天下心，故曰其强易弱。今大王诚能反其道，任天下武勇，何所不诛！以天下城邑封功臣，何所不服！以义兵从思东归之士，何所不散！"其次，韩信为汉王提出在汉中积蓄力量之后，迅速还定三秦的战略设想。他说，项王东归彭城，封秦降将章邯、司马欣、董翳为王，企图利用他们堵死汉王的出路，但是此三人早已遭到关中人民唾弃，因为三人为"为秦将，将秦子弟数岁矣，所杀亡不可胜计，又欺其众降诸侯，至新安，项王诈坑秦降卒二十余万，唯独邯、欣、翳得脱，秦父兄怨此三人，痛入骨髓。今楚强以威王此三人，秦民莫爱也"。因此章邯等三人力量极虚弱，绝对无法抵挡汉王的进军。韩信最后所特别强调的是，汉王的方针恰好与项羽相反，除秦苛法，实行仁政，安抚百姓，深得民心，这是战胜项羽、夺得天下的根本保证。他说："大王之入武关，秋豪无所害，除秦苛法，与秦民约，法三章耳，秦民无不欲得大王王秦者。于诸侯之约，大王当王关中，关中民咸知之。大王失职入汉中，秦民无不恨者。今大王举而东，三秦可传檄而定也。"听了韩信此番高屋建瓴的议论和明确的战略规划，汉王极其赞赏，"自以为得信晚"，"遂听信计，部署诸将所击"。

韩信的这篇"汉中对"，充分说明他首先是一位有极高智慧的战略思想家，他能最大限度地掌握各个方面有用的信息，进行综合分析，能够认识事情发展的内在逻辑，因而提出精到的预见。韩信军事上的成功正是建立在其高度的智慧之上，因而能够做到如汉高祖所评价的，"连百万之军，战必胜，攻必取"。在楚汉战争中，他受汉王委派，独当一面，转战于山西、河北、山东一带，连续击败魏、代、赵、燕、齐等拥戴项王的割据势力，使黄河以北的广大地区归属于汉王号令之下,且在每次取得大胜之后,抽取精兵及时补充荥阳、成皋前线,支持汉王与项羽的正面对抗,因而为汉王在军事力量上取得对项羽的优势奠定了重要的基础。

善用奇兵,以少胜多,出其不意,攻其无备,是韩信连战皆捷的用兵之道。司马迁在《淮阴侯列传》中,以酣畅的笔墨记载了其破魏、破赵、破齐三次战役,都着力表现韩信指挥作战的这一特点。攻魏之役,对手是魏王豹。他陈列大军扼守蒲坂,企图将韩信军队堵截在黄河对岸临晋关。韩信布下疑兵,在临晋关征集许多渡船,做出要用船只强渡过河的样子。同时在下游夏阳河面上,偷偷地用大量木盆、木桶之类载士兵渡过黄河,奔袭魏之重镇安邑,令魏军将士措手不及。"魏王豹惊,引兵迎信,信遂虏豹,定魏为河东郡。"破赵井陉之战是更大的战役,汉军由韩信、张耳率领,从山西东南进发攻赵。其时,赵王歇、大将成安君陈馀聚兵井陉口,号称二十万众,要利用险要地形,与远道来袭、士卒疲惫的汉军正面作战。韩信率军仅有数万人,兵力处于劣势。他先打听到,赵王歇手下广武君李左车曾向陈馀提出用奇兵埋伏、断汉军粮道,使其前后受敌的计策,不被采纳。韩信闻知大喜,他利用陉道窄长、北有山峰、南有汦水的地形特点,布置了"奇兵拔帜,背水而阵,佯败诱敌,前后夹攻"的计策。此役分为三个步骤,环环相扣。第一步骤,韩信指挥汉军在远离井陉三十里之外即驻扎下来,至半夜,精选出两千骑兵,布置他们每人身带一面汉军赤帜,从小路登山,隐蔽起来监视赵军大营,命令他们:"赵见我走,必空壁逐我,若疾入赵壁,拔赵帜,立汉赤帜。"第二步骤,至拂晓时分,韩信让副将传令:"今日破赵会食!"以主将的坚强信心调动士卒的战斗情绪。可是将领们谁都不相信,赵军有二十万之众,哪能这样轻易取胜?韩信对身边军吏透露了他的意图,说,赵军已经占据有利地势扎建营盘,他们如果见不到汉军主将的旗鼓出动,肯定不会出击,一定要引诱他们从营盘里冲出来!于是,韩信派出一万士兵先行出动,在路旁选择一块地方背靠河岸摆开阵势,赵军远远望见,不禁大笑。第三步骤,到天大亮时,韩信、张耳率领主力,建旗击鼓,威风凛凛向井陉进发。赵军见汉军主将出动，急忙冲出营盘迎击，双方展开激烈战斗。韩信精心设计的一幕终于出现：

> 于是信、张耳佯弃鼓旗，走水上军。水上军开入之，复疾战。赵果空壁争汉鼓旗，逐韩信、张耳。韩信、张耳已入水上军，军皆殊死战，不可败。信所出奇兵二千骑，共候赵空壁逐利，则驰入赵壁，皆拔赵旗，立汉赤帜二千。赵军已不胜，不能得信等，欲还归壁，壁皆汉赤帜，而大惊，以为汉皆已得赵王将矣，兵遂乱，遁走，赵将虽斩之，不能禁也。于是汉兵夹击，大破虏赵军，斩成安君泜水上，擒赵王歇。

庆功会上，诸将向韩信请教：兵法上讲，作战布营要背靠山峰、前临水泽，可是您却恰好相反，命令我们背水而阵，并且传令"破赵会食"，当时我们并不信服，而结果取得大胜，请问这是什么战术？韩信回答说：兵法上还讲有"陷之死地而后生，置之亡地而后存"呀！况且这几万人马，并非我长期训练出来，而是短时间集合起来的，等于"驱市人而战之"，我如果不置之死地，使人人自为战，还能使全军奋勇杀敌、取得大胜吗？诸将听罢，无不叹服！

韩信破齐之役，又是另一番出敌不意的奇策。其时，汉王苦于在荥阳、成皋间与项王相持，情况艰难。他连夜驰至黄河北修武韩信军营中，当即命令张耳留守赵地，令韩信收集赵兵东击齐，使项王后方受敌。韩信远行千里，先击败齐历下军，遂至临淄。齐王田广退走高密，韩信追至高密西，此时项王派将军龙且救齐，士卒号称二十万。两军夹潍水而阵。望着滔滔北流的潍河水，韩信又定下破敌的妙计。他命令连夜在潍河上流用万余只沙袋垒成堤坝、堵住河水，而龙且、田广军对此毫不知觉。至次日，韩信"引军半渡，击龙且，佯不胜，还走。龙且果喜曰：'固知信怯也。'遂追信渡水。信使人决壅囊，水大至，龙且军大半不得渡，即急击，杀龙且。龙且水东军散走，齐王广亡去。信遂追北至城阳，皆虏楚卒。"（均见《史记》卷九十二《淮阴

侯列传》）

司马迁深谙兵家制胜的策略，用"出奇无穷"四字概括这些杰出军事家的智慧。他有一段极精彩的议论："兵以正合，以奇胜。善之者，出奇无穷。奇正还相生，如环之无端。"（《史记》卷八十二《田单列传·赞》）对于军事辩证法讲得很透彻。此恰如熟悉兵法的魏武帝曹操所言："先出合战为正，后出为奇也。"正面抵抗敌人为正，乘敌不备奇兵突袭为奇。兵不厌诈，高明的指挥家审时度势、因地制宜，灵活变化其战略策略，采取布置疑兵、乘敌不备、声东击西、聚而歼之等战术，因而能以少胜多，克敌制胜。正与奇互相配合、互相转化、交相运用，使前敌不可测量，如循环中不知边际。司马迁又引用《孙子·九地篇》所言："始如处女，适（同"敌"）人开户；后如脱兔，适不及拒。"（《史记》卷八十二《田单列传·赞》）用兵之始要示敌以弱，犹如处女之娴静柔弱，使敌人麻痹，存轻视之心，让其敞开门户，放松戒备，然后抓住战机，像脱网之兔那样狂奔急驰，突袭敌人，使猝不及防。司马迁生动记载韩信指挥的三次战役，都深得兵家取胜的要诀。尤其是井陉破赵之役，更成为历史上著名的以少胜多的战例，韩信先行派出万人背水而阵，让赵军误认为其部署不当而加以藐视，又佯败丢弃主将旗鼓再度示弱，然后乘赵军倾营出动争夺旗鼓、阵势混乱之机合力攻击，又出奇拔赵营旗帜改插汉帜，前后夹攻，仅用一个早晨的工夫，尽破赵二十万精锐之师，令人信服地凸显韩信非凡的胆识和用兵智慧！清代学者方苞亦有见于此，他评价说："太史公于汉兴诸将，皆列数其战功而不及其方略，以区区者不足言也；惟于信详哉其言之。盖信之战，刘项之兴亡系焉，且其兵谋足为后世法也。"（《望溪先生文集》卷二《书淮阴侯列传后》）

韩信最后因谋反被吕后、萧何用计擒杀，夷三族。司马迁对韩信一生的功过作了全面而中肯的评价。他高度称誉韩信杰出的军事才能和他为奠定刘项之争胜败局面所立下的大功，在《太史公自序》中特意揭示出《淮阴侯列传》的撰述义旨是记述和表彰韩信的功绩，云："楚人迫我京索，而信拔魏赵，定燕齐，使汉三分天下有其二，以灭项籍。"（《史记》卷一百三十《太史公自序》）同时严肃地批评韩信身为汉朝大将，却不重视提高道德修养、谦虚让人，相反地居功自傲，不明时代潮流的趋向，在汉朝建立、国家统一局面已成的情势下以谋反来对抗，酿成悲剧结局，并对此深为感叹，说："假令韩信学道谦让，不伐己功，不矜其能，则庶几哉，于汉家勋可以比周、召、太公之徒，后世血食矣。不务出此，而天下已集，乃谋畔逆，夷灭宗族，不亦宜乎！"（《史记》卷九十二《淮阴侯列传》）将司马迁的两段议论综合起来，确是知人论世的定评。

四、 表彰从困厄中奋起的人物

人类历史的进程充满艰难曲折，个人的生活道路同样要经历许多坎坷甚至苦难。司马迁作为一位思想深沉的历史学家，胸中装着民族几千年的曲折历史进程和无数人物的奋斗经历，尤其是结合他本人遭受腐刑，在极度屈辱和悲愤中忍辱负重以求进取的经历，他对人生的磨难和奋斗有着更深的体会。他在《史记》篇章中一再抒发他胸中的愤懑与感慨，如说：历史上像虞舜、伊尹、傅说、吕尚等圣贤人物尚且遭受厄难，而"况以中材而涉乱世之末流乎？其遇害何可胜道哉？"（《史记》卷一百二十四《游侠列传》）同时又一再表示，像"西伯拘而演《周易》，仲尼厄而作《春秋》；屈原放逐，乃赋《离骚》；左丘失明，厥有《国语》"，这些遭受困厄，"不得通其道"，却能发愤自雄，干出一番事业的"倜傥非常之人"，是多么值得敬佩！（《汉书》卷六十二《司马迁传》）因此，司马迁撰著的人物传记的又一个重要特点，是大力表彰从困厄中奋起的人物，记载他们如何以非凡的智慧毅力，在伤痕累累、痛不欲生中重新站立起来，做出令人赞叹的业绩，实现了自己的人生价值！

《范雎蔡泽列传》即为其中具有典型意义的成功篇章，两人都屡遭困厄，而发愤自励，最后在秦国取得相位，在秦统一事业中发挥了重要作用。范雎魏人，有口辩之才，游说诸侯，家贫无以自资，先事魏中大夫须贾为门客。须贾为魏昭王使齐，范雎跟从，居留数月。齐襄王闻范雎有辩才，赐他十斤金及牛酒，范雎辞不敢受。须贾闻之大怒，以为范雎私通齐国，回魏后向魏相魏齐报告。遂惨遭魏齐凶残对待，几乎致死，"魏齐大怒，使舍人笞击雎，折胁折齿。雎详（佯）死，即卷以箦，置厕中。宾客饮者醉，更溺雎，故僇辱以惩后，令无妄言者。"范雎从裹尸的苇席中，恳求看守的吏卒救他，吏卒带着苇席将他扔到外面。魏人郑安平早知范雎是贤才，救出了他，范雎藏匿起来，改名换姓，称为张禄。此时，秦昭王使者王稽正出使于魏，郑安平改扮为吏卒求见，说："里中有张禄先生，欲见君，言天下事。其人有仇，不敢昼见。"于是安排连夜见王稽，经一交谈，王稽知范雎很有见识，便设法偷偷载入秦国。进入秦境，便遇到秦相国穰侯东行县邑的车骑，范雎早已闻知穰侯把持国政，一向防范山东列国人士入秦，于是藏到车内，不让穰侯发现。穰侯精明过人，行了十余里又派从骑回来搜索，此时范雎早有防备先下车走远，躲过一关，遂跟随王稽到了咸阳。

当时，秦昭王在位已有三十六年，先后败楚、攻齐、困三晋，连续对诸侯各国取胜，甚为自得，厌天下辩士，不相信他们的话，范雎虽有王稽荐举，昭王不信，以粗恶食物待之，岁余不得见。但范雎看准了秦国内的情势：宣太后擅权，穰侯（太后异父弟）任相国，华阳君（太后同父弟）、泾阳君、高陵君（均为昭王同母弟）"三人者更将，有封邑，以太后故，私家富重于王室"。穰侯为了扩大其在陶邑的封地，甚至越过韩、魏以出兵攻打齐国。秦昭王实际上左右不了国事，这正是秦国要害之所在！范雎于是向昭王上书，说：明主"赏必加于有功，而刑必断于有罪""善厚国者取之于诸侯"。又说，还有最要紧的事，不敢写出来。请求面见，以陈良策，"利则行之，害则舍之，疑则少尝之""一语无效，请伏斧质"。

范雎上书果然打动了秦昭王，于是安排在离宫接见。范雎假装不认路，闯入秦王妃嫔居住的永巷。正好昭王走过来，宦官急忙驱逐范雎，威吓他："大王来了！"范雎大喊：秦国还有大王吗？秦国只是听从太后、穰侯的命令罢了！他有意以此激怒秦昭王。昭王对这番情景看得清楚，愿意听范雎说个明白，便向范雎连声表示欢迎和道歉，说是早该亲自迎接您，因为事务繁忙拖延太久，现在才得敬执宾主之礼。范雎也表示辞让。"是日观范雎之见者，群臣莫不洒然变色易容者。"秦王屏退左右，宫中空无一人。秦王一再表示诚恳欢迎的礼节，长跪不起，请求赐教。范雎先谦虚了一番，然后说：我所要讲的事关重大，皆匡正君王之事，处人骨肉之间，可能前一出言后即伏诛。但是，像伍子胥历经患难，最后遭受惨祸，但他终使吴国强大。我之所言只要稍有补于秦国，死了又有何恨！"臣死而秦治，是臣死贤于生。"昭王被他的忠心所感动，表示信赖他，说，"事无小大，上及太后，下至大臣，愿先生悉以教寡人，无疑寡人也"。范雎拜，秦王亦拜。范雎见气氛如此融洽，就先行试探，说：秦四塞为固，形势最为险要。但"至今闭关十五年，不敢窥兵于山东者，是穰侯为秦谋不忠，而大王之计有所失也"。听到这里，昭王更加迫切地表示愿进一步受教。但范雎机警地觉察到周围有人窃听，不敢冒失从事，于是"未敢言内，先言外事，以观秦王之俯仰"。他批评穰侯越过韩、魏而攻齐是计策的失误，而向昭王提出"远交而近攻"的策略，即对楚、赵、齐采取外交攻势，使三国依附于秦，对邻近的韩则加以压服，不然就"举兵以伐之"。昭王对此完全听从，"乃拜范雎为客卿，谋兵事"。采用范雎的部署，两年内连续攻取魏国的怀邑、邢丘。范雎又向昭王献计，进攻韩之荥阳，使"其国断而为三"。

数年间，范雎与昭王日益亲近，取得了完全的信任，终于找到机会陈述废太后、逐穰侯之计策，说："臣居山东时，闻齐有田文，不闻其有王也；闻秦之有太后、穰侯、华阳、高陵、泾阳，不闻其有王也。夫擅国之谓王，能利害之谓王，制杀生之威之谓王。今太后擅行不顾，穰侯出使不报，华阳、泾阳等击断无讳，高陵进退不请。四贵备而国不危者，未之有也。为此四贵者下，乃所谓无王也。"范雎极言太后专制、穰侯擅权之危害：满朝文武，无非相国之人，大王只是孤身一人，万世之后，有秦国者就不是嬴姓子孙了！"昭王闻之大惧，曰：'善。'于是废太后，逐穰侯、高陵、华阳、泾阳君于关外。秦王乃拜范雎为相。收穰侯之印，使归陶，因使县官给车牛以徙，千乘有余。到关，关阅其宝器，宝器珍怪多于王室。"逐走穰侯，范雎以相国之位掌握秦国最高行政权力，且封为应侯。这是昭王四十一年（前266）事。范雎从五年前受尽践踏凌辱、差点致死的处境，至此成为秦相，走向他人生经历的顶点。"天下事皆决于相君"，秦昭王甚至在宴请赵平原君时称范雎为"叔父"。

范雎拥有一人之下、万人之上的权力，而其时王稽的职务仍为谒者，因王稽之请，范雎遂向秦昭王举荐，任之为河东郡守，并给予"三岁不上计"的优待。范雎又向昭王举荐郑安平，拜其为将军。范雎采取进攻近邻魏、韩、赵三国的策略，攻取汾陉、广武等地。秦昭王四十八年（前259），应侯范雎又对赵行反间计，使赵撤换老将廉颇、改派毫无军事指挥才能的赵括为将军，因而导致秦将白起取得长平之战的大胜，进而包围邯郸。此后，应侯范雎却屡感失意，他举荐的将军郑安平，攻赵被困，以兵二万人降赵。王稽任河东守，对外私通诸侯国，被诛杀。两人都有重罪，范雎负有举荐的责任，对此感到羞惭，秦昭王也每每临朝叹息。

这时出现了又一位奇士蔡泽。蔡泽是燕国人，他多年游学于诸侯各国，并一再向各国国君自荐，而无人看重。他到赵国，被驱逐。又到韩、魏，半路上连随身带的炊具都被抢走，只好多日挨饿。这时他打听到秦相范雎处于窘境，自料机会来到，于是只身入秦。蔡泽未见秦昭王，先故意要激怒范雎，扬言说：只要秦王见我，一定夺走范雎的职位，让我当秦相。等他见范雎时，又态度倨傲，长揖不拜。范雎问，听说你讲要代我相秦，你能讲出什么道理？于是蔡泽对准范雎的心病，长篇大论，引古证今，大意是说：您不要眼光短浅，要懂得四时运行、成功者退的道理。既然得志于天下，又能功成身退，享受富贵尊荣，享其天年，名声远播，泽惠后人，与天地相终始，这样难道不是仁圣聪明的行为吗？他又举出像商君、吴起、大夫种、白起，这四人能伸而不能屈，能上而不能下，最后获罪受戮，不都是提供了反面教训吗？古今多少人物的经历证明，身与名俱全者是为上。"四子之祸，君何居焉？君何不以此时归相印,让贤者而授之?"一席话,说得应侯范雎点头称是,于是尊为上宾。几天后,范雎入朝向昭王举荐蔡泽。昭王乃召见蔡泽,"与语,大悦之,拜为客卿"。范雎称病请归相印,昭王遂拜蔡泽为秦相,乃向昭王献计攻灭西周。蔡泽任秦相数月,有人忌恨他,他不敢恋栈,辞归相印,号纲成君。"居秦十余年,事昭王、孝文王、庄襄王。卒事始皇帝,为秦使于燕,三年而燕使太子丹入质于秦。"

司马迁深切地同情范雎、蔡泽的人生经历,大力表彰两人坚强地度过艰难困苦,最终建树功业的智慧和精神,并在篇末写了含义深刻的赞语:"韩子称'长袖善舞,多钱善贾',信哉是言也!范雎、蔡泽世所谓一切辩士,然游说诸侯至白首无所遇者,非计策之拙,所为说力少也。及二人羁旅入秦,继踵取卿相,垂功于天下者,固强弱之势异也。然士亦有偶合,贤者多如此二子,不得尽意,岂可胜道哉!然二子不困厄,恶能激乎?"(均见《史记》卷七十九《范雎蔡泽列传》)司马迁从范雎、蔡泽二人的遭遇和作为,总结出其中蕴涵的深刻的哲理,指出从客观条件言,一个人要取得功业,必须有恰当的机遇,有贡献智谋、能力的实际凭借,因此,像范雎、蔡泽二人以及其他辩士在山东各国游说诸侯,却至白首无所遇,并非他们缺乏智谋,而是战国末期山东六国已居于劣势,不能为他们提供活动的舞台。而秦国正占据着统一天下的主动地位,范雎、蔡泽的智谋恰好与客观历史趋势相符合,因而只身入秦,而能继踵取卿相,建功立业。但是从主观条件说,却是由于两人能从困厄屈辱中奋起。人的经历,总要遭受挫折甚至灾难,怯懦者在困难面前灰心失望,一事无成;而对于有坚忍的毅力,有智慧卓识的人来说,屡遭磨难恰恰反而从反面激发他最后取得成功,司马迁精心撰写的这篇生动的传记和揭示的深刻的道理,正是为了激励后人以坚强的意志战胜艰难险阻,最终实现自己的人生价值!

《季布栾布列传》同样是凸显人物如何从困厄中奋起这一主题的感人篇章,虽然栾布、季布二人未能跻身卿相,但司马迁同样通过精心的刻画,大力表彰他们战胜艰难祸患的坚强性格和出色智慧,与前一篇可谓异曲同工。

总之，从春秋初年齐国贤相晏婴，到汉初季布、栾布，司马迁所成功记述的典型人物的经历、智慧和功绩，都已成为中华民族世世代代珍贵的历史记忆。历史不是简单的事件的堆积，不是古老档案资料索然无味的汇集。历史要记载我们的先人百折不挠拓荒创业的劳绩，要展示前人如何以智慧和勇毅战胜一切艰难险阻，一步一步地推动社会前进。高明的历史学家特别需要善于发现和总结历史人物智慧的闪光点，给予后人宝贵的激励和启示。司马迁恰恰成功地做到了，他既重视总结民族智慧，又善于用高超的手法展现民族智慧，在这方面同样为后人树立了光辉典范。

第十一讲

历史叙事的永久魅力

《史记》不仅是一部伟大的历史著作,同时是一部伟大的文学著作,《史记》的杰出成就进一步奠定了中国史学善于表现人物、记述事件的优良传统,具有超越时空的意义。展读《史记》,书中叙事写人生动传神之处,可谓纷至沓来,令人目不暇接。今天深刻地总结司马迁历史叙事的高度成就,揭示其具有"永久的魅力"的奥秘,不仅有助于广大文史爱好者进一步认识这部名著的价值,而且对于历史书写如何增强吸引力,避免平淡乏味,具有宝贵的启示意义。兹从以下四个方面,举出若干典型例证加以论列。

一、在剧烈冲突中表现人物的精神风貌

战国晚期,秦恃其强盛的国势向山东六国进逼,列国之间形成了"合纵""连横"的激烈斗争,而山东各国也因本身的利害而呈现复杂的关系,各种复杂的因素构成了激烈的矛盾与冲突。这种异乎寻常的历史机遇为各国有勇有识之士提供了极其难得的活动舞台,司马迁即以成功的手法,在激烈的冲突中表现这些人物的胆略和气概,写下了生动的篇章,令读者在千百年后仍然如见其人,如闻其声。

赵国的一介寒士毛遂就是这样的典型人物。《平原君虞卿列传》载,毛遂本是平原君门下一名食客,一向默默无闻。赵惠文王九年(前290),秦兵困邯郸,形势危急。赵派平原君求救于楚,要从门下食客中选出文武兼备者二十人一同前往,平原君下了这样的决心:如果能通过正常谈判方式得到楚国救援,是为上策;不然,就当场以武力胁迫楚王歃血为盟,无论如何也要得

到楚王同意"合从",派兵救赵。总共从门下士中选出了十九人,其余就再也选不出来,不够二十人。这时毛遂出来自荐,说还差一人,他愿意备员而行。平原君问了毛遂,知道他处门下已有三年时间。于是摇了摇头,说:"夫贤士之处世也,譬若锥之处囊中,其末立见。今先生处胜之门下三年于此矣,左右未有所称诵,胜未有所闻,是先生无所有也。先生不能,先生留。"平原君如此明确表示否定,毛遂却不气馁,反而更坚决要求给他一试本事的机会,说:"臣乃今日请处囊中耳。使遂蚤得处囊中,乃颖脱而出,非特其末见而已。"平原君见状,只好答应让他前往。而同行十九人则相与目笑,对他轻视。可是经过一路同行,听了毛遂的言辞谈吐,十九人纷纷改变了态度,无不从心里佩服毛遂的见识。

平原君拜见楚王,双方为楚国派兵救赵展开谈判,可是楚王因畏惧秦国的兵威,心中犹疑不决,从大清早开始商谈,到晌午竟然仍无结果。国内邯郸城被围的形势日益危险,时不我待!十九人都鼓励毛遂上殿用非常的手段胁迫楚王,毛遂显示出智慧和勇气、为赵国立功的时机到了!只见他按剑历阶上殿,径直走到平原君面前,问道:"从之利害,两言而决耳。今日出而言从,日中不决,何也?"楚王打量着毛遂,问平原君:他是什么人?平原君答:是我门下舍人。楚王立即叱责他:"胡不下!吾乃与而君言,汝何为者也!"司马迁写毛遂无所畏惧,豪气逼人,他首先表示决心要为出兵救赵之事与楚王拼命,正告楚王在当前情势下,是他掌握着楚王的性命:"王之所以叱遂者,以楚国之众也。今十步之内,王不得恃楚国之众也,王之命悬于遂手。吾君在前,叱者何也?"接着,毛遂指出以楚国之国土广大、士卒众多,而屈服于秦的兵威,这是楚的耻辱,让楚王明白合纵不仅是为救赵,而首先是让楚国报仇雪耻:"且遂闻汤以七十里之地王天下,文王以百里之壤而臣诸侯,岂其士卒众多哉,诚能据其势而奋其威。今楚地方五千里,持戟百万,此霸王之资也。以楚之强,天下弗能当。白起,小竖子耳,率数万之众,兴师以与楚战,一战而举鄢郢,再战而烧夷陵,三战而辱王之先人。此百世之怨而赵之所羞,而王弗知恶焉。合从者为楚,非为赵也。吾君在前,叱者何也?"

毛遂的胆量顿时使楚王慑服，毛遂的慷慨陈词更使楚王觉悟到出兵救赵抗秦是楚国唯一正确的选择！于是毛遂实现了赵、楚合纵对付秦国的结局，楚王曰："唯唯，诚若先生之言，谨奉社稷而以从。"毛遂曰："从定乎？"楚王曰："定矣。"毛遂让楚王之左右取鸡狗马血来歃盟，毛遂奉铜槃跪进之楚王曰："王当歃血而定从，次者吾君，次者遂。"遂定从于殿上。平原君完成定从使命回到赵国，对毛遂极力赞誉，说："毛先生一至楚，而使赵重于九鼎大吕。毛先生以三寸之舌，强于百万之师。"平原君返赵之后，楚使春申君将兵救赵，魏国信陵君亦矫夺晋鄙军往救赵。此时，赵国有勇将李由率领敢死之士三千人赴秦军，"秦军为之却三十里。亦会楚、魏救至，秦兵遂罢，邯郸复存"。（均见《史记》卷七十六《平原君虞卿列传》）

　　司马迁记载此篇最大的成功，即在剧烈的冲突中刻画人物。邯郸被围，赵国危急，拒秦救赵，成为赵国展开外交斗争的焦点，正是在这一历史时刻，一向不被人知晓的寒士毛遂，却以其不惧一死的勇气和洞悉安危大局的识见，改变了楚王倨傲、犹疑的态度，完成了平原君这位堂堂赵国之相和同行十九人所不能完成的壮举！他智勇兼具，言词壮烈而又善于剖析利害，重复使用的"吾君在前，叱者何也"两句，前后呼应，更能表现其勇毅的神态和逼人的气势，千百年之后读之犹有感人的力量！清代学者徐与乔对此有恰当的评论："写得生气勃然，使千载下赫赫若当时情事，乃其传声像形，则在重沓用字，复句回顾间。"（《经史辨体》史部《平原君虞卿列传》）

　　至楚汉之际，局势发展更加复杂，各种势力的矛盾冲突也更加令人目不暇接，而司马迁笔下所写项羽、刘邦、韩信、张良、萧何等人物无不跃然纸上。《淮阴侯列传》中叙述萧何追赶韩信和韩信拜将一段尤为生动传神。其时，韩信因不满意刘邦的慢待而离营亡走，萧何则格外器重韩信，称他"国士无双"，是对刘邦争夺天下不可缺少的奇才，因此急忙连夜追韩信。刘邦一时误会，以为萧何亡走而大怒。司马迁恰当地把握住各种矛盾，极力表现当时的紧张气氛，惟妙惟肖地描写各人的神态和内心活动。刘邦先是对韩信轻慢无礼，后能听从萧何劝谏，改变态度，拜韩信为大将，并且要举行隆重的拜将典礼:"王必欲拜之,择良日,斋戒,设坛场,具礼,乃可耳。'王许之。诸将皆喜,人人各自以为得大将。至拜大将,乃韩信也,一军皆惊。"(均见《史记》卷九十二《淮阴侯列传》)这里用"诸将皆喜,人人各自以为得大将"一句,巧妙地对韩信获得高规格待遇起到有力的烘托作用。整个萧何追韩信和韩信拜为大将的紧张过程和隆重仪式,对主要人物韩信只正面写了一两句话,但其余内容每一处又无一不从侧面写韩信,表现他才能之高和影响力之巨大,至今读之仿佛仍能感受到其一代大将强大的气场!

《张耳陈馀列传》中对赵相贯高的记载也十分典型,他是一位铁骨铮铮的硬汉子,宁愿忍受百般酷刑,而不连累赵王张敖,最后仰头绝肮壮烈而死,被司马迁誉为"当此之时,名闻天下"。原先张敖之父张耳助汉破赵立了大功,汉高祖刘邦封之为赵王。其后张耳病卒,张敖嗣立为赵王,高祖以长女鲁元公主许配为王后。汉七年(前200),高祖从平城过赵,张敖早晚亲自侍奉饮食,态度谦卑,极尽女婿礼节。高祖却倨傲无礼,"箕踞詈,甚慢易之"。赵相贯高年六十余,早先是张耳的朋友,资格甚老,任侠仗气,感到其主张敖受到凌辱,怒而欲杀高祖,为赵王张敖出这口怨气。他怂恿赵王张敖,说:"夫天下豪杰并起,能者先立。今王事高祖甚恭,而高祖无礼,请为王杀之。"张敖坚决制止,"啮其指出血,曰:'君何言之误!且先人亡国,赖高祖得复国,德流子孙,秋豪皆高祖力也。愿君无复出口。'"贯高、赵午及手下人商议:赵王不愿背高祖之德,此事可不让他受牵连。吾等因高祖返程过赵伺机击杀之,"令事成归王,事败独身坐耳"。汉八年,高祖击韩王信余寇从东垣还过赵,贯高等人密谋在高祖所经之柏人县官舍大夹墙中安置了刺客。当高祖路过时,有不祥之感,一问县名是"柏人"与"迫人"同音,便立即改变主意,不住宿离开了,因而躲过一劫。汉九年(前198),贯高仇家知其谋,上书举报。高祖下令将赵王张敖、贯高等一齐逮捕。"十余人皆争自到,贯高独怒骂曰:'谁令公为之?今王实无谋,而并捕王;公等皆死,谁白王不反者!'"其时,高祖下令:"赵群臣宾客有敢从王者皆族!"贯高却镇定地坐着囚车到长安,他要向高祖讲明"赵王不反"的真相,而不避刑戮。"贯高至,对狱，曰：'独吾属为之，王实不知，'吏治榜笞数千，刺剟，身无可击者，终不复言。"吕后为女婿张敖说情，高祖断然不听，发怒对曰："使张敖据天下，岂少而女乎！"廷尉向高祖报告，贯高受尽百般酷刑而始终咬定"赵王无罪"。高祖经过反复查证，确定"张敖不反"的实情，便了结此案，让张敖回赵。由此对贯高的态度也陡然转变，赞许他"为人能立然诺"、堪称"壮士"，请泄公通知贯高要释放他。贯高所关心的只是证明赵王张敖决无参与谋反之事，只要赵王清白无事，本人不辞一死，他对泄公说："所以不死一身无余者，白张王不反也。今王已出，吾责已塞，死不恨矣。"（《史记》卷八十九《张耳陈馀列传》）当场绝肮割断颈动脉血管而死。司马迁的记述，展开了贯高——高祖——赵王张敖三方不同性格、地位的激烈冲突，通过由怒骂高祖对赵王傲慢无礼——计谋刺杀未成——甘当死因，慨然入都，欲陈明"张王不反"——忍受百般酷刑而不悔——喜赵王获救——死而无恨等一系列紧张情节，生动地刻画了贯高忠烈仗义、敢作敢当的风骨；同时写出高祖先是倨傲无礼，到严刑穷究、重治赵王君臣之罪，到最后赞赏贯高具有壮士气节的转变。处处出人意表，又处处符合情理，确实为如何在激烈的冲突中刻画历史人物提供了又一成功的例证。

黥布在刘项相争中，先是归附项王，后又突然改变其政治归向，叛楚归汉，司马迁在《黥布列传》中的记述，却能揭示出看似戏剧性变化的背后，实是刘项两大势力对决中刘邦已处于支配地位这一根本因素在起作用。起初，黥布随项羽作战入关中，"常为军锋"，战功卓著，项羽封他为九江王。至汉二年（前205）项羽欲击齐王田荣，征九江王黥布军，黥布称病不往，项羽由此怨布。由于黥布以作战勇敢著名，刘邦要联合他对付项羽，认为：如有人能说动黥布背离项羽，则"我之取天下可以百全"。于是，刘邦派谒者随何为使，往说黥布。开始黥布三日不见随何。随何请人向黥布传言，如所言为非，愿被处斩！以此激黥布，遂得见。黥布一见随何，立即声称："寡人北向而臣事之（指楚王项羽）。"随何乃详细分析"楚兵不足恃""楚不如汉"，并说：如黥布能背楚，汉必获全胜，且汉王必裂地封黥布为王！黥布为随何所说服，暗中答应背楚归汉。其时，项王所派使者亦在黥布军中，催问九江王黥布发兵助楚甚急，随何乃径直往楚使者住处，向楚使宣布：九江王已归汉，楚有何理由征兵？黥布一时愕然。随何急进言：事情计划已定，可杀楚使者，然后一同疾走归汉。因杀楚使，起兵攻楚。"楚使项声、龙且攻淮南，项王留而攻下邑。数月，龙且击淮南，破布军。布欲引兵走汉，恐楚王杀之，故间行与何俱归汉。"黥布背楚归汉的过程堪称波澜起伏，多有出人意表者，实则是由于刘邦最终战胜项羽这一格局已成，规定了黥布的必然背楚归汉，正如随何对黥布所作的分析：项王四处攻袭，士卒疲惫，"进则不得攻，退则不得解。故曰楚兵不足恃也。使楚胜汉，则诸侯自危而相救。夫楚之强，适足以致天下之兵耳。故楚不如汉，其势易见也"。（《史记》卷九十一《黥布列传》）司马迁成功地把握住这一主线，而从楚汉相争的剧烈冲突中生动地记述黥布的性格行事，看似变化莫测，实则合情合理，内在的发展逻辑十分清楚。

以上记述毛遂、韩信、黥布等人物的成功例证都引自列传，在世家中同样不乏精彩的篇章。比如，《梁孝王世家》就很典型。此篇记载梁孝王的事迹贯穿了一条鲜明的主线，即将梁孝王置于汉代儒学地位上升，大臣坚持按照周代"子继父位"的制度确立嗣君以避免日后争位酿成祸乱，与窦太后干政、企图改变周代以来立嗣制度两种势力的尖锐斗争中来写，不仅清楚地写出事情的曲折变化，细致真切地表现出人物的性格特点和内心活动，而且深刻地揭示出时代特点，为研究汉代史提供了多方面的价值。这些例证都证明，"在剧烈冲突中写人"确是司马迁所擅长的刻画人物的方法。

二、场面·语言·细节

《史记》叙事写人的生动，得力于精心描写重要的历史场面，再现人物极富性格特征的语言,以及选择有意义的细节刻意摹写。上文论述书中许多名篇撰写的成功,有不少地方对此已有涉及,这里再举出若干例证作简要评析。

《齐悼惠王世家》载:朱虚侯刘章,是高祖长庶男刘肥(即齐悼惠王)之次子。他于高后二年(前186)到长安任宿卫,高后封他为朱虚侯,以吕禄女妻之。刘章英姿勃发,勇武沉毅。其时,正当吕太后称制,"天下事皆决于高后"之际,诸吕势力嚣张,刘姓政权处境危殆。有一次,高后与众大臣宴饮,刘章充任酒令官,他却在酒宴上吟《耕田歌》,表达对吕后重用诸吕、危及汉家天下的不满,诸吕中有一人酒醉逃席,刘章当场拔剑斩之,勇敢地挫败了诸吕嚣张的气焰:

> 朱虚侯年二十,有气力,忿刘氏不得职。尝入侍高后燕饮,高后令朱虚侯刘章为酒吏。章自请曰:"臣,将种也,请得以军法行酒。"高后曰:"可。"酒酣,章进饮歌舞。已而曰:"请为太后言耕田歌。"高后儿子畜之,笑曰:"顾而父知田耳。若生而为王子,安知田乎?"章曰:"臣知之。"太后曰:"试为我言田。"章曰:"深耕穊种,立苗欲疏;非其种者,锄而去之。"吕后默然。顷之,诸吕有一人醉,亡酒,章追,拔剑斩之而还,报曰:"有亡酒一人,臣谨行法斩之。"太后左右皆大惊。业已许其军法,无以罪也。因罢。自是之后,诸吕惮朱虚侯,虽大臣皆依朱虚侯,刘氏为益强。(《史记》卷五十二《齐悼惠王世家》)

司马迁精心描写的这一紧张场面,使人读之不禁精神一振!它不仅生动地刻画了朱虚侯刘章英气逼人、勇而有谋的精神风貌,而且表现出拥戴刘姓政权的势力与诸吕间的紧张斗争,而刘章在宴席上吟诗和追斩"诸吕中一人"的果敢举动,恰好成为其后陈平、周勃、刘章等人物合力诛灭诸吕的前奏。

司马迁又善于借语言表现人物不同的身份、性格和心理活动,使人如见其人,如闻其声。《张丞相列传》写周昌刚直倔强的性格:"昌为人强力,敢直言，自萧、曹等皆卑下之。昌尝燕时入奏事，高帝方拥戚姬，昌还走，高帝逐得，骑周昌项，问曰：'我何如主也？'昌仰曰：'陛下即桀纣之主也。'于是上笑之，然尤惮周昌。及帝欲废太子，而立戚姬子如意为太子，大臣固争之，莫能得；上以留侯策即止。而周昌廷争之强，上问其说，昌为人吃，又盛怒，曰：'臣口不能言，然臣期期知其不可。陛下虽欲废太子，臣期期不奉诏。'上欣然而笑。既罢，吕后侧耳于东箱听，见周昌，为跪谢曰：'微君，太子几废。'"在《淮阴侯列传》中则惟妙惟肖地写出韩信自恃将才出众、高傲待人和樊哙谦卑恭谨的不同性格，以及刘邦从容议论的政治家风度："信知汉王畏恶其能，常称病不朝从。信由此日夜怨望，居常鞅鞅，羞与绛、灌等列。信尝过樊将军哙，哙跪拜送迎，言称臣，曰：'大王乃肯临臣！'信出门，笑曰：'生乃与哙等为伍！'上常从容与信言诸将能不，各有差。上问曰：'如我能将几何？'信曰：'陛下不过能将十万。'上曰：'于君何如？'曰：'臣多多而益善耳。'上笑曰：'多多益善，何为为我禽？'信曰：'陛下不能将兵，而善将将，此乃信之所以为陛下禽也。且陛下所谓天授，非人力也。'"

《魏其武安侯列传》更是通过语言刻画出田蚡、灌夫的鲜明个性，读之令人不禁拍案叫绝。武安侯田蚡是景帝王皇后同母弟，当他为郎官时，卑躬屈膝巴结大将军窦婴，"往来侍酒魏其（窦婴为魏其侯），跪起如子姓"。至武帝即位，田蚡因其为太后之弟，地位尊贵，任为丞相，立即处处现出骄横霸道的本质。田蚡身材短小，相貌丑陋，并无尺寸之功，只因太后的关系而居相位，故此越发要以倨傲无礼的态度凌驾于别人之上。在武帝面前，田蚡也骄横放肆，而遭到武帝的训斥："当是时，丞相入奏事，坐语移日，所言皆听。荐人或起家至二千石，权移主上。上乃曰：'君除吏已尽未？吾亦欲除吏。'尝请考工地益宅，上怒曰：'君何不遂取武库！'是后乃退。"魏其侯窦婴是景帝母窦太后堂侄，曾任丞相，吴楚七国反叛时，窦婴率军镇守荥阳，立功封侯，后被免，窦太后去世后，窦婴更加失势。灌夫在平吴楚七国之乱中立了军功，曾任中郎将，后坐法去官。窦婴、灌夫两人家居无事，乃互相引重，过从甚密。田蚡这位骄横的新贵，便将窦婴、灌夫两人当作欺压的对象。司马迁在篇中以入木三分的笔触，借田蚡的语言、神态，活画出其虚伪、霸道和故意戏弄昔日大臣的丑恶行径："灌夫有服，过丞相，丞相从容曰：'吾欲与仲孺过魏其侯，会仲孺有服。'灌夫曰：'将军乃肯幸临况魏其侯，夫安敢以服为解！请语魏其侯帐具，将军旦日早临！'武安许诺。灌夫具语魏其侯，如所谓武安侯。魏其与其夫人益市牛酒，夜洒扫，早帐具至旦。平明，令门下候伺。至日中，丞相不来。魏其谓灌夫曰：'丞相岂忘之哉？'灌夫不怿，曰：'夫以服请，宜往。'乃驾，自往迎丞相。丞相特前戏许灌夫，殊无意往。及夫至门，丞相尚卧。于是夫入见，曰：'将军昨日幸许过魏其，魏其夫妻治具，自旦至今，未敢尝食。'武安鄂谢曰：'吾昨日醉，忽忘与仲孺言。'乃驾往，又徐行。"（均见《史记》卷一百七《魏其武安侯列传》）

司马迁又擅长典型的细节描写，书中成功之处不胜枚举。选择典型事件的典型细节加以细致描写，其作用是增强历史的真实性和艺术感染力，避免叙述的空泛、单调、平淡。《高祖本纪》写刘邦与项羽长期在广武展开拉锯战，双方实力大大消耗，士卒困苦，丁壮疲惫。刘邦与项羽在广武涧两边山崖上相隔喊话，项羽欲与刘邦单独挑战，刘邦在勇力上远不相及，而欲求在道义上占上风，于是在山涧上对着两军将士历数项羽罪状："始与项羽俱受命怀王，曰'先入定关中者王之'，项羽负约，王我于蜀、汉，罪一。项羽矫杀卿子冠军而自尊，罪二……"一共列举项羽十项罪状。项羽大怒，令士卒张大弩射中刘邦前胸。司马迁用特写手法表现刘邦在此危急关头的勇敢机智："汉王伤胸，乃扪足曰：'虏中吾指！'汉王病创卧，张良强请汉王起行劳军，以安士卒，毋令楚乘胜于汉。汉王出行军，病甚，因驰入成皋。"刘邦因被楚军射中前胸倒地，如果不用巧计掩饰，则双方军士当场得知汉军统帅遭受重创，楚军必定乘胜大举进攻汉军，那么楚汉长期相持的局势必定以楚胜汉败而告结束。正是刘邦以"虏中吾指"的计策安慰了身边将士，同时诳过了楚军将卒，接着又忍住重伤勉强慰劳汉军，才避免出现危险局面。此后刘邦设法从成皋前线回到关中，养好伤创，又得到大量兵员补充，汉军声势复壮，此后即部署对项羽包围的局面。

《绛侯周勃世家》写大将周勃因长期跟随刘邦征战,屡建军功,受封为绛侯。其性情敦厚诚实,忠心于汉室,高祖认定他忠诚可靠,身后可以将国家大事托付给他。司马迁巧妙地借助于细节描写来表现其性格特点:"勃为人木强敦厚,高帝以为可属大事。勃不好文学,每召诸生说士,东向坐而责之:'趣为我语!'其椎少文如此。"他不善言辞,平时不爱读书,少文墨,着急之时只好催促读书能言之士教他几句。"东向坐而责之:'趣为吾语!'"这一细节,活画出周勃临阵磨枪、憨厚窘急的神态。高祖卒后,周勃被委任太尉要职,掌握军事大权,不久,即与丞相陈平合力诛灭诸吕势力,拥立孝文帝,安定了刘氏天下。孝文帝登位,任周勃为右丞相,赐金五千斤,食邑万户。不久,文帝下诏让所有列侯离开长安回到封邑,作为减轻国家负担、休养生息的一项措施,并请丞相周勃带头实行。周勃晚年竟遭受不测之祸,蒙受大冤。原因是,周勃回到绛县封地以后,遇到河东太守或尉官巡行,他害怕被诛杀,居家常穿上甲胄,命令家人带兵器防备。于是有人上告他欲谋反,这完全是虚构的罪名,却被立案交廷尉审问。司马迁借助周勃入狱前后的细节,表现他晚年处境的凄惨和汉代刑狱的残酷:"廷尉下其事长安,逮捕勃治之。勃恐,不知置辞。吏稍侵辱之。勃以千金与狱吏,狱吏乃书牍背示之,曰'以公主为证'。公主者,孝文帝女也,勃太子胜之尚之,故狱吏教引为证。勃之益封受赐,尽以予薄昭。及系急,薄昭为言薄太后,太后亦以为无反事。文帝朝,太后以冒絮提文帝,曰:'绛侯绾皇帝玺,将兵于北军,不以此时反,今居一小县,顾欲反邪!'文帝既见绛侯狱辞,乃谢曰:'吏方验而出之。'于是使使持节赦绛侯,复爵邑。绛侯既出,曰:'吾尝将百万军,然安知狱吏之贵乎!'"(《史记》卷五十七《绛侯周勃世家》)周勃本是堂堂三军统帅和手握大权的丞相,一旦被加上"莫须有"的罪名,便被逮捕入狱,狱吏明知其无罪,却敢于对这个昔日的大臣任意凌辱。而当狱吏得到一笔贿赂之后,立即改变态度,上下其手,在审案简牍的背面写上"以公主为证"几个字,提示他辩白无罪的办法。文帝号为贤君,对于周勃蒙受的大冤却表现极为迟钝,还得薄太后将冒絮(头巾)打到他身上,数落一番,才讲出周勃无罪的实情,将他赦免。一个在战场上勇冠三军的统帅一旦蒙受冤枉,他的生死命运便操在一名贪酷的狱吏手中,难怪周勃出狱后要连声发出"吾尝将百万军,然安知狱吏之贵乎"的感叹!

司马迁成功的细节描写,往往又有"以小喻大"的作用,或以叙述一件似乎不经意的小事而寓含成败兴亡的道理,或借细节以映射出人物的性格禀赋、价值追求。如《项羽本纪》写项羽在垓下突围之后,被汉军追赶,项羽渡过淮河,随骑仅有百余人。"项王至阴陵,迷失道,问一田父,田父绐曰:'左。'左,乃陷大泽中,以故汉追及之。"老农夫故意指到错误的方向,这一似乎不经意叙述的细节,实际寓含项羽所作所为违背民心,因而导致最终失败的深刻道理。又如,《李斯列传》一开头,即写出李斯少年时对厕中鼠和仓中鼠的观察和慨叹,以此表现出李斯贪求富贵、利欲熏心的性格特点,正因他不择手段追求权势,导致他后来助赵高、秦二世为虐,而走上国灭身死的绝路。而《酷吏列传·张汤传》开头记张汤审鼠的细节,与写李斯对老鼠的观察、感慨,可谓有异曲同工之妙!少年张汤审鼠之老练竟令其父惊叹:"张汤者,杜人也。其父为长安丞,出,汤为儿守舍。还而鼠盗肉,其父怒,笞汤。汤掘窟得盗鼠及余肉,劾鼠掠治,传爰书,讯鞫论报,并取鼠与肉,具狱磔堂下。其父见之,视其文辞如老狱吏,大惊,遂使书狱。"(《史记》卷一百二十二《酷吏列传·张汤传》)张汤发掘老鼠偷肉"罪证"、拷打审问、记录口供、判决罪状至最后执行酷刑之熟练精到,就成为张汤一生行事的缩影。

司马迁重视细节描写,又在于借以作为典型情节,写出当时的社会情状、官场风气,或借细节以表达对人物荣辱浮沉的慨叹。如,万石君石奋为人行事"恭谨无与比",文帝时积功至太子太傅,他四个儿子石建、石庆等,"皆以驯行孝谨,官皆至二千石",因而石奋号称万石君。传中记述石建、石庆在武帝时的行事:"建为郎中令,书奏事,事下,建读之,曰:'误书!"马"者与尾当五,今乃四,不足一。上谴死矣!'甚惶恐。其为谨慎,虽他皆如是。""万石君少子庆为太仆、御出,上问车中几马,庆以策数马毕,举手曰:'六马。'庆于诸子中最为简易矣,然犹如此。"大臣处处谨小慎微、刻板行事,正是当时官场中做大官和久做官的秘诀。石建因处处小心翼翼，而官至郎中令，石庆更由此而升为太仆、御史大夫，再升至丞相，两人长期荣任九卿、三公的高位。司马迁严肃地批评石庆除了恭谨小心以外毫无建树，不关心民生疾苦："丞相醇谨而已。在位九岁，无能有所匡言。""庆文深审谨，然无他大略，为百姓言。"（《史记》卷一百三《万石张叔列传》）在公卿大臣争相向君主奉迎讨好的情况下，性格耿直、敢讲真话的汲黯就成为少有的典型。

张汤治狱，专力制定法律苛刻的条文，又善于深文周纳，控制下属为他办事。因而号称能干，连续由丞相史迁至太中大夫，再迁为廷尉。其时武帝好儒术，张汤便以《尚书》《春秋》古义与刑律相附会。治理案件，必定要揣摩武帝的好恶意向，事先分别写明案件原因，供武帝选择表态，"上所是，受而著谳决法廷尉絜令，扬主之明"，以此讨好武帝；如果受到皇帝否定，便立即认罪，自称愚笨。对案犯或严办或轻判，一律按武帝的旨意办理："所治即上意所欲罪，予监史深祸者；即上意所欲释，与监史轻平者。"由此大受武帝尊宠，由廷尉升为御史大夫，"丞相取充位，天下事决于汤"。（《史记》卷一百二十二《酷吏列传》）

汲黯与张汤同朝，其志节胸襟却截然不同。汲黯是景帝旧臣，任东海太守，"学黄老之言，治官理民，好清静，择丞史而任之。其治，责大指而已，不苛小"。仅岁余，"东海大治"，于是升为主爵都尉，列九卿。司马迁称赞汲黯性格行事的特点是："内行修洁，好直谏，数犯主之颜色。"武帝尊崇儒术，召集众多的文学儒者，汲黯在朝廷上公开顶撞他："陛下内多欲而外施仁义，奈何欲效唐虞之治乎！"当场出现的情况是："上默然，怒，变色而罢朝。"有朝臣责备汲黯，表示为他捏一把汗，汲黯的回答则坦露自己忠公体国的胸怀："天子置公卿辅弼之臣，宁令从谀承意，陷主于不义乎？且已在其位，纵爱身，奈辱朝廷何！"汲黯当面对专力制定律令苛法、又善于奉承皇帝的廷尉张汤，严厉责备："天下谓刀笔吏不可以为公卿，果然。必汤也，令天下重足而立，侧目而视矣！"武帝也明白汲黯对国家的忠诚，曾与庄助议论汲黯之为人，庄助极力表彰汲黯忠诚正直，可以倚以重任，武帝也称赞说："古有社稷之臣，至如黯，近之矣。"司马迁精心安排一个细节，表现汲黯如何深为汉廷君臣所敬惮：

> 大将军青侍中，上踞厕而视之。丞相弘燕见，上或时不冠。至如黯见，上不冠不见也。上尝坐武帐中，黯前奏事，上不冠，望见黯，避帐中，使人可其奏。其见敬礼如此。(《史记》卷一百二十《汲郑列传》)

司马迁这一细节将武帝与三位朝臣相见的情景作一番对比：对于因外戚进幸的大将军卫青，武帝很随便地在卧室召见，坐在床边居高临下看着他；对于善于面谀的丞相公孙弘，武帝也可以不戴朝帽见面谈话；唯独对性格刚正、敢犯颜直谏的汲黯，如果衣冠不整，就只好躲起来不与见面。

《李将军列传》中尤多处借细节描写，表达对李广命运际遇的慨叹。李广作战骁勇，武艺过人，武帝任为右北平太守，镇守边境，匈奴闻之，号曰"汉之飞将军"，畏其威名，"避之数岁，不敢入右北平"。李广少壮时即从军对匈奴作战，立功为中郎，任文帝武骑常侍，秩八百石。"尝从行，有所冲陷折关及格猛兽，而文帝曰：'惜乎，子不遇时！如令子当高帝时，万户侯岂足道哉！'"李广一生与匈奴大小七十余战，与他同时从军的李蔡武艺及名声远不及他，却位至丞相，封为乐安侯，李广下属军吏甚至士卒也数十人受封。李广治军简易，对士卒关心爱护，"广之将兵，乏绝之处，见水，士卒不尽饮，广不近水，士卒不尽食，广不尝食。宽缓不苛，士以此爱乐为用"。元狩二年（前121），这位六十余岁的老将随大将军卫青出征，任前将军，却因失去向导而迷路，未能按期与主力相会合，最后因不愿面对刀笔吏的审问，遂引刀自刭。对于这样一位声威远播、真心体恤士卒的一代名将，司马迁深深同情其遭遇，在传中一再对其骁勇无敌和智慧过人作了细致的描写：

> 广以卫尉为将军，出雁门击匈奴。匈奴兵多，破败广军，生得广。单于素闻广贤，令曰："得李广必生致之。"胡骑得广，广时伤病，置广

两马间,络而盛卧广。行十余里,广佯死,睨其旁有一胡儿骑善马,广暂腾而上胡儿马,因推堕儿,取其弓,鞭马南驰数十里,复得其余军,因引而入塞。匈奴捕者骑数百追之,广行取胡儿弓,射杀追骑,以故得脱。

广出猎,见草中石,以为虎而射之,中石没镞,视之石也。因复更射之。终不能复入石矣。

这些生动的细节,使李广英勇无双的形象更加深深地烙印在读者脑海之中。司马迁又在篇末赞语中作了正面议论:"传曰'其身正,不令而行;其身不正,虽令不从'。其李将军之谓也?余睹李将军悛悛如鄙人,口不能道辞。及死之日,天下知与不知,皆为尽哀。彼其忠实心诚信于士大夫也?谚曰'桃李不言,下自成蹊'。此言虽小,可以谕大也。"(均见《史记》卷一百九《李将军列传》)与篇中生动的记述互相照应,更能激发读者对这位"飞将军"的无限景仰!

三、 对比手法和互见法

司马迁叙事写人又善于运用对比手法,以凸显人物的不同性格特征,或揭示出造成不同成败结局的内在原因。仅举几处明显的例子。

王翦是秦国老将,连续征战,屡立战功,于秦王政十八年(前229)破赵,"赵王降,尽定赵地为郡"。次年,王翦又率军攻燕,"燕王喜走辽东,翦遂定燕蓟而还"。秦在北方及中原连续取得兼并战争的胜利,于是,秦始皇部署南向攻楚。这时出现了另一位将领李信。他少年壮勇,曾率数千秦兵追赶燕太子丹,大破燕军于衍水中,擒获太子丹,秦始皇由此称赞他"贤勇",认为可以依赖他攻破楚国。司马迁具体写出李信、王翦两位将领的不同性格和对于攻楚的不同设想:"于是始皇问李信:'吾欲攻取荆,于将军度用几何人而足?'李信曰:'不过用二十万人'。始皇问王翦,王翦曰:'非六十万人不可。'始皇曰:'王将军老矣,何怯也!李将军果势壮勇,其言是也。'遂使李信及蒙恬将二十万南伐荆。王翦言不用,因谢病,归老于频阳。"司马迁生动地写出李信、王翦两人经验、修养、谋略的大不相同,李信年少急躁,心存侥幸,轻视对手,王翦则阅历丰富,老成持重,胸有韬略。其结果,一个是因轻躁而致败,一个是因老练而取胜。秦始皇命李信、蒙恬一同攻楚,先胜楚军之后,李信便骄傲起来,疏于防范,结果大败:"荆人因随之,三日三夜不顿舍,大破李信军,入两壁,杀七都尉,秦军走"。秦始皇经历了失败的教训,只得回过头来亲自请王翦出兵,并且答应其"非六十万人不可"的请求。楚军以全国兵力相对抗,王翦先坚持而守,让将卒养精蓄锐,又亲自抚慰,与士卒同饮食,于是秦军士士气高昂,每日投石超距,欲与楚军决战。"荆数挑战而秦不出,乃引而东。翦因举兵追之,令壮士击,大破荆军。"(《史记》卷七十三《白起王翦列传》)最后灭楚。司马迁通过对比手法,凸显了老将王翦的勇毅韬略,令人信服!

《淮阴侯列传》中,则通过井陉大战,将陈馀的颟顸无能与韩信的奇兵破敌作了生动对比。韩信从三秦东向攻魏,取得安邑之役胜利之后,与张耳率师东向攻赵。赵将广武君李左车向赵相成安君陈馀进计,主张扼守井陉险要地势,出奇兵断敌之后,最后首尾夹攻。李左车的建议,本是据险坚守、避敌锐锋,再令其粮草断绝、军心瓦解、围而歼之的万全之计。陈馀却是只会死搬"义兵不用诈谋奇计"陈腐教条的庸才,且又沽名钓誉,竟对李左车一口拒绝,说:"吾闻兵法十则围之,倍则战。今韩信兵号数万,其实不过数千。能千里而袭我,亦已罢极。今如此避而不击,后有大者,何以加之!则诸侯谓吾怯,而轻来伐我。"陈馀的愚蠢决策,实陷赵军于必败境地。司马迁以生动的笔触写道:"韩信使人间视,知其不用,还报,则大喜,乃敢引兵遂下。"韩信于平明时分令大军出井陉口,佯装失利,专门引诱赵军"开壁"出战,争夺汉军旗鼓,再令事先布置背水而阵的水上军,开营出战,与汉军主力合并，与赵军殊死作战，又用奇兵突入赵营，"皆拔赵帜，立汉赤帜"。"赵军已不胜，不能得信等，欲还归壁，壁皆汉赤帜，而大惊，以为汉皆已得赵王将矣，兵遂乱，遁走，赵将虽斩之，不能禁也。于是汉兵夹击，大破虏赵军，斩成安君泜水上，禽赵王歇。"赵国本来在兵力对比上、占有险要地形上和以逸待劳上，均对韩信、张耳率领的汉军占有绝对优势，但由于陈馀的刚愎自用、愚蠢决策而一概化为乌有，陈馀本人也落个兵败身死的悲惨结局；而韩信则善用奇兵、周密部署，结果一个早上即将赵国二十万大军彻底击溃，实现他"今日破赵军而朝食"的豪言。由于司马迁善于运用对比手法记述，不仅凸显了韩信、陈馀两人的不同性格和用兵特点，而且为军事史研究提供了极有价值的例证。

司马迁又善于使运用互见法记述历史。对此宋代著名文学家苏洵曾有一段评论："迁之传廉颇也，议救阏与之失不载焉，见之《赵奢传》；传郦食其也，谋挠楚权之缪不载焉，见之《留侯传》。夫颇、食其皆功十而过一者，苟列一以疵十，后之庸人必曰：'智如廉颇，辩如郦食者，而十功不能赎一过。'则将苦其难而怠矣。是故本传晦之，而他传发之，则其与善也，不亦隐而彰乎！"（《苏老泉先生全集》卷九）所举有关廉颇的史实是：秦伐韩，占据了阏与，（按，阏与，战国韩邑，后属赵，在今山西和顺县境），赵王欲发救兵，召问廉颇，廉颇回答："道远险狭，难救。"又召问赵奢，赵奢对曰："其道远险狭，譬之犹两鼠斗于穴中，将勇者胜。"赵王乃派赵奢出兵，赵奢凭借险要地形，先筑高垒坚守四十五日，然后乘秦军疲惫，抢夺制高点，出奇制胜，遂解阏与之围。这是廉颇的建议失误，但司马迁未载于廉颇本传中，而写在"附传"赵奢传中。

苏洵所举后一件史实是，汉高祖三年（前204），刘邦苦于楚汉双方在荥阳相持、胜负未决之际，询问谋士郦食其如何能胜楚？郦食其回答说：您应该立即分封六国之后，六国旧贵族就一定拥戴您，臣服听命，陛下南向称霸，楚必敛衽而朝。汉王觉得有理，命令刻印，派郦食其行封。适好留侯张良来见汉王，汉王向张良讨主意，张良立即举出八条不能分封六国之后的理由。

汉王至此猛醒，命令销毁所刻金印。此事只载于《留侯世家》，而《郦生陆贾列传》中未见载，只载郦食其在汉王起兵之时出计令刘邦成功攻取陈留、壮大力量；及汉三年秋，在楚汉相距的艰难时刻，劝汉王改变向后退兵遁守巩、洛，放弃成皋的错误主意，回取成皋，复守敖仓之粟，重新稳住地位；郦食其又为汉王出使，劝说齐王田广归顺于汉等项功绩。苏洵总结这种记述方法的特点是在人物本传中主要记载其功，使读者对于其贡献有较完整的印象，而将其失误记载于其他篇章中，既不影响读者对其主要观感，又对能够全面了解其功过。

苏洵所总结的司马迁运用"互见法"及其作用，很有道理，能帮助我们进一步了解司马迁叙事记人的又一成功手法。这里再举几例。如，《高祖本纪》中，重点写刘邦富有谋略、豁达大度、善于用人，同时又用"互见法"，在《萧相国世家》中写其对萧何的猜忌，在《陈丞相世家》中记载当刘邦因箭伤病重之时，有人告发樊哙欲反，刘邦大怒，他竟不顾樊哙跟随多年战功赫赫、忠心耿耿，也不作调查核实，就下令陈平驰至军中斩樊哙，幸得陈平多智，料想刘邦是因一时愤怒，后恐起悔，只把樊哙囚禁载回长安，樊哙才得活命。又如，在《吕太后本纪》中，载吕后在刘邦去世后，继续执行"休养生息"政策，因而"政不出房户，天下晏然。刑罚罕用，罪人是希。民务稼穑，衣食滋殖"，又载其手段狠毒，在刘邦卒后，以极残忍手段害死刘邦所宠戚夫人，砍断手足，挖去眼睛，灌以哑药，置于厕所中，称为"人彘"。且用"互见法"，在《张丞相列传》内《周昌传》中载高祖卒后，吕后数次使使召赵王如意，其相周昌抗令，让赵王如意称疾不行。吕后怒恨，即先召周昌，周昌至，谒高后，高后骂曰："尔不知我之怨戚氏乎？而不遣赵王，何？"周昌既征，高后又强令赵王如意，赵王果来，至长安月余即被毒死。

又如，汉文帝是司马迁大力赞扬的皇帝，在《孝文本纪》详载其重视农业生产、轻徭薄赋、生活节俭、开创"文景之治"的各项功绩，同时又用"互见法"揭露其弊政，在《张丞相列传》内《申屠嘉传》中，载文帝私昵男宠邓通："是时太中大夫邓通方隆爱幸，赏赐累巨万。文帝尝燕饮通家，其宠如是。是时丞相（指申屠嘉）入朝，而通居上傍，有怠慢之礼。"在《佞幸列传》中载："上使善相者相通，曰：'当贫饿死。'文帝曰：'能富通者在我也。何谓贫乎？'于是赐邓通蜀严道铜山，得自铸钱，'邓氏钱'布天下。其富如此。"本纪中详载文帝之功，而在他篇中又举出其过失之处。由于司马迁运用匠心，对史实作如此恰当的处理，就使读史者了解历史人物的行为、性格、功过，既认识其值得肯定的主要方面，又掌握其弱点或过失的另一面，善恶功过兼见，主次清楚，全面衡量。——这就是司马迁运用"互见法"对后人的启示。

第十二讲

"画龙点睛":议论的灵活运用

恰当、灵活地运用议论，是《史记》取得非凡成就的重要手段，也是司马迁表达其对历史深刻见解的重要方法。历史著作无疑是以记载史实为主要任务，但需要以恰当的议论与之配合。议论的主要功能有二。其一是阐释史实，在记载史实的基础上，揭示出人物活动和事件演变的意义。司马迁深刻地懂得，仅把事件记载了，把人物的行为、语言记述了，把制度或社会情状陈述了，不等于其内在意义都能让读者明了，有时还需要恰当地发表议论，将其隐含的意义予以指明。换言之，恰当运用议论，有利于增强史书的深刻性。司马迁又深刻地懂得，史书不应限于平铺直叙，而需要在关键处正面讲出史家胸中之爱憎好恶，以触发读者的喜怒哀乐，引起共鸣。这就是议论的第二项功能，增强史书的感染力。司马迁的议论都不是外加的，而是与记述的史实紧密结合、互相呼应，成为其杰出史著不可分割的一部分。唐代刘知幾对此未予深入体会，曾提出偏颇的批评，其论云："夫论者所以辩疑惑，释凝滞。若愚智共瞭，固无俟商榷。丘明'君子曰'者，其义实在于斯。司马迁始限以篇终，各书一论。必理有非要，则强生其文，史论之烦，实萌于此。"（《史通通释》卷四《论赞》）对此看法，前代学者未见有表示赞同者。清代牛运震则对《史记》议论的运用作了高度评价："太史公论赞，或隐括全篇，或偏举一事，或考诸涉历所亲见，或证诸典记所参合，或于类传之中摘一人以例其余，或于正传之外摭轶事以补其漏，皆有深意远神，诚为千古绝笔。"（《史记评注》卷一）这些看法并非过誉，对于我们实在很有启发。

《史记》书中恰当运用议论的成功之处不胜枚举，以下从三个方面作简要论述。

一、深化历史主题　总结成败得失

通过议论正面讲出对史事变迁的卓越见解，是司马迁实现其"通古今之变"这一著述宗旨的重要凭藉。这首先集中体现在各篇本纪之中。因为，按照司马迁的设置，"本纪"是著史之纲领，集中记载政治、军事、经济、民族、制度等大事，显示历史变迁的主线。而同时，纪传体的体裁又决定各篇本纪要兼写帝王的性格，而在封建时代天子独尊纲纪天下的体制下，帝王的贤愚仁暴当然又决定国政的兴衰。秦汉之际的历史变局是《史记》记述的一个关键时期，《秦始皇本纪》提纲挈领，记载了秦如何凭借强盛的国力逐步兼并山东六国，其后又因滥施暴政而致顷刻灭亡。司马迁认为，秦朝兴亡的经验教训有深刻的历史鉴戒意义，若仅止于记载史实尚不能充分地揭示出来，必须运用正面议论对史实加以深化、提升，才能达到让世人警省的目的。司马迁极其赞同贾谊对秦朝灭亡历史教训的总结，故言"善哉乎贾生推言之也"，直接引用《过秦论》全文，以贾谊的精到评论启发读者对历史的认识。

贾谊最具震撼力的警句是"仁义不施而攻守之势异也！"围绕这一核心观点，他从多方面作了酣畅淋漓的分析。贾谊讲，秦国据有险要的形势，在与山东六国对抗中曾起到重要的作用："秦地被山带河以为固，四塞之国也。自穆公以来，至于秦王，二十余君，常为诸侯雄。岂世世贤哉？其势居然也。"而山东六国又各怀利己的目的，因此合纵无法成功，反被秦各个击破。秦始皇即凭借强盛的国力，实现统一大业："及至秦王，续六世之余烈，振长策而御宇内，吞二周而亡诸侯，履至尊而制六合，执棰拊以鞭笞天下，威震四海……良将劲弩守要害之处，信臣精卒陈利兵而谁何，天下以定。秦王之心，自以为关中之固，金城千里，子孙帝王万世之业也。"贾谊进而揭示出秦朝骤亡的深刻教训是，统一的秦朝面对的是自战国以来饱经战乱的黎民百姓，他们急切地需要得到安抚，解除沉重负担，医治战争创伤。而秦始皇却不知改弦更张，反而继续实行暴虐统治，穷兵黩武，根本违背历史潮流，把民众推向死亡的边缘，这就必然激起民众的剧烈反抗："夫并兼者高诈力，安定者贵顺权，此言取与守不同术也。秦离战国而王天下，其道不易，其政不改，是其所以取之守之者无异也。孤独而有之，故其亡可立而待。""故秦之盛也，繁法严刑而天下振；及其衰也，百姓怨望而海内畔矣。"贾谊总结的历史教训极其深刻，其议论掷地有声！出身雇农的陈涉，正是在这种形势下点燃反秦的烈火，"斩木为兵，揭竿为旗，天下云集响应，赢粮而景从，山东豪俊遂并起而亡秦族矣"。贾谊一再强调人们要深刻记住这历史教训，本来秦国形势险要、兵力强盛，而陈涉出身贫贱、武器陋劣，强弱的形势对比悬殊。然而反秦起义取得胜利，不可一世的秦皇朝迅速灭亡，"成败异变，功业相反"，原因就是滥施暴政必然走向灭亡，由此而得出的"仁义不施而攻守之势异也"的结论，足以昭示百代！《秦始皇本纪》的篇末赞语全文引用《过秦论》，其作用即为在记载秦国大量史实的基础上，大大深化时代的主题。

发人深省的是，司马迁对于项羽这位在反秦浪潮中叱咤风云的人物功过的评价，也与这一时代主题相呼应。《项羽本纪·赞》中，充分肯定了项羽率领农民起义军击溃秦军主力推翻秦朝的历史功绩，云："夫秦失其政，陈涉首难，豪杰蜂起，相与并争，不可胜数。然羽非有尺寸，乘势起陇亩之中，三年，遂将五诸侯灭秦，分裂天下，而封王侯，政由羽出，号为'霸王'，位虽不终，近古以来未尝有也。"同时深刻指出，项羽失败的根本原因，就是滥施杀戮，不实行仁政，不安抚百姓，与历史潮流背道而驰："自矜功伐，奋其私智而不师古，谓霸王之业，欲以力征经营天下，五年卒亡其国，身死东城，尚不觉悟而不自责，过矣。"不谋救民于水火之中，而自矜功伐，以武力压服，这些严肃的批评，正是篇中所载"楚军夜击坑秦卒二十余万人新安城南"，"项羽引兵西屠咸阳，杀秦降王子婴，烧秦宫室，火三月不灭；收其货宝妇女而东"，又在攻齐之时，"北烧夷齐城郭室屋，皆坑田荣降卒，系虏其老弱妇女"，"徇齐至北海，多所残灭"种种倒行逆施的集中概括，对所载史实加以提升和深化。

同样值得我们仔细体味的是，对于王翦、李斯、蒙恬这几位辅助秦始皇攻灭六国、兼并天下起了重大作用的人物，司马迁也正是在把握历史变动的趋势和反映民众的根本要求的高度，指出他们的严重过失：

> 王翦为秦将，夷六国，当是时，翦为宿将，始皇师之，然不能辅秦建德，固其根本，偷合取容，以至殁身。（《史记》卷七十三《白起王翦列传·赞》）

> （李斯）以辅始皇，卒成帝业，斯为三公，可谓尊用矣。斯知六艺之归，不务明政以补主上之缺，持爵禄之重，阿顺苟合，严威酷刑，听高邪说，废嫡立庶。诸侯已畔，斯乃欲谏争，不亦末乎！人皆以斯极忠而被五刑死，察其本，乃与俗议之异。（《史记》卷八十七《李斯列传·赞》）

> 夫秦之初灭诸侯，天下之心未定，痍伤者未瘳，而恬为名将，不以此时强谏，振百姓之急，养老存孤，务修众庶之和，而阿意兴功，此其兄弟遇诛，不亦宜乎！何乃罪地脉哉？（《史记》卷八十八《蒙恬列传·赞》）

从引贾谊的主张，畅论"仁义不施而攻守之势异也"，到严肃责备蒙恬身为名将却不明当时"振百姓之急，养老存孤"的要务，以上各篇论赞共同突出的就是从六国连年攻战，到秦朝统一，时代的主题就是治国者必须直面百姓长期饱受战争、徭役之苦，伤残待救的现实，改变武力征伐的暴力手段为实行"德治"的方针，让民众获得生存和发展的机会。这些篇章的议论，与各篇所载史实紧密结合，阐明了从战国到秦楚之际历史变局的客观要求，并以此为标准，分析、论定秦始皇、王翦、李斯、蒙恬、项羽的功过。司马迁眼光深远，态度客观公正，所论各项已成为人们的共识，堪称是运用史论深化历史主题、论定人物功过的成功例证。

公元前206年汉朝建立，标志着历史进入了新的阶段。《高祖本纪》记载了汉高祖刘邦从举兵参加反秦起义到创建西汉国家所经历的艰难征战、纷繁复杂的史实，总括起来是做了两件大事。一是刘邦在各路反秦将领中首先攻进关中、接受了秦孺子婴的投降，以后在与项羽的长期争战中最终取胜；二是刘邦建立了汉朝，在满目疮痍、民生涂炭的局面下安定民众、重建社会秩序。刘邦之所以能够最终战胜军事上居于强势的"西楚霸王"，就在于他顺应社会潮流，懂得安抚人心的重要，废除秦朝严酷的法律，采取一系列轻徭薄赋、招流民回乡、恢复生产的措施。《高祖本纪·赞》对此作了高度评价，云："三王之道若循环，终而复始。周秦之间，可谓文敝矣。秦政不改，反酷刑法，岂不缪乎？故汉兴，承敝易变，使人不倦，得天统矣。"得天统，即指汉高祖治国施政的方针反映了时代的要求，因而得到民众的拥护。由于强调"承敝易变"符合社会前进的客观规律，就使篇中所载在关中与父老约法三章、悉除秦苛法，秦人大喜，争持牛羊酒食献飨军士，唯恐沛公不为秦王，而项羽却"屠烧咸阳秦宫室，所过无不残破，秦人大怨望"等史实的意义得到凸显。值得注意的是，在其他记载汉初历史的相关篇章中，同样发表了中肯有力的议论，概括所载具体史实，深化时代主题。《吕太后本纪·赞》云："孝惠皇帝、高后之时，黎民得离战国之苦，君臣俱欲休息乎无为，故惠帝垂拱，高后女主称制，政不出房户，天下晏然。刑罚罕用，罪人是希。民务稼穑，衣食滋殖。"《萧相国世家·赞》云："萧相国何于秦时为刀笔吏，录录未有奇节。及汉兴，依日月之末光，何谨守管籥，因民之疾秦法，顺流与之更始。淮阴、黥布等皆以诛灭，而何之勋烂焉。位冠群臣，声施后世，与闳夭、散宜生等争烈矣。"《曹相国世家·赞》又云："（曹）参为汉相国，清静极言合道。然百姓离秦之酷后，参与休息无为，故天下俱称其美矣。"司马迁既在各篇中记载了大量可靠的史实，又一再以议论强化这一时代主题，于是西汉初年惩秦之弊，废除苛法，清静无为，减轻剥削，与民休息，因而能在较短时间内医治战争创伤，恢复生产，由此奠定了西汉国家强盛的基础，便成为中华民族又一宝贵的历史记忆。

二、直面社会问题 抒发人生感慨

司马迁依靠对各个历史阶段精彩的议论来表达其"通古今之变"的卓识，同样的，其"成一家之言"的成就也是大量依靠有的放矢的议论来体现。司马迁记载了华夏民族漫长的历史，"稽其成败兴坏之理"，对于国家民族如何避免危机困厄，走向发展坦途，怀有真知灼见；他多次壮游，到过广大地区调查访问，接触过各阶层人物，对于社会状况、民生疾苦有深刻的了解。他有强烈的现实关怀，要效法先秦诸子那样，以这部《太史公书》，结合历史，讲出如何使国家长治久安的主张。司马迁的议论很丰富，其中尤为突出的是"安民""富民""任贤"三大项。

司马迁对汉文帝的评价，就鲜明地体现出其"安民"的思想。《孝文本纪》详载汉文帝即位后继续大力执行"与民休息"的治国方针，如，诏告天下"农为天下之本"，奖励农耕，举行亲耕籍田之礼，为臣民作表率；实行轻徭薄赋，减轻民众负担，于文帝二年（前178）下诏"务省徭费以便民"，罢中卫军，省太仆马匹，又于文帝十三年（前167）下令免天下田租；废除酷刑和株连治罪的刑律，除收奴相坐律，除"诽谤妖言之罪"，废肉刑；对于威胁北方边境的匈奴一方面严密防守，如来袭扰，立即出兵迎击，平时坚兵斥候，另一方面实行"和亲"之策。汉文帝在位二十三年，有效地实行上述奖励生产、恢复民力、安定社会、避免大规模征战的政策，开启了历史上著名的"文景之治"。民众得以休养生息、安居乐业，国家财富迅速增加，成为中华民族进化史上重要的上升期。司马迁高度评价汉文帝"安民"的治国方针和取得的巨大成效。《孝文本纪》在详细记载史实的基础上，以一段感情充沛的议论作总结，一再赞誉汉文帝"利民""毋烦民""恶烦苦百姓""专务以德化民"的治国方针和取得的巨大成效：

> 孝文帝从代来，即位二十三年，宫室苑囿狗马服御无所增益，有不便，辄弛以利民。尝欲作露台，召匠计之，直百金。上曰："百金中民十家之产，吾奉先帝宫室，常恐羞之，何以台为！"上常衣绨衣，所幸慎夫人，令衣不得曳地，帏帐不得文绣，以示敦朴，为天下先。治霸陵皆以瓦器，不得以金银铜锡为饰，不治坟，欲为省，毋烦民。南越王尉佗自立为武帝，然上召贵尉佗兄弟，以德报之，佗遂去帝称臣。与匈奴和亲，匈奴背约入盗，然令边备守，不发兵深入，恶烦苦百姓。吴王诈病不朝，就赐几杖。群臣如袁盎等称说虽切，常假借用之。群臣如张武等受赂遗金钱，觉，上乃发御府金钱赐之，以愧其心，弗下吏。专务以德化民，是以海内殷富，兴于礼义。（《史记》卷十《孝文本纪》）

最后又在篇末赞语中反复誉汉文帝之施政治国，达到了孔子陈义极高的"仁政"的标准，评价文帝在历代帝王中是一位"德至盛"的人物："孔子言'必世然后仁。善人之治国百年，亦可以胜残去杀'。诚哉是言！汉兴，至孝文四十有余载，德至盛也，廪廪乡改正服封禅矣，谦让未成于今。呜呼，岂不仁哉！"

如何对待匈奴，这在当时是极为尖锐的现实政治问题。自秦及汉初以来，匈奴连续大规模侵扰，对于北方边境安全和民众生产生活构成严重威胁。汉武帝派兵攻伐，是自卫性军事行动，司马迁对此是赞成的。《太史公自序》中总括《今上本纪》的撰述义旨是："汉兴五世，隆在建元，外攘夷狄，内修法度，封禅，改正朔，易服色。"对汉武帝的功业作了充分肯定，赞扬其雄才大略，兴造制度，多所设施。而同时，司马迁又极其关心民众疾苦，他对于连年出兵几十万攻伐，内心并不赞成，上述《孝文本纪》中所载汉文帝驻兵边境，严密防守，而不征发大军深入攻打的策略，他是更加赞成的。司马迁对匈奴问题的重视，集中见于《匈奴列传》，其上篇是《李将军列传》，下篇是《卫将军骠骑列传》，各记载李广、卫青、霍去病等大将长期率军与匈奴作战的经历，《匈奴列传》本篇则详细记载匈奴的社会状况以及自秦以来汉与匈奴的关系。司马迁出于重新让百姓获得安定生活，结束连年大规模征伐、"天下苦其劳"局面的强烈愿望，在篇末发表议论：

> 孔氏著《春秋》，隐、桓之间则章，至定、哀之际则微，为其切当世之文而罔褒，忌讳之辞也。世俗之言匈奴者，患其徼一时之权，而务谄纳其说，以便偏指，不参彼己；将率席中国广大，气奋，人主因以决策，是以建功不深。尧虽贤，兴事业不成，得禹而九州宁。且欲兴圣统，唯在择任将相哉！唯在择任将相哉！（《史记》卷一百一十《匈奴列传》）

出于对国家民族命运的严重关切和史家的责任感，使司马迁不畏压力，敢于对牵动朝野人士神经的军政大事陈述本人忠直之见！他首先坦率地承认，当孔子修《春秋》之时，即采取"定、哀多微词"的做法，时代越近，著史者因惧祸而多忌讳，故多采用隐晦的说法。尽管人人都对议论匈奴问题提心吊胆，但他为了广大民众的生存，却不怕触犯忌讳，而要正直建言。他批评朝臣中的文官为了邀宠，而一味讲谄媚的话，只讲一面之词，不详究敌我双方的终始利害；武将则恃国强兵多，贪图建立战功。文武官员众口一词，向皇帝进言必须派大兵攻打，而根本不考虑连年征战造成的国库虚耗、民众困苦不堪的严重后果，"人主因以决策，是以建功不深"！这等于司马迁向武帝上建言书，要求他反省对匈奴的决策。司马迁明知连年出兵攻伐是武帝头脑中的兴奋点，却勇于如此建言，说明他对民众过安定生活是多么关切！同时表现出他不畏惧巨大压力、敢于针砭现实政治弊病的高尚史德！

司马迁强烈的"富民"思想在古代著作家中更属于凤毛麟角，这集中见于《货殖列传》中的出色议论。在当时，视工商为末业，商人社会地位低下，司马迁却以独具的历史洞察力，认识到工商业活动对于推动社会前进的巨大作用。所以他要以苦心经营的专篇为成功的工商业者立传，称："布衣匹夫之人，不害于政，不妨百姓，取与以时而息财富，智者有采焉。作《货殖列传》。"（《史记》卷一百三十《太史公自序》）认为工商业者的成功和智慧，是社会前进的助力。司马迁高瞻远瞩，总结对社会发展的法则性认识和民众对物质生活的需求，发表了一系列精彩的议论。

首先，是对老子将小国寡民、老死不相往来的初始社会视为"至治之极"的倒退历史观提出驳论，指出其绝对行不通："必用此为务，挽近世涂民耳目，则几无行矣。"然后紧密结合全国广大地区不同的经济生活状况和工商业者成功的致富活动，深刻地论述三层道理。一是，追求满足物质生活的需要是人类的本能，治国者只有因势利导："故善者因之，其次利道之，其次教诲之，其次整齐之，最下者与之争。"并认为，全国各地的物产互相交换，推动社会的发展，物质生产活动有自己的客观规律。二是，强国之道即在于增殖财富，人们的社会影响力和道德水平都与拥有一定的财富相联系。"礼生于有而废于无。故君子富，好行其德；小人富，以适其力。渊深而鱼生之，山深而兽往之，人富而仁义附焉。富者得势益彰，失势则客无所之，以而不乐。"三是，求富是天生合理的要求，从士农工商各阶层，到官员、将领，人人都为获得财富而竭智尽力："由此观之，贤人深谋于廊庙，论议朝廷，守信死节隐居岩穴之士设为名高者安归乎？归于富厚也。"因此，这篇《货殖列传》不仅是创立记载经济史的名篇，而且是思想史的杰作。司马迁崇尚儒学，他吸收了儒学的精华，而又勇于超越。孔子讲："君子喻于义，小人喻于利。"（《论语·里仁》）孟子讲："何必曰利？亦有仁义而已矣。"（《孟子·梁惠王上》）与司马迁同时代的儒学大师董仲舒讲："正其谊不谋其利，明其道不计其功。"（《汉书》卷五十六《董仲舒传》）他们是儒家圣人和大师，都反对言利和讳于言利。司马迁却大力肯定追求财富天生合理，他反对官府利用国家权力与民争利，主张实行经济放任政策，让人们自由致富，他提出了在儒学体系中所缺略而又对社会发展具有重大意义的新学说，因而实现了对传统思想的重大突破。

"任贤"是司马迁直面社会现实而一再予以强调的又一课题。他通过总结历史经验得出深刻的认识：实现社会安宁、经济发展，施行惠民措施、革除害民窳政，都得依靠任用文武贤才；对于位居"至尊"的皇帝能够净谏、对其掌握的最高权力能够发挥某些制约作用的，也只有靠贤明的将相。所以他在《匈奴列传·赞》中，将如何对待匈奴和战这一事关国家安危全局的问题归结到任用贤才："尧虽贤，兴事业不成，得禹而九州宁。且欲兴圣统，唯在择任将相哉！唯在择任将相哉！"可以再举出书中成功运用的其他例子。在论述典章制度的重要篇章《乐书》开篇，司马迁含义深长地告诫要从《虞书》中所载君臣关系吸取正反面经验："余每读《虞书》，至于君臣相敕，维是几安，而股肱不良，万事堕坏，未尝不流涕也。"《管晏列传·赞》大力表彰春秋齐国两位贤臣管仲、晏婴既能辅佐国君善政，又能规劝其过失："语曰'将顺其美，匡救其恶，故上下能相亲也'，岂管仲之谓乎？"在《楚元王世家·赞》中，更有力地强调所任用大臣的品德与才能是国家安危存亡的决定因素："国之将兴，必有祯祥，君子用而小人退。国之将亡，贤人隐，乱臣贵……贤人乎，贤人乎！非质有其内，恶能用之哉？甚矣，'安危在出令，存亡在所任'，诚哉是言也！"恰与《匈奴列传·赞》中针对现实而发的议论"且欲兴圣统，唯在择任将相哉！"互相呼应。

　　《史记》运用议论的又一作用，是发表对时势变迁、人物命运的感慨。诚然，历史著作是以记述史实为主，但史家往往又要在恰当地方发表感慨，这是因为他对于历史场景的曲折变化、人物命运的陡升陡降，不能冷眼旁观、无动于衷。而要自然而然地发表感想，用以深化事件的意义，或表达对人物的褒贬爱憎。这里也举出若干典型例证。《伍子胥列传·赞》称颂伍子胥隐忍受辱、最终报了楚国君杀父之仇，是大义之举："向令伍子胥从奢俱死，何异蝼蚁。弃小义，雪大耻，名垂于后世，悲夫！方子胥窘于江上，道乞食，志岂尝须臾忘郢邪？故隐忍就功名，非烈丈夫孰能致此哉？"对于历史上能从困厄中奋起、最终成就功业的人物，司马迁一再大力予以表彰。如，《范雎蔡泽列传·赞》对范雎、蔡泽忍辱负重，虽屡遭逆境而不绝望，最后成为地位显赫的人物表示敬佩，同时再三感慨二人羁旅入秦，适逢秦始皇大举兼并六国、急需贤能之士的机遇，因而最终得以展现其才干的因缘际会。《季布栾布列传·赞》认为季布是一位屡建战功的勇士，而当他被贩卖为奴隶、受尽屈辱之时，却不轻易去死，而胸怀远大志向、坚强地活下来，终于成为名将，栾布为了替彭越辩白冤名，而不避汤镬之祸，一个苟活避死，一个勇于赴死，他们是在完全不同的情况下正确地对待死，都是大勇的表现。故赞扬曰："以项羽之气，而季布以勇显于楚，身屦（典）军搴旗者数矣，可谓壮士。然至被刑戮，为人奴而不死，何其下也！彼必自负其材，故受辱而不羞，欲有所用其未足也，故终为汉名将。贤者诚重其死。夫婢妾贱人感慨而自杀者，非能勇也，其计画无复之耳。栾布哭彭越，趣汤如归者，彼诚知所处，不自重其死。虽往古烈士，何以加哉！"

司马迁有过特殊的沉痛屈辱的经历，天汉三年（前98），因李陵之祸遭受腐刑。由于司马迁遭受如此巨大的痛苦，对于正确对待生死有深刻的体会，尤其对忍受屈辱、以求最后实现心中崇高目标更时刻不忘，因此，他每每在篇中结合人物曲折际遇、人情世态炎凉，抒发感受，用以自况。其所发议论，都能加深读者对人物命运、事件曲折的认识，或打动读者内心、引起强烈共鸣。

三、发表议论灵活多样的形式

以上我们举证和分析了《史记》中大量对议论的成功运用。这些议论，有对重要历史主题的提炼和阐述，有对人物行事成败经验教训的总结，更有直面社会现实问题，发表史家对于"安民""富民"和"任贤"的卓越见识，也有表达对生死考验和人生浮沉际遇的感慨。司马迁结合史实发表的议论内容之丰富，其历史见解之深刻，表达感情之真切激越，确实令人敬佩，发人深思，更使人感奋！毫无疑问，成功发表议论，是司马迁实现其"究天人之际，通古今之变，成一家之言"的重要手段，也是司马迁在历史编纂学上的杰出创造！

还需强调的是，司马迁发表议论的方式不是拘于一格或程式化的，而是灵活多样，他紧扣史实而发，伴随行文的收放开合、波澜起伏而发，唯其如此，才与历史叙事互相交融、浑然一体，使读者自然而然地得到启发，受到感染。此项同样对于我们改进今天的历史书写、使之增强深刻性和感染力，很有启发。

前已论及，发表议论最主要的方式是篇末论赞，《史记》一百三十篇大部分有论赞，起到画龙点睛的作用，深化所记载史实的意义。还有三种方式，与这一基本方式错落使用、互相配合，因而使全书精义纷呈，妙趣横生。

第一种，是篇前议论。《史记》十篇表的序对此的运用最为突出，并且担负着极其重要的作用。简要言之，一是交待司马迁记述、整理各个时期历史的史料依据，他甄别、考核史料的标准，他编制这十篇用以表述各个时期历史演进趋势的史表所使用的方法。如，《三代世表》的序，是讲他记载上古史，面临着两类材料，他是如何审慎择用的？记载华夏民族的历史应从何开始？对于这些关系重大的问题，他主要都依据孔子的成果，效法孔子的谨慎态度。《十二诸侯年表·序》和《六国年表·序》内容更为丰富。前一篇序，首先概述周室东迁之后，"（诸侯）是后或力政，强乘弱，兴师不请天子。然挟王室之义，以讨伐为会盟主，政由五伯"的局面，而齐、晋、秦、楚本处于四徼，然四国之君利用其有利形势，艰难经营，遂相继成为大国，演出"四海迭兴，更为伯主"的活剧。接着表彰孔子著成《春秋》的意义，并概述又有《左氏春秋》《铎氏微》《虞氏春秋》《吕氏春秋》等相关著作出现。最后申明撰著本篇的要义是旨在克服各家记载的缺陷，删其要略，将春秋时期"盛衰大指"呈现于读者面前。后篇序则揭示《六国年表》明确以秦由崛起到统一全中国为战国时期历史发展的总纲。首言"太史公读《秦记》"，引出无限感慨，次言六国时期的历史特点，最后归结于"秦取天下多暴，然世异变，成功大"，讥笑学者不敢承认秦朝的历史贡献："学者牵于所闻，见秦在帝位浅，不察其终始，因举而笑之，不敢道，此与以耳食无异。悲夫！"

同样，《秦楚之际月表·序》首先以极其宏大的气魄，高屋建瓴地概括秦楚之际历史风云的巨大变局，然后高度评价刘邦举兵起义，推翻暴秦，创立西汉国家的巨大历史意义。《汉兴以来诸侯王年表·序》亦是大处落笔、提挈一个时期历史大事的出色史论，先言汉初因天下初定，采取大兴子弟为王的政策，意在屏蕃天子，其时诸侯王势力极强。此后诸侯王国骄奢淫逸，尾大不掉，成为对抗朝廷的力量。至汉武帝实行强干弱枝政策，削诸侯王封地，推恩子弟，中央集权得以加强。由此可见，《史记》的各篇年表正因为有这些提挈一个历史时期演进特点的序论，才与"本纪"共同担负阐明"通古今之变"的重要任务，因而在五体结构中占据位列第二的地位。

司马迁在"八书"中也有多篇精心撰写的序论，揭示国家典章制度对于施政治理的作用。如，《礼书》序论开宗明义，即强调礼制具有"宰制万物，役使群众"的强大力量；而礼仪的制定依据是人类性情、社会状况："缘人情而制礼，依人性而作仪。"《乐书》序论则概言乐为经国之大事，既可以兴邦，亦可以覆国。"成王作《颂》，推己惩艾，悲彼家难"，因而能善始善终。而六国之君"流沔沉佚，遂往不返，卒于丧身灭宗，并国于秦"。《律书》序论指出："王者制事立法，物度轨则，壹禀于六律，六律为万事根本焉。"《历书》序论则强调制定历法与新王受命和国家治理直接关联："王者易姓受命，必慎始初，改正朔，易服色，推本天元，顺承厥意。"

值得特别关注的是《外戚世家》序论。在三十篇"世家"中，它是唯一的一篇序论。而更为可贵的是，作为记汉朝后妃及其外戚地位升降的专篇，其篇前的议论能够摆脱儒家经师惯于宣扬"后妃之德"既不妒忌又无怨争的说教，而从政治盛衰、伦理关系、夫妇情爱等角度，写出本人的独特见解和真实感受。序论云，帝王的婚姻有政治联姻的作用，古代开国之君往往得到后妃外家氏族集团力量的有力帮助："自古受命帝王及继体守文之君，非独内德茂也，盖亦有外戚之助焉。"并举出殷之兴也以有娀，周之兴也以姜原及大任。进而提出夫妇是人伦中最重要的关系，对于婚姻必须特别慎重，夫妻间关系和谐，能够影响和派生一切，并强调夫妻之爱超过其他一切，是其他人伦关系不能代替的，故曰："夫妇之际，人道之大伦也。礼之用，唯婚姻为兢兢。夫乐调而四时和，阴阳之变，万物之统也。可不慎与……甚哉，妃匹之爱，君不能得之于臣，父不能得之于子，况卑下乎！"以上司马迁论述后妃外戚在政治上的作用，论述慎重缔结婚姻之重要，和夫妻爱情在人类生活中的特殊地位，都蕴含着深刻哲理和高度智慧，值得我们珍视。

"列传"中，司马迁在《循吏列传》《儒林列传》《酷吏列传》《游侠列传》《佞幸列传》《滑稽列传》等篇类传中都撰写序论，用以概括这些社会群体的行为、道德和作用。

第二种，是篇中的议论。篇末论赞和篇前序论是司马迁创造的发表议论的两种基本形式，然而他并不局限于此，在有的篇中又根据需要紧扣史实发表议论，是用以深化叙事的意义，增加文章的波澜。仅举典型的几例。

《天官书》是第一次将古代天文学知识置于历史学考察之内的重要篇章。古代星占家因热衷天人感应之说，往往将天象变异拿来与人间现象相比附，司马迁却在篇中提出批评，云："所见天变，皆国殊窟穴，家占物怪，以合时应，其文图籍禨祥不法。是以孔子论六经，纪异而说不书。至天道命，不传。""田氏篡齐，三家分晋，并为战国。争于攻取，兵革更起，城邑数屠，因以饥馑疾疫焦苦，臣主共忧患，其察禨祥候星气尤急。近世十二诸侯七国相王，言从衡者继踵，而皋、唐、甘、石因时务论其书传，故其占验凌杂米盐。"这些议论堪称闪射出其唯物主义思想的光辉！

《屈原贾生列传》记述屈原遭上官大夫谗毁，被楚怀王疏远，流落南方，行吟泽旁，满怀爱国忧思和激愤之情而著《离骚》。司马迁于此感情奔涌，插入一段议论：

> 屈平疾王听之不聪也，谗谄之蔽明也，邪曲之害公也，方正之不容也，故忧愁幽思而作《离骚》。离骚者，犹离忧也。夫天者，人之始也；父母者，人之本也。人穷则反本，故劳苦倦极，未尝不呼天也；疾痛惨怛，未尝不呼父母也。屈平正道直行，竭忠尽智以事其君，谗人间之，可谓穷矣。信而见疑，忠而被谤，能无怨乎？屈平之作《离骚》，盖自怨

生也。《国风》好色而不淫，《小雅》怨诽而不乱。若《离骚》者，可谓兼之矣。上称帝喾，下道齐桓，中述汤武，以刺世事。明道德之广崇，治乱之条贯，靡不毕见。其文约，其辞微，其志洁，其行廉，其称文小而其指极大，举类迩而见义远。其志洁，故其称物芳。其行廉，故死而不容。自疏濯淖污泥之中，蝉蜕于浊秽，以浮游尘埃之外，不获世之滋垢，皭然泥而不滓者也。推此志也，虽与日月争光可也。

这是司马迁对屈原忠贞爱国的高洁品质和杰出才华的一曲礼赞，评价精当，因而世代传诵；又是评判忠贞与邪恶的一把标尺，能洞察真伪，使物无遁形；同时，也是一面明亮的镜子，清楚地照出史家本人与屈原同样的磊落襟怀和爱国衷肠。正因为有这段精彩的议论，遂使屈原的伟大人格和《离骚》的不朽价值获得了千古定评，也使本篇以至《史记》全书放射出异彩！《张丞相列传》中的一段议论则恰与此相映成趣。此篇实为合传，司马迁在记载张苍（高祖时为御史大夫，孝文帝即位之后，继灌婴为相）、周昌（御史大夫）、申屠嘉（先为御史大夫，后继张苍任丞相）等人事迹之后，插入一段议论，严肃地批评陶青、刘舍等人身居相国要职，却只知奉迎应付保住职位，而对国家大事、民生福祉毫无建树，与屈原舍身为国的精神形成鲜明的对照。

第三种，是因特殊情况的需要，通篇记述与议论交替运用，互相交融，相得益彰。《伯夷列传》中记伯夷、叔齐叩马谏武王伐纣，后武王已平殷乱，天下宗周，伯夷、叔齐耻之，义不食周粟，遂饿死于首阳山的事迹，史实只及全篇的三分之一。其余开头、结尾各段落都是发表议论，对"天道无亲，常与善人"的流行观点公开质疑；对于作恶多端的人竟以寿终，而正直君子却连遇祸灾的不合理的现实表示愤慨；又论"伯夷、叔齐虽贤，得夫子而名益彰"，寓含本人发愤著史，亦要让出身贫贱而志节高尚的人扬名后世的志向。司马迁如此大量发表议论，其用意，是以此篇作为七十列传之总序。再者，居于"列传第六十九"的《货殖列传》，是记载工商业者成功致富的专篇，又从多方面抒发史家的议论，记载史实与议论层层结合，互相交融。如，对老子倒退历史观提出驳论，强调大众满足物质需要的天然合理性，又结合记述山西、山东、江南等自然区域的不同物产，论述发展生产和交换，"若水之趋下，日夜无休时"的客观法则性；记述齐太公通鱼盐之利，管仲设轻重九府，使齐国富强，称霸诸侯，范蠡、计然、子贡、白圭善于经营致富，乌氏倮因畜牧致富，巴寡妇清因采丹砂矿发家、可比封君等史实，又结合抒发"人富而仁义附焉""富者得势益彰"的道理；记载全国关中、巴蜀、陇西、三河、代北、邯郸、燕、齐鲁、梁宋、西楚、东楚、南楚等主要经济区的不同物产和经营活动，又结合畅论"富者，人之情性，所不学而俱欲者也""农工商贾畜长，固求富益货也"的主张。本篇既是记载工商业者的类传，在结构上又是全部列传的后殿，在记载了丰富多样的史实之后，司马迁要讲出所有不同地位、不同性格的人物和行事是在怎样的物质生产舞台上展现的，要讲出这些下层货殖人物"不害于政，不妨百姓，取与以时而息财富"的价值，要讲出物质生产和交换活动对于推动社会前进的意义，要让人们懂得"人各任其能，竭其力，以得所欲"是普遍性法则的道理。凡此等等，就需要全篇采用这种特殊的夹叙夹议手法，将篇中广泛、真实、生动的史实叙述，与深刻、透彻、感情激越的议论相结合，从而使全部列传的内容具有更深一层的意义。

作为全书第一百三十卷的《太史公自序》，更把记叙与议论相结合的表达方法推向了极致。司马迁撰成这部气魄雄伟，内容丰富生动、真实可信，记载了华夏民族几千年历史的巨著，他所凭藉的条件是什么呢？司马迁撰成这部伟大著作，他的旨趣和目标又是什么呢？这些都是司马迁要郑重其事向读者交待的问题。司马迁为此作了苦心经营，在《太史公自序》中，记述了司马氏的家世、父亲司马谈的学术思想，记述了元朔三年（前126）司马迁出发在全国壮游的经历，记述了元封元年（前110）汉武帝东巡泰山封禅、司马谈因病滞留周南，临死前拉着司马迁的手，郑重地将绍明世、继《春秋》、撰成《史记》的大事托付给他，又记述了上大夫壶遂与司马迁的问答，记述了天汉三年（前98）司马迁因遭李陵之祸被处腐刑，在屈辱中奋起、发愤著述。紧扣这些史实，司马迁充分肯定儒家六经享有崇高地位，尤其高度评价《春秋》别嫌疑、明是非，具有拨乱世反之正的威力，是礼义之大宗，表明他本人尊崇儒学的态度；又强调他发愤著述，是要发扬孔子厄陈蔡而著《春秋》、屈原放逐而著《离骚》的精神，要"述往事，思来者"。尤其是，本篇中一一提炼出《史记》一百三十篇撰著义旨，并进而概括全书的著述目标是"罔罗天下放失旧闻，王迹所兴，原始察终，见盛观衰"，"成一家之言，厥协《六经》异传，整齐百家杂语"。司马迁在著成全书之后，又如此完整、准确地将一百三十篇撰著义旨和全书宗旨全部论定，成为后人理解《史记》深邃蕴涵的准绳。当时司马迁已经精神恍惚，将不久于人世，却仍然以惊人的毅力，对全书体例作了如此严密、精当的处理，他为著史而耗尽全部心血的认真态度和献身精神，是多么令人敬仰！

司马迁在史著中灵活多样地成功运用议论，在今天对我们具有现实启示的意义。在当代史坛，每每会听到有学者发表史书中只须直书其事、不必再发表议论的主张。之所以有这种主张，实与人们鉴于曾经有一度因为教条主义猖獗，有的论著热衷于陈饰空论以代替扎实的史实征引和深入的论证相关，因而片面地贬低甚至反对使用议论。其实那种情况是假、大、空恶劣学风所造成的严重弊病。我们不能因噎废食，更不能本末颠倒。议论不等于空话，切中肯綮的议论恰恰能使史著大为生色，增加史著的学术价值和力量。我们应当认真地从司马迁的成功经验中获得启示，将丰富、准确的史实，朴实生动的叙事和恰当灵活的议论三者结合起来，使我们所撰写的史学论著避免平淡乏味，而能增强其理论性的力量和感染的力量！

第十三讲

贯穿《史记》全书的非凡史识

《史记》之所以被长期传诵、经久不衰,不仅因为它开创了五体配合的新体裁、编织了精密恰当的体例、刻画了千姿百态的历史人物、记录了纷纭复杂的历史事实,更缘于全书自始至终贯穿着非凡的史识,真正做到了"究天人之际,通古今之变,成一家之言"。其中,最值得称道的是司马迁对历史大势的把握以及胸怀天下、容纳各家的气度。他把秦放在中国历史发展的总过程中来考察,独具匠心地设计了《秦本纪》《秦始皇本纪》两篇本纪,突出反映大一统的历史趋势;他高度重视记载周边少数民族活动,以大量史实表达"周边民族与中原民族联结一体"的重要观念;他旗帜鲜明地反对罢黜百家、独尊儒术的文化专制思想,在"尊儒"的同时广泛容纳和吸收百家学说,承认各家的历史地位。

一、 对历史发展趋势的卓识

《史记》是中国历史上最杰出的通史著作,尤其是司马迁在把握和叙述历史大势方面的成就,至今仍然值得我们深入地探讨。《史记》有《三代世表》《十二诸侯年表》《六国年表》《楚汉之际月表》《汉兴以来诸侯王年表》等,这些篇的设立,体现出司马迁将上古以来的历史划分为具有不同特点之演进阶段的观念,这是十分值得注意的。深入研究这些表的价值,并与相关的本纪、列传联系起来分析,即可以明了:司马迁著史做到对于各个历史发展阶段的特点和演进趋势有准确的把握,了然于胸,并且生动翔实地叙述出来。而把各个历史阶段贯通地考察,便是司马迁所出色地做到的"通古今之变"。白寿彝先生讲过:《史记》写得最详细和最精彩的是汉朝的历史,这是司马迁的当代史。(《白寿彝史学论集》)这个看法对我们很有启发。从汉朝上溯，中国怎样从战国分立攻战而走向秦的统一，秦又如何由强盛到骤亡，这一历史阶段是司马迁的近代史。司马迁不愿做纯客观记载的超然的历史学家，他要"成一家之言"，写出自己对历史变迁和当前社会的看法，主张"法后王"，因此对于撰写这段近代史，同样倾注了巨大的心血，从中总结有益的经验教训。在以往研究的基础上，更深入一步考察《史记》对战国时期和秦的历史的记载、评论，总结司马迁对历史发展趋势的卓识，这对于进一步认识《史记》的历史思想和编撰成就，无疑将有所裨益。

(一)《六国年表》所表达的历史大势

在当代学者中，白寿彝先生对《史记》十表予以充分重视，他曾精到地论述《史记》十表有表达西周以后长时期内历史发展大势的特殊价值，较前人的见解远为深入。笔者在本节中冀图在以下两点发挥先生的论点：其一，《六国年表·序》的精华在于驳斥西汉时期流行的庸俗见解，高度评价秦在结束战国分立到实现统一过程中的历史作用。其二，由此决定了《六国年表》记载大事明显地以秦为主干。

西汉皇朝代秦而立，拨乱反正，逐步达到国家的强盛，就是反复地以秦朝的过失为鉴戒而实现的。汉初人士自陆贾起，此后有贾谊、贾山、张释之、主父偃、徐乐、严安，直至东汉的王充、班固等，都严厉地谴责秦朝不行仁义、滥施刑罚等种种罪过，论证汉朝继立的历史必然性。概言之，用秦的暴虐来反衬汉朝扫除烦苛、与民休息的功绩。在这种情况下，自然会出现偏激的看法，如贾山《至言》中论"秦以熊罴之力，虎狼之心，蚕食诸侯，并吞海内，而不笃礼义，故天殃已加矣"，(《汉书》卷五十一《贾山传》)把用暴力"并吞海内"与"天殃"即灾难报应联系在一起，主要从批判的角度看待统一。《汉书·王莽传·赞》中，班固把短促的秦朝与短命的"新朝"并提，称它们为"紫色蛙声，余分闰位"，只是历史上的小插曲，不具有"正统"皇朝的资格。王充论历史，直斥为"亡秦"或"秦无道之国"，又将它与蚩尤并提："案前世用刑者，蚩尤、亡秦甚矣。蚩尤之民，湎湎纷纷；亡秦之路，赤衣比肩。"(《论衡》卷十四《寒温篇》)真是"墙倒众人推"。按照这类言论，秦简直成为历史上"恶"的势力的代名词。

司马迁写通史，以总结中国历史客观进程自任，做到"通古今之变"，他把秦放在中国历史发展的总过程中来考察，既看到秦负面的作用，更看到其推动历史前进的正面作用，提出了迥异于别人的卓越看法。

《六国年表·序》提纲挈领，中心是论述秦的历史作用。首先指出，秦国的强盛和兼并六国代表了战国时期历史发展的主导方向。"非必险固便形势利也，盖若天所助焉。"其次，总结自夏禹、商汤、周文王，至秦、汉兴起，都符合崛起于西北而最后获得成功为规律。这段话似乎带有某种神秘色彩，这一层姑且不论，其中主要价值，显然在于把秦与夏、商、周、汉这些对中国历史有重大贡献的朝代相并提。这是在前一层评论秦兼并天下"盖若天所助焉"的基础上，进一步提高秦的历史地位。进而，司马迁针对汉代流行的否定秦的历史贡献之偏颇观点提出中肯的批评，既谴责秦在统一过程中的暴虐行为，又明确肯定秦统一中国是符合形势发展的巨大成功，对于"不察其终始"即不认识历史发展趋势的俗学浅见予以辛辣的讽刺。有的论者曾将"盖若天所助"理解为迷信的说法，其实，这里的"天所助"，是指历史发展趋势的推动，相当于今日之谓"必然性"。司马迁另一处论秦的统一符合客观必然性，见于《魏世家·赞》："说者皆曰魏以不用信陵君故，国削弱至于亡，余以为不然。天方令秦平海内，其业未成，魏虽得阿衡之佐，曷益乎？"两处讲"天"，都是指明秦的统一行动符合于历史发展的必然趋势。司马迁的论断，以其对历史发展大势的洞察力，以其对复杂问题作辩证分析的深刻性，以其勇于辟除俗议坚持正确见解的气魄，给后代研究者以宝贵的启迪，堪称千古巨眼卓识！

《六国年表》记载战国时期二百五十五年间大事的方法，是以秦为主干。秦在表中的位置，列于六国之上。记载秦国史事独详，如：秦灵公四年，作上下畤。简公六年，初令吏带剑。七年，初租禾。献公二年，城栎阳。孝公二年，天子致胙。十年，卫公孙鞅为大良造，伐安邑，降之。十二年，初聚小邑为三十一县,令。为田开阡陌。十三年,初为县,有秩史。十四年,初为赋。十九年,天子致伯。二十年,诸侯毕贺。会诸侯于泽。朝天子。惠文王二年,天子贺。行钱。四年,天子致文武胙。凡显示秦逐渐强大的事件均有明确记载。又,战国时期的异常天象,如日蚀、彗星、蝗灾,也一律记在秦国栏目之内。六国亡后,又继续记载秦朝十四年间史事,直至子婴降,表示记载自秦国兴起至秦朝结束,首尾完整。

以上所举证据,都足以证明《六国年表》记载史事的确以秦为主干。实际上,前代学者评《史记》,已有人敏锐地道及这一点。清人汪越论《十二诸侯年表》及《六国年表》云,前表"以周为主",后表"以秦为主"。又谓,《十二诸侯年表》"断其义不骋其词,非独具年月世谱而已",旨在显示"春秋二百四十年之大势"。(《读史记十表》卷二《读十二诸侯年表》)推而言之,则《六国年表》旨在显示秦逐渐强大至最终统一海内之势。方苞进而认为:"(《六国年表》)篇中皆用秦事为经纬。"他强调司马迁议论之精彩,正在于把握到战国之情势已异于古代的特点,秦适应时势变古之制,故不仅能取得统一天下之成功,非侥幸所致,而且秦的政制因其符合近世的特点,故多为汉所沿用。故云"迁之言亦圣人所不易",(《望溪先生文集》卷二《读史记六国年表序后》)年表以秦事为经纬更有充分的道理。方氏这段议论,在前代学者中相当突出,因它已实在地触及《六国年表》表达历史发展大势这一实质性内容。

(二)如何评价秦的历史地位

《六国年表》与《秦本纪》《秦始皇本纪》内容密切相关,把它们放在一起讨论,更有助于认识司马迁洞察历史发展大势的非凡史识。

《史记》在《秦始皇本纪》之前设置《秦本纪》,这是司马迁的精心安排。然则前人对《秦本纪》的设立却有不同的看法。刘知幾根据"以天子为本纪,诸侯为世家"的标准,批评《周本纪》记载文王以前和《秦本纪》设立不当。蒋湘南也批评太史公以秦之先世僻在西戎者,亦称本纪而不称世家为"自乱其例"。(《七经楼文钞》卷三《读史记六国表书后》)刘知幾等拘于"本纪"只能用于天子、表示至尊这一"史例",要求削足适履,让内容去迁就形式。司马迁创立"本纪",固然用以代表帝王为中心,而更重要的是,本纪在全书中起到史事总纲的作用,故称:"王迹所兴,原始察终,见盛观衰,论考之行事,略推三代,录秦汉,上记轩辕,下至于兹,著十二本纪,既科条之矣。"(《史记》卷一百三十《太史公自序》)科条者,即整理记载历史事件之大纲目也。他在《太史公自序》中论《秦本纪》撰述义旨所言:"维秦之先,伯翳佐禹;穆公思义,悼豪之旅;以人为殉,诗歌《黄鸟》;昭襄业帝。作《秦本纪》",已经点明昭襄王时,秦之帝业已成,这是作《秦本纪》的原因所在,他们未加细察。让史例服从史实,或反过来要求史实适应于史例,二者的分歧实则在于能否透过表象看到历史发展的实质性内容,能够把握到历史发展的趋向。我们今天对这个问题的认识应该较前人有所前进。以下即从三个方面加以申述。

第一,《秦本纪》起到春秋和战国两个时期历史总纲的作用。

秦从战国初期开始强大,在春秋时期,它的国势尚未足与此相比,为何也具有春秋时期史事总纲的作用呢?这是因为春秋、战国具有共同特点,各国纷争,周王室仅有名义上的地位,实际上已降为小国。故《周本纪》提挈历史总纲的作用,乃只限于西周时期。司马迁在《周本纪》与《秦始皇本纪》之间安排《秦本纪》,作用即在于提挈自春秋至战国历史的总纲。试以周惠王元年至周襄王三十三年(前676至前619)间约六十年史事为例证明之。

此六十年间,《周本纪》只记了王子颓之乱、王子带与戎狄之乱及晋文公召襄王三件事,大致只限于记周王室本身史事,而对诸侯各国大事很少涉及。反观《秦本纪》,则除记载秦国大事(秦德公初居雍城大郑宫,秦穆公得贤臣百里奚、蹇叔,穆公运粟救晋饥荒,助重耳归晋,秦军兵败于殽,秦穆公得由余、霸西戎等)以外,还提挈了各国大事,如:宣公元年,卫、燕伐周,出惠王,立王子颓。三年,郑伯、虢叔杀子颓而入惠王。成公元年,齐桓公伐山戎,次于孤竹。穆公四年,齐桓公伐楚,至邵陵。五年,晋骊姬作乱,太子出奔。九年,齐桓公会诸侯于葵丘……可见,《秦本纪》不仅突出记载秦国自德公至穆公崛起,开地千里,称霸西戎,而且兼及此六十年间周王室、晋、齐、郑、楚等国大事,显然起到这一时期历史事件总纲的作用。

第二，《秦本纪》又一撰著特点，是以秦逐步奠定统一中国的雄厚基础为主线。这正预示着中国历史由各国并立向实现统一的方向发展的客观趋势。

司马迁重笔浓彩记载秦孝公对奠定帝业的重大贡献，即是很有说服力的例证。他的出生，司马迁郑重载入史册："（献公）四年正月庚寅，孝公生。"（《六国年表》也破例记载，同是寓含微言大义的史笔）二十四年，"献公卒，子孝公立，年已二十一岁矣。"则表明孝公继位富于春秋，正是大有作为之时。紧接着叙述秦孝公面临的形势：七国并立，攻战不已，而秦僻居西隅，不能得到平等待遇。孝公乃励精图治，"于是布惠，振孤寡，招战士，明功赏"。作为建立帝业的重大步骤，孝公招募宾客群臣能出奇计强秦者，予以重赏。于是卫鞅西入秦，助孝公变法。孝公君臣奋发有为，使诸侯各国刮目相看，而变法获得显著的成效，更使秦的国力迅速增强。至孝公十年，围魏安邑，降之。十二年，秦徙都咸阳。秦的疆域向东越过洛水。十九年，天子致伯，承认秦有霸主地位。二十年，诸侯毕贺，秦率师在逢泽会诸侯，朝天子。仅二十年间，秦即由"夷狄遇之"的受歧视处境，一变而为合法地取得号令诸侯的地位。此后，孝公二十二年，虏魏公子卬，二十四年，又败晋于雁门，虏其将魏错。故虽然此年商鞅被诛，秦已形成的对诸侯各国支配的地位已不可逆转，惠文君刚继位，"楚、韩、赵、蜀人来朝。二年，天子贺。""四年，天子致文武胙。"

《秦本纪》所载秦历代国君奠定帝业雄厚基础之奋发努力，深刻地揭示出中国为何能实现统一的历史根源，这是中国历史发展上的大事情。显然，只有把这一篇设置为记述"王迹所兴，原始察终"的本纪之一，编撰体例才能与内容需要相一致。

第三，从《秦本纪》和《秦始皇本纪》结构上的特殊处理，体现出司马迁对秦之历史地位的充分肯定。

这两篇本纪在结构上的特点是紧密衔接，联合照应。《秦本纪》的末尾，记载秦攻六国接连取得胜利。昭襄王三十年，伐楚，取巫郡，及江南为黔中郡。三十五年，初置南阳郡。五十一年，秦攻西周，西周君尽献其邑三十六城。庄襄王元年，灭东周国，韩献成皋、巩，秦东界至大梁，初置三川郡。三年，攻赵，取三十七城，北攻上党，初置太原郡。最后更归结到："秦王政立二十六年，初并天下为三十六郡，号为始皇帝。"而《秦始皇本纪》开头，即概述秦始皇登位时秦国已有包举天下之势："当是之时，秦地已并巴、蜀、汉中，越宛有郢，置南郡矣；北收上郡以东，有河东、太原、上党郡；东至荥阳，灭二周，置三川郡。……招致宾客游士，欲以并天下。"上下两篇针线缝合，互相紧密呼应。这种结构在《史记》全书中也很特殊。司马迁如此精心安排，是为了透过纷纭复杂的历史事实，揭示出春秋战国以来历史的共同主线：历史的趋势是由各国分立攻战逐步走向统一，而秦历代国君苦心经营，成为这一历史使命的担负者，特别是秦始皇非凡的作为和周围文臣武将的努力，最终实现天下统一。这正代表了司马迁对秦历史作用的高度评价。所以《魏世家·赞》中又称"天方令秦平海内"，而《六国年表·序》更将秦与其他四个重要朝代并列。这同汉代人士动辄称"亡秦"，列之为闰位，排斥在"正统"以外的观点相比，见识不知要高出多少！

总结上述三项，我们自然可以得出这样的认识：在《秦始皇本纪》之前设置《秦本纪》，是司马迁基于认识历史进程复杂性和确切把握历史发展走向而独运匠心之安排，是根据表达实质性内容需要而对于首创体例的有意突破，决非"自乱其例"。在十二本纪中，秦占了两篇，唯有这样做，才与秦在中国历史上的重要地位相称。分析这些问题，对于我们认识通史著作中如何体现"通古今之变"，对于认识《史记》全书是一个体现卓越史识和完善体例的有机统一体，以及了解历史思想与编纂体例之辩证关系，都是极有意义的。

（三）大一统历史观与"通古今之变"

司马迁表达历史大势的卓识，同他的大一统历史观有非常密切的联系。

中国历史很早就出现统一的趋势。这种历史特点，是由于中国大陆广袤，周围有高山、沙漠、大海与外界阻隔，中央有富饶的平原这种地理条件形成的。古代政治结构和古代思想也都突出地反映出这种统一的趋势。西周建国后，以周天子的名义在全国范围内分封诸侯，各诸侯国臣属于周王室，"礼乐征伐自天子出",因而大大推进了中国统一的规模和程度。周代诗人吟唱:"溥天之下,莫非王土。率土之滨,莫非王臣。"(《诗经·小雅·北山》)表达的就是歌颂统一的思想。至东周以后,王室衰弱,地方分权的倾向发展,出现春秋十二诸侯和战国七雄并立的局面。然而从历史发展的主流看,统一趋势与分立倾向相互斗争中,统一的力量仍在根本上起主导作用。因为人民大众拥护统一,反对分裂割据造成生产、生活、交通等的困难和人民的痛苦,更反对战争造成的惨祸。因此在中国历史上,总是统一的趋势越来越加强,春秋、战国时期的各国分立,实际上酝酿着更大规模的统一。《周礼》《禹贡》这些产生于战国时期的典籍,都反映出天下共归于统一的中央政权的思想。尤其是孔子和孟子主张统一的思想,更直接被司马迁所继承和发扬。

孔子修《春秋》,用褒贬书法,贯彻正君臣名分的原则,对诸侯国无视周王室的僭越行为严加挞伐。司马迁对此极为尊崇,称:"《春秋》之义行,则天下乱臣贼子惧焉。"孔子的"道",即根本原则或政治理想,就是实现统一的王权,重新实现"礼乐征伐自天子出"的有序局面,对此而"惧"的"乱臣贼子",则是僭乱而破坏统一秩序者。孔子主张"从周"、梦见周公、志在"为东周",都是愤慨于当时各国互相攻伐的纷乱局面而倡导统一。孔子的主张虽有保守性一面,但其思想内核和在历史上产生的影响,却在于呼吁实现天下一统。所以大一统成为儒家学派的政治理想,以后历代王朝都拿统一的规模作为当时政治成就的最高目标,这也是孔子被尊为"圣人"极其重要的原因之一。联系到统一对于中国历史发展的伟大意义,我们对此应当得出新的结论。以往有过的将孔子主张"王道"、恢复周礼肆意谩骂的做法,不过出于对历史十足的无知。孟子处在战国时期,各国纷争征伐,赋敛残酷,民众痛苦不堪。孟子痛感时事之非,要求"解民于倒悬",他以弘扬孔子学说为己任,先后游说梁惠王和齐宣王,宣传自己的政治主张,不被采用。全部《孟子》,论述的中心问题是如何做到"天下归之",及阐发孔子所言"国君好仁,天下无敌"的道理,倡导推动中国走向统一。"诸侯有行文王之政者,七年之内,必为政于天下矣。""今天下之君有好仁者,则诸侯皆为之驱矣。虽欲无王,不可得已。"(《孟子·离娄上》)这两段话,可以视为《孟子》全书的纲领。孟子鼓吹"王道",包括两个方面。一是行仁政,减轻剥削。二是"王天下",反对霸政,反对尚武勇战,主张"善战者服上刑",并明确预言:"不嗜杀者能一之。"(《孟子·梁惠王下》)断言战国纷争局面终将被统一所取代,而且预见最终由"不嗜杀者"来统一。孟子表达的对历史前途的看法,正好被战国至西汉历史的发展所证实。

汉代的董仲舒和司马迁都是孔孟大一统主张的继承者。董仲舒(以及公羊学派儒生)主要是进行经义的阐发。司马迁则整理史料,撰成一部中华民族不断走向统一的信史,使之流传后世。

从纵向说,记载中华民族自古以来不断加强的统一趋势,构成了《史记》"通古今之变"的重要内容。《史记》首篇《五帝本纪》载:轩辕之时,诸侯相侵伐。黄帝打败侵凌诸侯的炎帝,又擒杀"作乱不用帝命"的蚩尤,"而诸侯咸尊轩辕为天子",是为黄帝。"天下有不顺者,黄帝从而征之,平者去之。"司马迁根据《五帝德》等儒家典籍和传说材料整理成这段历史,称黄帝为"天子",显然是后世"天子号令天下"这种统一局面在传说时代的投影。司马迁又整理出,自传说中的颛顼、帝喾、尧、舜,至夏、商、周,这些古帝王都出于一个共同的祖先——黄帝。从社会史角度看,如此整齐的古帝先王系统无疑是后人排比加工而成的,但它恰恰反映出后人对统一的愿望。

司马迁之所以具有远远高于俗儒的见识,高度评价秦的历史功绩,撰写"近代史"的出色篇章,就因为他确实做到"察其终始",把秦实现帝业放在中国统一的历史长过程中来考察,看到由商周王权到秦的中央集权是统一之规模和程度的飞跃,又看到秦的统一为西汉更大规模的统一奠定了基础。同样值得注意的是,把《史记》有关汉代的几篇表合起来看,即表达出中央集权制越来越加强、中华民族的统一越来越发展的趋势。《秦楚之际月表·序》认为汉高祖"拨乱诛暴,平定海内",实现西汉统一,是建立了"轶于三代"的空前功业。《汉兴以来诸侯王年表·序》概述自汉初至武帝时朝廷一步步战胜封国势力,强干弱枝之势已成,"尊卑明而万事各得其所矣"。《建元以来侯者年表·序》则肯定汉武帝解除边境少数民族对内地的威胁,"以中国一统,明天子在上,兼文武,席卷四海,内辑亿万之众"。《货殖列传》《太史公自序》等篇也对西汉实现经济上、政治上空前统一局面表示由衷赞美:"汉兴,海内为一,开关梁,弛山泽之禁,是以富商大贾周流天下,交易之物莫不通,得其所欲";"至明天子……泽流罔极,海外殊俗,重译款塞,请来献见者,不可胜道。"

从横向说,司马迁为春秋各诸侯国立了"世家",表明春秋各诸侯国是兄弟或亲戚关系。鲁、晋、蔡、卫、郑各国原来都是周王室成员所传下,燕、陈、杞、楚、越等也都是黄帝之后。古代的荆楚是"蛮",偏处于东南的吴也被视为落后居民,司马迁却说:"余读《春秋》古文,乃知中国之虞与荆蛮句吴兄弟也。"(《史记》卷三十一《吴太伯世家》)《史记》设置有《匈奴列传》《南越列传》《东越列传》《朝鲜列传》《西南夷列传》《大宛列传》,展现出周边民族围绕中原政权活动的基本格局和民族交往向前发展的趋势。司马迁以其进步的观点和确凿的史实证明中华民族的向心力不断加强,表达了民族的共同心理,自然对推进国家的统一产生深远的影响。

"通古今之变"是司马迁著史最重要的撰写要求。通过分析《史记》中记述战国、秦、汉的有关篇章,证明司马迁对中国历史由周初的分封,春秋战国各国分立,到秦汉大一统国家的建立和巩固这样的发展大势,确实有深刻的洞察力,因此也推进了我们对"通古今之变"内涵的认识。司马迁提出的这一命题,包含两个层面的重要内容。一是"承敝通变,见盛观衰",国家政治的成败,民心的向背,是导致朝代更迭、盛衰变化的根本原因。这一层是总结历史上治乱兴衰之"变"。二是中国由分封制向中央集权制发展,秦的统一天下是一大成功,而汉的文治武功又把中华民族的统一推向空前的规模。这一层是总结统一的趋势不断发展的"变",揭示出中华民族强大凝聚力的久远源泉。

由于《史记》在这两个方面都取得出色的成就,因而才成为具有宝贵历史价值和高度思想价值的不朽巨著。白寿彝先生一再谈道:中国古代史书体例很多,但主要还是通史。司马迁的三句话,"通古今之变"为最重要。中国史学，以通史成就为最高，过去对这一点不大清楚。有些形式是断代史，但也是有通史的方法和见识，不做到"通"，怎样看出社会的发展变化？《汉书》的内容，一直写到当代，也是通史。唐初修八史，八史合起来是一部书，故也是通史。中国古代史学中"通古今之变"等辩证法，与马克思主义讲的道理接近，掌握其精华，接受马克思主义指导更容易，因为马克思主义是要求考察历史的发展运动。我们今天写通史，如何做到"通古今之变"是一个考验。不仅是体例问题，而且是如何体现历史发展趋势问题。认真地探讨和总结司马迁对历史发展趋势的洞察力，对于改进今天的历史编纂显然是大有启发作用的。

二、记载全中国各民族共同的历史

《史记》作为不朽的通史巨著，对于民族活动极为重视，以大量生动的史实，表达"周边民族与中原民族联结一体"这一重要观念。司马迁认为，周边民族与中原民族出于同源。古代的荆楚是"蛮"，僻处于东南的吴也被视为落后居民，司马迁却说："余读《春秋》古文，乃知中国之虞与荆蛮句吴兄弟也。"（《史记》卷三十一《吴太伯世家》）对于楚与中原民族的关系，《楚世家》尤作了详细记载：楚之先祖出自颛顼高阳，高阳为黄帝之孙。高阳之孙为重黎、吴回，兄弟二人相继任帝喾火正。吴回有孙六人，季连最幼，芈姓，即为楚之先祖。"周文王之时，季连之苗裔曰鬻熊。熊鬻子事文王，早卒。"有孙曰熊绎。"熊绎当周成王之时，举文、武勤劳之后嗣，而封熊绎于楚蛮，封以子男之田，姓芈氏，居丹阳。"故不但楚之先祖出自黄帝之后，其后代当周文王时，又是辛劳为周王室出力的人物，所以至周武王时，熊绎被封于楚。熊绎之后传至若敖、楚文王、楚武王、楚成王、楚庄王等，均有明确的世系。

在《西南夷列传》中又记载：楚庄王苗裔庄𫏋，于楚威王时为楚将军，将兵循江上,略巴、黔中以西。"蹻至滇池,方三百里,旁平地,肥饶数千里,以兵威定属楚。欲归报,会秦击夺楚巴、黔中郡,道塞不通,因还,以其众王滇,变服,从其俗,以长之。"至汉武帝时开通西南夷,天子发兵临滇,"滇王始首善,以故弗诛。滇王离难西南夷,举国降,请置吏入朝。于是以为益州郡,赐滇王王印,复长其民。西南夷君长以百数,独夜郎、滇受王印。滇小邑,最宠焉。"司马迁在篇末赞语为之慨叹:"楚之先岂有天禄哉?在周为文王师,封楚。及周之衰,地称五千里。秦灭诸侯,唯楚苗裔尚有滇王。汉诛西南夷,国多灭矣,唯滇复为宠王。"通过追根溯源,大大拉近了偏处西南夷中的小邑滇与楚和中原民族的距离。匈奴是又一典型例子。这一北方游牧民族,惯于骑射劫掠,长期成为中原居民的严重威胁,当时人称之为"人面兽心""禽兽畜之"。但司马迁在《匈奴列传》开头,却明确交待:"匈奴,其先祖夏后氏之苗裔也,曰淳维。"(《史记》卷一百十《匈奴列传》)指出这一北方边境民族与中原民族也是兄弟关系。

《史记》十分重视周边民族活动的记载,以具体的史实证明周边民族与中原民族关系的紧密,开创了中国史学重视周边民族历史记载的传统,对于促进全国各民族的统一产生了极其深远的影响。司马迁撰写了《匈奴列传》《南越列传》《东越列传》《朝鲜列传》《西南夷列传》《大宛列传》,如白寿彝先生所说:"把环绕中原的各民族,尽可能地展开一幅极为广阔而又井然有序的画卷。"(白寿彝主编:《中国通史·导论》)古代周边民族的活动和社会状况、习俗等,就是依靠《史记》的记载保留下来。《匈奴列传》记载其社会生活云:"居于北蛮,随畜牧而转移。其畜之所多则马、牛、羊,其奇畜则橐驼、驴、骡、駃騠、騊駼、驒騱。逐水草迁徙,毋城郭常处耕田之业,然亦各有分地。毋文书,以言语为约束。儿能骑羊,引弓射鸟鼠;少长则射狐兔:用为食。士力能毋弓,尽为甲骑。其俗,宽则随畜,因射猎禽兽为生业,急则人习战攻以侵伐,其天性也。其长兵则弓矢,短兵则刀铤。利则进,不利则退,不羞遁走。苟利所在,不知礼义。自君王以下,咸食畜肉,衣其皮革,被旃裘。壮者食肥美,老者食其余。贵壮健,贱老弱。父死,妻其后母;兄弟死，皆取其妻妻之。其俗有名不讳，而无姓字。"（《史记》卷一百十《匈奴列传》）西南夷的部族种类繁多，习俗复杂，司马迁本人有过奉使西南夷的经历，有亲身的调查了解，因而能够作出简洁明了的梳理："西南夷君长以什数，夜郎最大；其西靡莫之属以什数，滇最大；自滇以北君长以什数，邛都最大；此皆魋结，耕田，有邑聚。其外西自同师以东，北至楪榆，名为嶲、昆明，皆编发，随畜迁徙，毋常处，毋君长，地方可数千里。自嶲以东北，君长以什数，徙、筰都最大。自筰以东北，君长以什数，冉駹最大。其俗或士著，或移徙，在蜀之西。自冉駹以东北，君长以什数，白马最大，皆氐类也。此皆巴蜀西南外蛮夷也。"（《史记》卷一百一十六《西南夷列传》）据此可以明白，西南夷广大地区复杂的部族，可以分为农耕、半农半牧、游牧三大区域，在农耕区域中，又以夜郎，滇、邛都为最大。此外第四类区域为氐类，以白马为最大。这些都为后人提供了古代生活在我们广袤的国土上周边民族社会状况足资凭据的史料。

更为可贵的是，司马迁撰写这些篇章都有明确的指导思想，即大力肯定周边民族与中原政权关系的加强，证明各民族的巨大向心力。《太史公自序》揭示出上述篇章的撰述义旨："汉既平中国，而佗能集杨越以保南藩，纳贡职。作《南越列传》"。"燕丹散乱辽间，满收其亡民，厥聚海东，以集真藩，葆塞为外臣。作《朝鲜列传》"。"唐蒙使略通夜郎，而邛、筰之君请为内臣受吏。作《西南夷列传》"。"汉既通使大夏，而西极远蛮，引领内向，欲观中国。作《大宛列传》"。司马迁以其进步的观点和确凿的史实证明中华民族的凝聚力不断加强，表达了民族的共同心理，自然对推进国家的统一产生深远的影响。

兹以《大宛列传》作典型分析：《大宛列传》实为西域地区的民族传，以张骞通使和李广利攻大宛之役两大事件为主线，记载西域各民族的社会生活，以及汉与西域各族关系之密切。张骞第一次通使归来，向武帝报告大宛、大月氏、大夏、康居等国地理远近、生活习俗、国力强弱，如说："大宛在匈奴西南，在汉正西，去汉可万里。其俗土著，耕田，田稻麦。有蒲陶酒。多善马，马汗血，其先天马子也。有城郭屋室。其属邑大小七十余城，众可数十万。其兵弓矛骑射。其北则康居,西则大月氏,西南则大夏,东北则乌孙,东则扜罙、于窴。于窴之西,则水皆西流,注西海;其东水东流,注盐泽。盐泽潜行地下,其南则河源出焉。多玉石,河注中国。而楼兰、姑师邑有城郭,临盐泽。盐泽去长安可五千里。匈奴右方居盐泽以东,至陇西长城,南接羌,鬲汉道焉。"因张骞在大夏时见邛竹杖、蜀布,得知大贾商人买自身毒,而身毒在大夏东南可数千里,估计其国去蜀不远。武帝闻之,而再度发使者,四道并出,欲通西南夷。张骞以校尉从大将军击匈奴,因知水草处立了军功,封为博望侯。汉朝大军击败匈奴主力,南匈奴降汉,北匈奴败走漠北。张骞第二次通使,欲结乌孙,"断匈奴右臂",又分遣副使通使大宛、康居等国。乌孙派导译送张骞归汉,并遣使者向汉朝报谢,因亲见汉朝人众富厚,乌孙国益重汉。过了年余,张骞所派副使陆续与其国人俱来,于是西北国始通汉,张骞凿空成功,西域各国与汉通好。以后,武帝因慕求大宛好马,即拜李广利为贰师将军,发兵攻大宛,是为大宛之役。李广利以兵围大宛城,大宛贵人与汉军订盟,大宛出其好马,汉军解围。李广利回师东归时,"诸所过小国闻宛破,皆使其子弟从军入献,见天子,因以为质焉"。大宛新立之王"遣其子入质于汉。汉因使使赂赐以镇抚之"。"汉发使十余辈至宛西诸外国……而敦煌置酒泉都尉;西至盐水,往往有亭。而仑头有田卒数百人,因置使者护田积粟,以给使外国者。"(《史记》卷一百二十三《大宛列传》)汉朝经营西域从此始,西域各族与内地建立了密切的关系。

  古代民族关系是十分复杂的,一方面,既存在因地理环境的影响和各民族促进政治、经济、文化的根本利益需要,而朝着不断融合、统一方向发展的趋势,另一方面,又存在民族间的矛盾和战争,如汉武帝时期就有多次对周边民族地区的用兵,两者都是客观的存在。司马迁主张民族和好的开明态度还表现在他严肃批评对周边民族地区连年用兵。他对汉武帝时期国家空前统一的局面是高度赞扬的,而同时,他又对因连年征伐造成国家财政空虚、民众困苦不堪的局面严肃地提出批评。《平准书》直书无隐,指出因连年征战,造成士卒大批死亡,百姓不堪重负,文景时代"府库余财""太仓之粟陈陈相因"的丰厚积蓄被耗尽了，造成"天下苦其劳，而干戈日滋。行者赍，居者送，中外骚扰而相奉，百姓抏坏以巧法，财赂衰耗而不赡。"（《史记》卷三十《平准书》）因而汉朝出现衰势。《大宛列传》也批评武帝大规模兴兵伐大宛，"乃案言伐宛尤不便者邓光等，赦囚徒材官，益发恶少年及边骑，岁余而出敦煌者六万人，负私从者不与。牛十万，马三万余匹，驴骡橐它以万数。多赍粮，兵弩甚设，天下骚动，传相奉伐宛"。（《史记》卷一百二十三《大宛列传》）在《匈奴列传》赞语中，不怕触犯忌讳，指出："世俗之言匈奴者，患其徼一时之权，而务谄纳其说，以便偏指，不参彼己；将率席中国广大，气奋，人主因以决策，是以建功不深。"（《史记》卷一百十《匈奴列传》）尖锐地批评满朝文臣谄媚成性，一味附和武帝旨意，武将滋生虚骄心，贪图多立战功，因而造成武帝政策的失当！这些议论，都凸显出司马迁的卓越见识和正直史家的崇高责任感。而他称赞汉文帝对匈奴"坚边设候，结和通使，休宁北陲"，一面严守战备，一面结和往来，防其掠夺，又避免连年征伐之苦，由此造成文帝时期天下太平景象，"故百姓无内外之繇，得息肩于田亩，天下殷富"。（《史记》卷二十五《律书》）至武帝晚年下轮台之诏，"深陈既往之悔"，对长年兴师征伐，造成"重困老弱孤独"引以自责，断然否定桑弘羊请求远戍轮台之议，宣布罢兵兴农。（《汉书》卷九十六下《西域传》）汉武帝晚年的政策转变也正证明司马迁的主张确有先见之明，司马迁开明的民族观的宝贵价值就在有利于各民族的共同发展。

三、拥抱全民族文化的宽阔胸怀

在文化观点上，司马迁与董仲舒罢黜百家以独尊儒术的文化专制思想相对立，对百家学说广泛地容纳和吸收，承认它们的历史地位，显示出他具有拥抱全民族文化的广阔胸怀。

汉武帝、董仲舒独尊儒术政策的提出，是当时历史条件下封建政治和文化发展的产物。前已说到，当汉初各家并倡之时，儒学的地位已呈上升趋势，从巩固封建国家统一和加强专制主义政治需要出发，儒家宣扬的"大一统"说、等级制度、君君臣臣父父子子的纲纪伦常，对于汉武帝是最为适合的。司马迁作为伟大的学者，不可能脱离他的时代，所以他尊崇儒学，主张大一统，宣扬君君臣臣父父子子的纲常关系，在《史记》全书中确实体现了儒家思想的主导地位。他突破《史记》著述体例的限制，破格写了《孔子世家》，同时撰有《仲尼弟子列传》《孟子荀卿列传》《儒林列传》，它们有机地形成系列文章，构成最早的儒学史，显示出儒学繁盛的特殊地位。尤其是，《孔子世家》在详载孔子一生事迹的基础上，在赞语中引《诗》云："高山仰止，景行行止"，称"自天子王侯，中国言《六艺》者折中于夫子，可谓至圣矣！"表达对孔子的无比崇敬。这同他"继《春秋》"的宗旨是相通的。

然则，司马迁尊儒的目的跟董仲舒又不相同。董仲舒独尊儒术，是作为维护专制主义统治的手段，所以要废灭百家之学，使"绝其道"。司马迁则出于尊重历史的发展和孔子的学术地位，而对同样在历史上起过作用的其他学派，他也予以承认并且吸收。在他看来，尊崇当时处于上升趋势的儒学与容纳各家学说可以并包俱存，备采其长，这正是司马迁文化观点的卓越之处！以上已论及在政治观和经济观上司马迁对道家和管子学说等的吸收发挥，本节再列举他对黄老、法家、纵横家的肯定为证。

司马迁从各个侧面反映黄老"无为"学说对汉初政治的指导作用。《曹相国世家》载曹参任齐王相九年，"其治要用黄老术，故相齐九年，齐国安集，大称贤相"。又以"参为汉相国，清静极言合道。然百姓离秦之酷后，参与休息无为，故天下俱称其美矣"的赞语，把"无为"政治提高到符合历史发展趋势的高度来评价。《吕太后本纪》赞又说："孝惠皇帝、高后之时，黎民得离战国之苦，君臣俱欲休息乎无为，故惠帝垂拱，高后女主称制，政不出房户，天下晏然。刑罚罕用，罪人是希。民务稼穑，衣食滋殖。"在《孝文本纪》中，则用"勿烦民"概括文帝政策和作风的特点。可见司马迁对整个汉初阶段的记载,都贯穿着肯定黄老学说历史作用的观点。司马迁对法家人物"刻削少恩"一向反感,但他不以个人好恶歪曲历史事实,而是肯定法家学说的历史作用。他如实记载吴起任楚相,执行"明法审令,捐不急之官,废公族疏远者,以抚养战斗之士。要在强兵"的政策,因而取得"南平百越;北并陈、蔡,却三晋;西伐秦"的政绩。(《史记》卷六十五《孙子吴起列传》)司马迁对商鞅变法推动历史的发展评价更高。《商君列传》详述提出变法的原委,商鞅先后两次变法的具体内容,写商鞅以法家观点和历史经验驳倒保守派人物甘龙、杜挚的阻挠,终于取得显著的成效。令人信服地说明法家路线使秦成为西方强国,称雄于诸侯。对于往往被视为"驰骋巧辩,腾空造说"的战国纵横家人物,司马迁也认为他们的智慧和历史作用值得肯定。他论述《苏秦列传》的撰述义旨是:"天下患衡秦毋餍,而苏子能存诸侯,约从以抑贪强。作《苏秦列传》。"(《史记》卷一百三十《太史公自序》)苏秦针对山东六国畏惧强秦,"忍辱割让求近安",又互有矛盾、各不相顾的形势,提出六国合纵联合抗秦的战略,是一种智慧。司马迁详细记载苏秦游说诸侯的精辟言论,如说韩宣王:"大王事秦,秦必求宜阳、成皋。今兹效之,明年又复求割地。与则无地以给之,不与则弃前功而受后祸。且大王之地有尽而秦之求无已,以有尽之地而逆无已之求,此所谓市怨结祸者也,不战而地已削矣。"这类分析都符合当时的情势,显示出其卓识。因而他的谋略得到六国的拥护,推他为从约长,并相六国,而使"秦兵不敢窥函谷关十五年"。司马迁的结论是:"苏秦起闾阎,连六国从亲,此其智有过人者。吾故列其行事,次其时序,毋令独蒙恶声焉。"(《史记》卷六十九《苏秦列传·赞》)这样,纵横家的功绩和他们雄辩的言论就得以载入史册。

兼容各家、不拘一格的胸怀和见识,还使司马迁善于从各种类型的人物,发现其嘉言善行,采撷入史,从而使全书蕴含着大量的思想资料,丰富了我们的民族智慧。

齐相晏婴曾很不客气地讥贬儒者"滑稽而不可轨法""倨傲自顺""崇丧遂哀""累世不能殚其学,当年不能究其礼"。如果拘守儒家教条,则晏婴这样的人物将被摒弃不载。司马迁则相反，他广泛搜集晏子的史料，从散见于《晏子春秋》《左传》《韩诗外传》的片段资料中，提炼出晏子指责齐景公暴政的出色言论。齐景公害怕见彗星，晏子谏曰："君高台深池，赋敛如弗得，刑罚恐弗胜，茀星将出，彗星何惧乎？""百姓苦怨以万数，而君令一人禳之，安能胜众口乎？"[1] 以此谏齐景公奢侈重赋和企图以禳祷避祸，成为反映晏子天道观和同情民众的宝贵资料。《赵世家》所载赵简子爱直谏之臣，因此在赵国大得民心的著名故事，则是采用《韩诗外传》中的素材，而更加突出赵简子喜欢"谔谔之臣"、讨厌"徒闻唯唯"的品德。司马迁还深挚地赞扬怀着高尚目的而忍辱负重的历史人物，肯定他们"隐忍而成功名"的政治智慧。《伍子胥列传》载：伍子胥之父伍奢因受贼臣陷害被捕，楚王找借口召其二子，企图斩草除根。伍子胥识破楚王所设奸计，"二子到，则父子俱死"。于是出亡，四处漂泊，几死者数，道中乞食至吴，最终为吴划策，大败楚国，报了父仇。篇末赞曰："向令伍子胥从奢俱死，何异蝼蚁。弃小义，雪大耻，名垂于后世，悲夫！方子胥窘于江上，道乞食，志岂尝须臾忘郢耶！故隐忍就功名，非烈丈夫孰能致此哉？"司马迁正是吸收了道家"以柔克刚""以屈求伸"的观点而加以发挥，从伍子胥的曲折经历提高到政治智慧的高度来论述。在《刘敬叔孙通列传》中，司马迁对叔孙通"以面谀得亲贵"有所讥讽，却又肯定适应时变、为汉朝制定礼制做法，对此，他也引用道家的话加以赞扬："叔孙通希世度务制礼，进退与时变化，卒为汉家儒宗。'大直若诎，道固委蛇'，盖谓是乎？"（《史记》卷九十九《刘敬叔孙通列传·赞》）

司马迁兼容百家的文化价值取向，还表现在他对滑稽家言和汉赋的看法上。滑稽人物的言辞，往往被正宗人物视为不能登大雅之堂，司马迁却有独到的眼光，认为其中包含着机巧辩慧，妙语解纷，有益于治道。这说明他在对待各家各派学术文化上有着如同天地包容万物的广阔胸怀。同样，对于司

---

[1] 关于此事，《晏子春秋·外篇》"景公梦见彗星使人占之晏子谏第三"及"景公置酒泰山四望而泣晏子谏第二"及《左传》等都有涉及，但所载均不完整，文字松散，义不显豁。司马迁则运用匠心加以整理、提炼。

马相如的赋，既指出其《子虚赋》《上林赋》等过分夸饰侈靡的缺陷，又肯定篇中"意在讽谏"的积极意义。因此他明确批评："无是公言天子上林广大，山谷水泉万物，及子虚言楚云梦所有甚众，侈靡过其实，且非义理所尚，故删取其要，归正道而论之。"而在篇末赞语中又以儒家《春秋》《易》《诗》"言虽外殊，其合德一也"的道理，比喻相如赋"虽多虚辞滥说，然其要归引之节俭，此与《诗》之讽谏何异？"指出其中可取之处。

至此我们可以清楚地看到，在司马迁时代存在着两种对立的文化观。一是董仲舒的文化专制观点，视百家为邪说，要统统使其绝灭。一是司马迁兼采百家的观点，主张兼容并包，因为无论儒家六艺或百家学说，"言虽外殊，其合德一也"，凡是有益国家社会的，都应该吸收，他所追求的是一个多样文化、五彩纷呈的世界！前一种观点的产物是《春秋繁露》那样的著作，以"独尊儒术"为标榜，行宣扬"天人感应"之实。他使不多谈鬼神的孔子学说变成充斥鬼神迷信的西汉"新"儒学，并且与"求雨，闭诸阳，纵诸阴，其止雨反是"的巫术相结合，专推阴阳灾异之变，竭力为神化皇权和强化封建专制统治服务，导致了西汉之际鬼神迷信的猖獗和图谶的盛行。后一条路线的产物是《史记》这样的著作，它将中华民族的历史都写进书中，将各家各派的学术思想都囊括其中，把各具智慧和光彩的历史人物都载入史册。就汉以前的历史说，《史记》反映了儒学地位的上升，学派的繁盛，又写了儒家以外的思想家老子、韩非、庄周、申不害、邹衍；写了政治人物管仲、晏婴、商鞅、魏冉、李斯、吕不韦、孟尝君、平原君、信陵君、春申君、田单；写了军事家司马穰苴、孙子、吴起、白起、王翦、蒙恬、乐毅、廉颇；写了文学家屈原、司马相如；写了策士苏秦、张仪、陈轸、犀首、甘茂、甘罗、范雎、蔡泽；还有反映其他社会阶层的刺客、医生、游侠、龟策、货殖等的传记。故郑振铎称司马迁的伟大贡献在于系统地整理古代学术文化："他排比，他整理古代的一切杂乱无章的史料，而使之就范于他的一个囊括一切前代知识及文化的一个创作的定型中。"（《插图本中国文学史》）

司马迁的进步文化观点，对于我国文化发展的方向关系极大。由于他在记载客观历史、反映社会生活方面取得巨大成功,进一步确立了我国人文主义的进步文化传统,成为两汉之际迷信谶纬的思想浊流泛滥猖獗的直接对立物。《史记》蕴含的丰富思想养料,滋育了世世代代的人们,所以才被公认为中华民族文化的根基、世界文化的瑰宝。

第十四讲

《史记》杰出成就的深远影响

《史记》杰出的历史编纂成就体现了华夏民族自古以来发达的历史意识，体现了中华文明古国久远漫长的文化积累，体现了西汉鼎盛时期的时代精神，因而对后世产生了巨大而深远的影响，在历史编纂学史上具有确然不易的楷模地位。正如白寿彝先生所评价："通观司马迁《史记》一书在中国史学上的贡献，是巨大的。他提出的'稽其成败兴坏之理'和'究天人之际，通古今之变，成一家之言'，不只是自己的工作要求，而且是提出了历史工作上的中心问题，并且他作出了空前的成就，为此后的历史学者指出了途径、提供了学习的榜样。此后的历史学者究竟作出了什么成绩，司马迁提出来的几个问题和他已达到的成绩就好像是测量器一样可用以测量出他们的高低来。"(《中国史学史论集》)

一、"百代以下，史官不能易其法，学者不能舍其书"

　　在史学领域，《史记》的杰出成就影响了两千年传统史学演进的诸多方面，直至今日我们仍然能够感受到其久远的生命力。

　　《史记》流传以后，历代史坛卓荦之士即一致赞誉司马迁有良史之才，服膺其"革旧典，开新程"的雄奇创造力。东汉初史学家班彪即称扬司马迁"善述序事理，辨而不华，质而不野，文质相称，盖良史之才也"。(《后汉书》卷四十上《班彪列传》)班彪之子、纪传体又一巨著《汉书》的著者班固又作进一步的发挥，极赞司马迁记载内容之广博和叙事之高明："司马迁据《左氏》《国语》，采《世本》《战国策》，述《楚汉春秋》，接其后事，讫于天汉。

其言秦汉，详矣。……其涉猎者广博，贯穿经传，驰骋古今，上下数千载间，斯以勤矣。……然自刘向、扬雄博极群书；皆称迁有良史之才，服其善序事理，辨而不华，质而不俚，其文直，其事核，不虚美，不隐恶，故谓之实录。"（《汉书》卷六十二《司马迁传》）南朝史家范晔则首次将司马迁、班固二人并列，又指出两人各有特点："司马迁、班固父子，其言史官载籍之作，大义粲然著矣。议者咸称二子有良史之才，迁文直而事核，固文赡而事详。"（《后汉书》卷四十下《班彪列传》）至唐代史论家皇甫湜尤其推崇司马迁创立纪传体以取代先秦时期的主要体裁编年体，是为了推进历史编纂的发展而展现出非凡的创造力。他撰有《编年纪传论》，比较编年、纪传二体的优劣，指出：编年体按年记事，大小事件互相牵混，只能举其大纲，而事件叙述简略，因而造成史实多所阙漏等缺憾。而司马迁为了记载丰富复杂的客观历史，实现成一家之言的宏伟目标，就必须担当时代的责任，"革旧典，开新程"，"将以包该事迹，必新制度而驰才力"，完成历史编纂的重大突破！

历代史家更将《史记》视为著史之楷模，对司马迁高超的编纂思想和完善的著史体例揣摩效法。唐代刘知幾、宋代郑樵相继对司马迁著史的雄伟气魄和诸体配合的结构特点作了深刻的阐释。刘知幾指出《史记》创立的纪传体裁较之编年体显出极大的优越性，因此后代正史编纂者一律遵从，无所改易："《史记》者，纪以包举大端，传以委曲细事，表以谱列年爵，志以总括遗漏，逮于天文、地理、国典、朝章，显隐必该，洪纤靡失。"（《史通通释》卷二《二体》）郑樵则特别强调《史记》五体配合对于反映历史的特殊意义："勒成一书，分为五体，……使百代以下，史官不能易其法，学者不能舍其书。"（《通志二十略·总序》）堪称目光远大，评论精当！至清代，赵翼又进一步比较纪传体、编年体、纪事本末体三者的优劣，而明确肯定司马迁创立的体裁是著史的最高典范："记事者，以一篇记一事，而不能统贯一代之全；编年者，又不能即一人而各见其本末。司马迁参酌古今，发凡起例，创为全史……一代君臣政事，贤否得失，总汇于一篇之中，自此例一定，历代作史

者，遂不能出其范围，信史家之极则也。"（《廿二史劄记校证》卷一"各史例目异同"条）

正因为《史记》创立的纪、表、书、志、传诸体配合的体裁被视为"著史之极则"，"史官不能易其法"，东汉初班固继承"史记"的体裁，纂成断代体的《汉书》，更加巩固了纪传体史书的地位。此后，历代都以此为朝政大事，继起的皇朝毫无例外要按《史记》体裁修成一部前朝史，且尊之为"正史"。同时，还要按纪传体的要求记录、储备当朝史的史料，设立专门机构纂修起居注、时政记、实录等，并在此基础上纂修"国史"（主要有本朝皇帝的本纪和大臣的列传）。当朝代鼎革以后，这些"国史"半成品又成为新朝纂修前代"正史"的依据，由此保证了中华民族几千年历史记载的长期连续。自《史记》《汉书》以后，历代相仍，一直到清朝修成《明史》，一共完成了纪传体史书二十四部。"二十四史"是自有文字以后前后相接的历史巨著，共三千二百多卷，在世界各国历史著作中绝无仅有，令人赞叹！

《史记》不仅是两千年纪传体史书的楷模，而且深刻地影响了编年体和典制体史书的发展。编年体史书形成于先秦时期，以《左传》为代表，它虽然已具备了一定的规模，但主要记载军政大事，包含的内容还不甚丰富。而后来出现的编年体巨著《资治通鉴》，它不但记载军政大事，而且大量记载了民族、典制、人物活动、社会情状，还记载了不少一代大论议，内容大为丰富，这显然是受到《史记》记载气魄宏大、网罗丰富的影响。典制体史书的产生直接来源于《史记》首创"八书"记载典章制度，班固《汉书》在此基础上纂成"十志"，内容更加完备，唐代杜佑又大力发展，撰成典制体巨著《通典》，设立食货、选举、职官、礼、乐、兵、刑、州郡、边防等九门，详细记载历代典章制度的沿革。元初马端临继承这一传统撰成典制体又一巨著《文献通考》，设立田赋、钱币、户口、选举、职官、舆地、四裔、经籍、帝系、封建、物异等共二十四门。以后出现的还有《续通典》《续文献通考》《清通典》《清文献通考》等。典制体史书遂成为传统史学又一重要史书体裁，而追根求源，则来自《史记》所创"八书"。

二、近世以来所显示的非凡生命力

清朝乾嘉时期,已处于中国社会和学术思想变革的前夜,著名的史学评论家章学诚以其特有的时代敏感性,对纪传体史书两千年的演进作了反思和总结。他认为,纪传体本是三代以后著史之良法,司马迁发凡起例、创造擘画,具有卓见绝识,纪表书传互相配合,足以"范围千古,牢笼百家",有很大的包容量。又认为司马迁有杰出的创造性,述往事、知来者,对体例运用能够灵活变通,不愧为撰述的典范。从《汉书》《后汉书》至《隋书》《新唐书》等,或为上乘之作,或为"固不出于一手,人并效其能"的有价值的史书。同时他指出,应当清醒地看到后世正史的编纂者缺乏别识心裁,只会墨守成规,不知灵活变通。因而把古代优秀史家的创造精神都埋没了,如《宋》《元》之史,人多体猥,不可究诘,"史学"反过来变成为"史例"的奴隶,造成灾难性后果,简直如淮河泛滥,不可止!所以他呼吁要大力救挽,以极大勇气开出新局。(《文史通义》内篇一《书教下》)他认为后起的纪事本末体史书具有不拘常格、起讫自如的优点,正可用来救治后世正史编纂芜滥冗杂的严重弊病,因而提出"仍纪传之体而参本末之法",作为改革历史编纂的方向。(《文史通义》外篇三《与邵二云论修宋史书》)

到了近代,历史进程出现了剧变,社会状况与文化思潮、价值观念都已发生了剧烈而深刻的变化,那么,《史记》是否就受到冷落了呢?恰恰相反。近现代一些具有卓识的史学家仍然对《史记》在历史编纂学史上的价值给予高度评价,而且这些史学家由于有了近代的意识和观察问题的新鲜角度,因而对《史记》的编纂成就又有新的发现,揭示出其当下价值。譬如梁启超,他是"新史学"思潮的倡导者,以激烈批判旧史著称,认为旧史存在"知有个人而不知有群体""能因袭而不能创作"等严重弊病,而唯独对于《史记》

却予以极高的褒扬，并且以"新史学"的时代要求作衡量，认为司马迁的编纂思想体现出历史为整个浑一和永久相续的观念，其书又常有国民思想。在《要籍解题及其读法》中，梁启超总结《史记》历史编纂上的创造力主要体现在"以人物为中心""历史之整个的观念""组织之复杂及其联络""叙列之扼要而美妙"四项。前三项的论述尤能反映近代学者对《史记》编纂成就之重新解读：

> 一、以人物为中心……人类心力发展之功能，固当畸重。中国史家，最注意于此，而实自太史公发之。其书百三十篇，除十表八书外，余皆个人传记。在外国史及过去古篇中无此体裁。以无数个人传记之集合体成一史，结果成为人的史而非社会的史，是其短处。然对于能发动社会事变之主要人物，各留一较详确之面影以传于后，此其所以长也。长短得失且勿论，要之太史公一创作也。
>
> 二、历史之整个的观念……《史记》则举其时所及知之人类全体自有文化以来数千年之总活动冶为一炉。自此始认识历史为整个浑一的，为永久相继的。非至秦汉统一后，且文化发展相当程度，则此观念不能发生。而太史公实应运而生。《史记》实为中国通史之创始者。自班固以下，此意荒矣。故郑渔仲（樵）、章实斋（学诚）力言《汉书》以后"断代史"之不当。虽责备或太过，然史公之远识与伟力，则无论何人不能否定也。
>
> ……
>
> 三、组织之复杂及其联络。《史记》以十二本纪、十表、八书，三十世家、七十列传组织而成。其本纪及世家之一部分为编年体，用以定时间的关系。其列传则人的记载，贯彻其以人物为历史主体之精神。其书则自然界现象与社会制度之记述，与"人的史"相调剂。内中意匠特出，尤在十表。……《史记》以此四部分组成全书，互相调和，互保联络，遂成一部博大谨严之著作。后世作断代史者，虽或于表志门目间有增减，

而大体组织,不能越其范围。可见史公创作力之雄伟,能笼罩千古也。(《要籍解题及其读法》,《饮冰室合集》专集之七十二)

纪传体以人物为中心,这一点早已为人们所习知。梁启超所强调者"人"才是历史的创造者,"人"的活动是历史前进的动力。这是对《史记》以人物为中心的体裁特点更深刻的阐发。而司马迁不仅以浓墨重彩刻画处于历史舞台中心的人物的活动,而且广泛地描写了社会各阶层的人物,承认他们的活动也具有创造历史的意义。梁启超又深刻指出《史记》作为一部真正的"通史",其精髓在于《史记》的"通",包括横的方面,政治、经济、军事、民族、制度、社会情况等各项打通研究,在纵的方面,又视历史是永远相继的活动,做到"通古今之变"。这一深刻的认识,就表明包括着对于近代的通史撰著所提出的要求。第三项则进一步发挥刘知幾、郑樵、赵翼、章学诚等人的论点,强调《史记》诸体配合、各部分互相调和、互相联系,恰恰为上述"人"的创造性活动和"认识历史为整个浑一的,为永久相继的"内容,提供了最为恰当的载体,因而确实能"笼罩千古",其体裁组织在近代仍然具有宝贵的价值。

梁启超倡导"新史学",主张以"民史"代替君史,强调历史著作的根本任务,是叙述社会全体之进化,求得其公理公例,并为今天国民之进步提供资鉴,因此他又以独具的近代眼光,揭示出司马迁著史常有国民思想:"太史公诚史界之造物主也。其书亦常有国民思想,如项羽而列诸本纪,孔子、陈涉而列诸世家,儒林、游侠、刺客、货殖而为之列传,皆有深意存焉。其为立传者,大率皆与时代极有关系之人也,而后世之效颦者,则胡为也。"(《新史学》,《饮冰室合集》文集之九)

梁启超不仅在理论上对《史记》编纂思想的精髓作了深刻的阐释,同时,在编纂实践上,他也力图在继承司马迁成就的基础上进行改造和再创造。于1918—1920年曾尝试撰著《中国通史》。如何进行?他首先要考虑的是全书的编纂体裁。经过探索,他决定在总体上继承司马迁诸体配合、互相补充的气魄和框架，而同时又吸收他所重视的纪事本末体能够清晰记载事情的来龙去脉、能够反映历史演进的大势的优点，二者相糅合，而创造了载记、年表、志略、传志四体配合的体裁。值得深思的是，同在二十世纪初年，又一位近代著名学者章太炎，他也尝试撰著《中国通史》。所设想的编纂体裁方案，是由记、典、表、考纪、别录五者相互配合而成，与梁启超所设想的方案，可谓形神兼似。由于编纂中国通史工程浩巨，以一人之力难克其成，梁、章两位仅只留下片段书稿，《饮冰室合集》中载录有《太古及三代载记》（部分）、《春秋载记》《战国载记》，《春秋年表》《战国年表》《志三代宗教礼学》等篇章；《章太炎全集》（三）载录有《扬（雄）颜（之推）钱（谦益）别录》《许（衡）二魏（魏象枢、魏裔介）汤（斌）李（光地）别录》。尽管如此，他们的努力却有力地证明，当近代史家面临历史编纂如何革新这一重大课题时，他们仍然将《史记》的编纂思想和体裁特点视为继续前进的基础。

司马迁历史编纂杰出成就对二十世纪史家的影响，还有广泛性的特点。不仅二十世纪初年"新史学"倡导者重视，其后崛起的唯物史观学者也予高度重视；不仅国内学者，旅居外国多年、深谙西方史学传统的华裔学者也予以高度评价；不仅历史学者，其他人文社会科学领域学者也精辟地指出《史记》体裁所包含的当代价值。我们对此可以举出三个例证。翦伯赞在确立唯物史观以后撰成《中国史纲》，他称司马迁是中国史学的开山祖师，中国史学之成为一种独立的学问是从司马迁开始的，并且高度评价《史记》是一部以社会为中心的历史，司马迁几乎注意到历史上的社会之每一阶层、每一角落、每一方面的动态。他说："纪传体的历史，本来是以个人为中心的历史。但是《史记》虽系纪传体，却是一部以社会为中心的历史。因为他在纪传之外，尚有八书——礼、乐、律、历、天官、封禅、河渠、平准。这八书，是《史记》的总结。他在这八书中，分别概述自黄帝以至汉武这一长时期中之各种社会制度的发展，自天文、地理、法律、经济无所不述。同时在纪传中，司马迁不仅替皇帝写本纪，也替失败的英雄项羽写本纪；不仅替贵族写世家，也替起义的首领陈涉写世家；不仅替官僚写列传，也替秦汉时代的哲学家、文学家、商人、地主以及社会的游浪之群如日者、游侠、滑稽写列传。他几乎注意到历史上社会之每一个阶层，每一个角落，每一个方面的动态，而皆予以具体而生动的描写。所以我以为《史记》是中国第一部大规模的社会史。"（《中国史纲》第二卷）而长期旅居外国的华裔学者邓嗣禹，于1956年撰著《司马迁与希罗多德之比较》一文，他以世界的眼光，评价司马迁创立的规模宏大、包罗万象的体裁，可以用之于古今中外："在结构与组织方面，司马迁最大的贡献，是铸成一个历史的模型，可以包罗万象，并用之于古今中外。不但中国历朝正史用这个模型，日本史用之；近年罗尔纲写《太平天国史》亦用之。甚至于美国史，也未始不可以此模型驾驭材料。如将各大总统作本纪，亚当斯、莫里斯、洛克菲勒和福特等作世家；将各科学家、文学家、实业家、电影明星作列传，将社会、经济、交通、地理等作专题研究；将各州发展史、内乱与大战进展史作年表，则全部美国史，亦可以包罗排列，有的部分供人阅读，有的供参考。所以司马迁《史记》其应用，已非常广博与悠久。希罗多德之书，没有他这样的体大思精。"（《司马迁与希罗多德之比较》，《历史语言研究所集刊》1956年第28卷）无独有偶，著名作家茅盾在1981年也曾著文，提出可以用《史记》的体裁来撰写中国文学史以及美术史、音乐史等，他说："我有一个简单的想法，按正史的体裁编一部中国文学史……本纪中的人物和事件都是大纲而已，读者要知其详，要读列传和书、志。""文学史如此，美术史、音乐史似乎也可以取同样的办法"。（茅盾：《梦回琐记》，《文艺报》1981年第1期）

  以上简要的论述表明，继承并发扬《史记》著史的宏大气魄和编纂上的杰出智慧，并且根据时代的需要进行改造和再创造，同时吸收其他史书体裁的优点，熔于一炉、创造出新的体裁，这是近三百年来有识史家的不断努力。这一持久的探索到二十世纪末终于取得了重要的成果，这就是白寿彝担任总主编、集合众多学者的贡献、历时二十年编纂而成的大型《中国通史》。白寿彝先生长期研治中国史学史，重视总结和继承传统史学的精华，重视在哲理高度探究司马迁的历史编纂的深邃意义。他在二十世纪六十年代即指出，司马迁的杰出编纂成就"为此后的历史学者指出了途径,提供了学习的榜样",因而不愧为"笼罩整个中国封建时代的史学大师"。(《中国史学史论集》) 至1981年,他撰写《谈史书的编撰》一文,进一步提出了《史记》体裁是综合体的论断,认为纪传体将本纪、列传、世家、书志、年表和史论等体裁综合起来,"形成一个互相配合的整体"。并论述今天著史要在继承《史记》成就的基础上进行改造和再创造,创立"新综合体"。(白寿彝:《谈史书的编撰——谈史学遗产答客问之三》,《史学史研究》1981年第3期) 由此也生动地证明,《史记》的编纂思想、编纂成就确实具有超越时空的意义!

三、才气充溢、章法纯熟的文章典范

《史记》的成就不仅笼罩了两千年中国史坛,而且在文学史上也产生了极其深远的影响。这里仅简略地论述历代学者关注最多的司马迁在古代散文发展史上的崇高地位。

唐宋时期兴起的古文运动是古代文学史上的重大事件,散文的名家恰恰是以司马迁雄深雅健的文章为典范,作为反对六朝绮靡文风武器,重建优良传统。这些名家们从诸多方面赞赏司马迁文章的雄奇高妙,归纳起来大体包括两大方面:一是赞赏《史记》文章才气充溢、自然流露;二是主张揣摩司马迁的纯熟手法,以求做到状物抒情各得其妙趣。以下即从选取历代名家若干精彩议论,以见司马迁在古代散文健康发展进程中的"宗师"地位。

北宋欧阳修善于写作人物传记,其成功正得力于效法司马迁,如他所言:"余固喜传人事,尤爱司马迁善传,而其所书皆伟烈奇节士。喜读之,欲学其作。"(《欧阳文忠公全集》卷六十五《桑怿传》)宋祁、苏辙则极赞司马迁文章有奇气,才华横溢。宋祁谓:"太史公周览四海名山大川,与燕赵间豪杰游,故其文疏落,颇有奇气。"(《太史公文章疏荡》,录自宋王正德编《余师录》卷一）苏辙极然其言，并加以引申："其气充乎其中，而溢乎其貌，动乎其言，见乎其文，而不自知也。"南宋洪迈、明代茅坤、清代刘大櫆也有类似的见解，足以与宋祁的评论相呼应。洪迈特别赞赏司马迁行文"其高古简妙处，殆是摹写星日之光辉，多见其不知量也。予每展读至魏世家、苏秦、平原君、鲁仲连传，未尝不惊呼击节，不知其所以然"。又专门拈出篇中成功地运用的修辞方法反复品味，称："如骏马下驻千丈坡，其文势正尔，风行于上而水波，真天下之至文也。"（《容斋五笔》卷五"史记间妙处"条）茅坤称誉司马迁文章气势雄浑，包容深广，云："屈、宋以来，浑浑噩噩，如长川大谷，探之不穷，揽之不竭，蕴藉百家，包括万代者，司马子长之文也。"又极赞其叙事议论气势豪迈，文字含意深广，达到炉火纯青的地步，云："每读其二三千言之文，如堪舆家千里来龙，到头只求一穴。读其小论，或断言只简之文，如蜉蝣蠛蠓之生，种种形神，无所不备。读前段，便可识后段结按处，读后段，便可追前段起按处。于中欲损益一句一字处，便如于匹练中抽一缕，自难下手。此皆太史公所独得其至，非后人所及。风调之遒逸，摹写之玲珑，神髓之融液，情事之悲愤，则又千年以来，所绝无者。"（《史记钞》卷首《读史记法》）刘大櫆则评价司马迁文章"气脉洪大，丘壑远大"。（《论文偶记》）

历代文章名家揣摩效法的又一重点，是司马迁文章结构谨严、章法娴熟，表现手法多样，处处得心应手。以宋代黄庭坚、明代王世贞和冯班的评论最有代表性。黄庭坚云："（司马迁）凡作一文，皆须有宗有趣，终始关键，有开有阖。如四渎，虽纳百川，或汇而为广泽，汪洋千里，要自发源注海耳。"（《答洪驹父书》，录自宋王正德编：《余师录》卷二）王世贞则盛赞司马迁为文有多种风格。根据不同记述对象而运用多种手法，无不各得其宜："《仪》《秦》《鞅》《雎》诸传，以己损益诸史者也，其文雄而肆。《刘》《项》纪，《信》《越》诸传，志所闻也，其文宏而壮。《河渠》《平准》诸书，志所见也，其文核而详，婉而多风。《刺客》《游侠》《货殖》诸传，发所寄也，其文精严而工笃，磊落而多感慨。"（《弇州山人四部稿》卷一百四十六）冯班也极力赞扬司马迁为文根据不同需要而采用不同手法，无不各得其宜，云："《史记》叙事，如水之傅器，方圆深浅，皆自然相应。"（《钝吟杂录》卷六）

　　以上我们等于做了一番"上溯"的工作，将名家们如何称扬司马迁是文章典范之最具代表性的言论作了简要评析，由此我们即能明白，何以《史记》在文学史上有崇高的地位？现当代著名文学史专家，何以称司马迁是中国散文之"宗师"？李长之对此有过堪称酣畅的归纳和评论，他说："司马迁的散文，乃是纯正的散文，乃是唐宋以来所奉为模范的散文——就是古文家所推为正统的散文。""司马迁是被后来古文家所认为宗师的。其中几乎有着'文统'的意味。因为，第一次的古文运动领袖是韩愈，他推崇司马迁。第二次的古文运动领袖是欧阳修，他推崇韩愈。后来的桐城派的先驱归有光，以司马迁为研究目标，后来者则追踪韩欧，而曾国藩一派又探索于《史记》。这样一来，前前后后，司马迁便成了古文运动的一个中心人物。"（《司马迁之人格与风格》）钱基博同样推崇司马迁的雄奇风格是唐宋古文八家之祖祢："《史记》积健为雄，疏纵为奇，以为唐宋八家散行之祢。"（《古籍举要》）欧阳修等名家的精彩评论，恰恰为司马迁在中国文学史上的崇高地位提供了有力的佐证。

第十五讲

《史记》对锻造中华民族文化基因的非凡贡献

文化基因是民族特质和生命力的集中体现，是数千年奋斗前行的中华民族躯体内流淌的血脉，是民族精神的根基。中华民族文化基因的锻造形成是一个历史过程，经历了漫长的孕育、产生、壮大，又在严峻考验中得到淬炼而升华。

大体而言，从黄帝时代萌发至夏、商时期，是萌发阶段；西周至春秋战国时期，是产生和光彩展露阶段，其标志是《尚书》《周易》《论语》《孟子》《左传》《国语》及其他战国诸子中对民族文化基因的一些特征、智慧做了极其简要的概括，成为著名的古训，这是民族文化基因的重要渊源，也是后代卓荦人物认识中华文明特质并加以阐释的纲领；秦汉以后至明代，是民族文化基因壮大和芳华盛放阶段，众多政治家、思想家和有为之士结合所处时代特点，吸收新的智慧，对民族文化基因做了出色的丰富、提升，为汉唐盛世的出现和古代文化的光辉灿烂提供创造的凭借和睿思卓识，在此漫长时期中也有过严峻的考验、磨难，但依靠文化基因的优良和坚韧，中华民族得以衰而复振、蹶而复起；自清初至二十世纪，民族文化基因在社会趋势走向近代、救亡图强思潮涌起的新环境中得到淬炼、升华，凤凰涅槃，为中华民族伟大复兴提供助力。历经五千多年进程，漫长而壮阔，丰富而深刻，历久而弥坚！

中华民族作为穿越历史上几千年狂风暴雨、曲折磨难，发皇壮大、坚不可摧，至今成为世界人口最多的民族并焕发出蓬勃生机，她的文化基因一定具有醇美质朴、蕴蓄深厚、广纳互通、绵延持久的优良品格，因而在历史长河中不断吸收时代的营养而得到提升。毫无疑问，各个时代的文化经典都为民族文化基因的形成和发展作出贡献。然则《史记》因其得天独厚的时代机遇和生动记述汉武帝时期以前全部历史与文化的宏富内容，而理所当然地广受人们关注。这部史学宝典为锻造与提升中华民族文化基因的贡献，主要体现在五个方面。

一、弘扬传统　疏通知远

"疏通知远"是华夏先民很早提出的观念，是中华民族文化基因重要源头之一。这一观念出于《礼记·经解》："疏通知远，《书》教也。"准确地道出《尚书》开创了中华民族历史记载长期连续性的传统这一重要价值，"疏通"是指要认识历史的发展变迁，"知远"是指要追溯前代，记述祖先的历史，传承文明。还有《周易》所言"君子以多识前贤往行，以畜其德"（《周易·大畜》），《诗经》所言"殷鉴不远，在夏后之世"（《诗经·大雅·荡》），这些著名的古训同样昭示后人要弘扬传统，重视总结历史经验，同样鲜明地体现中华民族这一重要的文化基因。

《史记》的著成，使华夏先民"弘扬传统，疏通知远"这一重要文化基因得到有力的提升。司马迁确立的著史宗旨"通古今之变"，就是《尚书》"疏通知远"精神的直接发展，站在新的高度对中华民族全部历史，总结其发展的全过程。《史记》继往开来，史识卓越，气魄更雄伟，再现中华民族有史以来历史进程更加连贯和丰富，对锻造中华民族文化基因贡献巨大，成为后代著述历史尤其是通史著作的楷模。由于《史记》自觉地弘扬传统，因而成为中华文明的根基、世界文化史上的瑰宝。

生当总结华夏文明前所难逢的最佳机遇，司马氏又是世代担负史官重任，所以他以著成《史记》、接续五帝三代，直至记载秦、汉历史为本人的崇高使命。在这种历史责任感的鼓舞下，在许多关键问题上，司马迁作出了典范性处理，彰显了中华民族珍惜祖先成果的、高度重视人的活动、以理性态度解释历史创造进程的人文精神。

首先，确认黄帝为中华文明始祖，是在审慎"考信"基础上对于先秦儒家典籍记载的恰当地继承并作出定论，这对于几千年来民族文化认同具有重大意义。《史记》以十二"本纪"为全书记载历史的纲领,首篇《五帝本纪》始于黄帝,确认黄帝、颛顼、帝喾、尧、舜为上古时代"五帝"。当时司马迁面对两类史料,一类是"百家杂语",其言不雅驯,无法与其他典籍记载相参稽而论定;另一类是《左传》《国语》《五帝德》《帝系姓》的记载,这些有关古史的说法可以从其他典籍中得到参照,尤其是能与司马迁在全国各地调查访问、采访故老传说相印证。司马迁以"考而后信"所作的裁制,在中华文明史上有重大的意义。两千多年来,中国人世世代代普遍地以黄帝为中华民族共同祖先,形成了占全世界人口最多的中华民族对于自己的民族历史和文化"本根"的共同认识,促进了"大一统"局面的巩固,加强了民族向心力,其意义极其深远。

其次,《史记》明确记载,夏、商、周三代鼎革,但是文明相承,以周公为代表的周初政治家所总结的王朝盛衰的历史教训一直被后代传承下来,成为加强民族文化认同的宝贵思想营养。以周公为代表的周初政治家明确地认识到,商之代夏、周之代商,盛衰规律相同,历史教训相同:失德就失去民心,失去民心就失去天命,夏商以来,一贯如此。周初这种对历史的认识的价值,对于中国历史文化认同的传统具有开山的意义,在人类的认识史上也是具有开创性的意义的。

再次,继承先秦政治家、思想家的进步观念,对于秦汉之际历史变局和西汉建立这一大历史关节点做出深刻的总结。秦始皇以"振长策而御宇内"之势,兼并六国、威震天下,但是为何秦朝却在反秦起义烈火中顷刻灭亡?继而,楚汉相争长达六年,项羽本来号令天下,占有巨大优势,却为何最后众叛亲离败走东城,而刘邦转弱为强,建立了西汉帝业?书中的记载极为详实,而寓含的哲理至为深刻。秦汉之际历史变局对于汉武帝时期来说是近现代史,司马迁却能准确地把握其大格局、大趋势,不但再现其风云变化,生动地写出跌宕起伏的场面和众多人物活动,而且总结出复杂历史运动背后深刻的教训和哲理,继承并发挥了孟子对战国时局的判断和贾谊对秦亡汉兴历史经验的总结。

总之，历史记忆是民族文化认同的基础。司马迁无比珍惜中华民族壮阔的历史道路和文化成就，由于他如此高度重视搜集、整理有关先民活动的一切有价值的史料，重视中华民族的优良文化传统，重视继承前代明君贤士观察历史时势的嘉言谠论，而把这一切囊括于书中，成为华夏子孙保存集体历史记忆的依据，这正是司马迁为锻造"弘扬传统，疏通知远"这一民族文化基因作出的不可磨灭的贡献。

二、革新创造　穷变通久

贯彻革新、创造的精神，根据客观形势的需要制定正确的施政方针，是中华民族克服艰难、发展壮大的力量源泉。《易经》上所说："天行健，君子以自强不息。"（《周易·乾卦·象辞》）又说："穷则变，变则通，通则久。"（《周易·系辞下》）正是民族精神的最好概括，也是面对积弊或艰危局面、勇于变革旧章开辟新路的规律之总结。

司马迁以史实对《易经》的古训作了充分的阐释，而其"通古今之变"的著史宗旨，首先即要探究变革对推进历史进程的意义。对于战国时期的历史，他突出记载了商鞅变法、吴起变法和赵武灵王胡服骑射对于实现强国的明效大验。司马迁为商鞅设立专传，这是历史上大有作为人物才享有的待遇。篇中记载，商鞅对秦孝公说，"圣人苟可以强国，不法其故；苟可以利民，不循其礼"，大得孝公赞赏。商鞅总结历史经验，对保守派的阻挠作有力批驳，因而大受秦孝公信用，任左庶长，实行变法。主要措施有：奖励军功，民有二男以上者必须分户居住，否则"倍其赋"，加速旧的氏族制的瓦解；"各以率受上爵"；为私斗者以罪服刑；以军功等级占有田宅，宗室无功者不得滥赏，"有功者显荣，无功者虽富无所芬华"。因旧势力反对阻挠，太子犯法，商鞅以刑其师傅，重办其罪，以树立法令权威。篇中盛赞变法的巨大成效：

"行之十年，秦民大悦。道不拾遗，山无盗贼，家给人足，民勇于公战，怯于私斗，乡邑大治。"孝公任商鞅为大良造，又主持第二次变法，主要内容有：合乡邑为县；为田开阡陌封疆，废除井田制，准许土地买卖；统一度量衡制度。其卓著效果是："居五年，秦人富强，天子致胙于孝公，诸侯毕贺。"（《史记》卷六十八《商君列传》）司马迁大力肯定商鞅变法为秦国富强奠定了基础，对此又在《太史公自序》中作了画龙点睛的评论："鞅去卫适秦，能明其术，强霸孝公，后世遵其法，作《商君列传》。"（《史记》卷一百三十《太史公自序》）楚悼王时，任吴起为相，实行改革措施："明法审令，捐不急之官，废公族疏远者，以抚养战斗之士。"变法的结果，楚国骤强："于是南平百越；北并陈蔡，却三晋；西伐秦。诸侯患楚之强。"（《史记》卷六十五《孙子吴起列传》）司马迁在《赵世家》中同样有声有色地记述赵武灵王胡服骑射、实行军事改革的成功。其时，赵国之国中有中山腹心之患，四周受到燕、东胡、楼烦、秦、韩的威胁，武灵王遂果断地决定改用胡服，求强国之策。中间受到宗室公子成、贵族赵文等人的质疑、反对，赵武灵王却表现出坚定不可动摇的意志，以历史经验论述变革是时势变化提出的客观要求和强国的必由之路："法度制令各顺其宜，衣服器械各便其用。故礼也不必一道，而便国不必古。"（《史记》卷四十三《赵世家》）遂下令全国，胡服骑射，使赵国国势勃兴，连年攻略中山，乘胜攘逐群胡。赵国一举成为战国中期北方的强国。

司马迁特别以浓墨重彩，再现了汉朝因成功实行治国政策的改变而成为中国历史上第一个强盛朝代的历程，《高祖本纪·赞》所论"故汉兴，承敝易变，使人不倦，得天统矣"，就成为《史记》有关西汉前期历史记载的纲；相关的史实依次详细展开，与"承敝易变"这一哲理概括相呼应，有力地彰显了正确的变革方针对于推动社会前进的意义。西汉初前期的成功变革主要包括：一者，因谋士陆贾及时向高祖谏议："马上得天下，不能马上治之。"使他省悟到面对秦国严刑峻法、重赋暴敛而骤亡，必须反其道而行之，实行宽省政策，国家才能长治久安。遂让陆贾著《新语》，总结秦亡汉兴的经验教训,"每奏一篇,高帝未尝不称善,左右呼万岁。"(《史记》卷九十七《郦生陆贾列传》)由此实行以儒家"德治"为指导的政治方针,成为汉初君臣的共识,这一政治变革针对于西汉立国实具生死存亡的意义。《高祖本纪》中尤详载刘邦实行恢复生产、招集流亡、安抚百姓、蠲免赋税以及因战争被掳为奴者恢复平民身份的政令,充分证明由于实行"承敝易变"的方针,奠定了西汉社会走向强盛的基础。二者,高后、惠帝年间,继续有效地实行顺流更始、休养生息的政策。刘邦卒后,丞相萧何"休息无为,故天下俱称其美矣",曹参依然奉行"因民之疾秦法,顺流与之更始"。(《史记》卷五十三《萧相国世家》)吕后秉政时,继续减轻刑罚,还避免了与匈奴大规模战争。因此,吕后当政的十五年中,生产得到发展,社会经济处于上升趋势。

在《平准书》中,司马迁真切地描写西汉立国之初因长期战乱而造成的民生极度凋敝、社会残破不堪的景象:"民亡盖藏","自天子不能具钧驷,而将相或乘牛车"。经过六七十年间实行宽省政治、休息民力,到武帝初年,社会财富大大增加,百姓号称丰足,社会状况极大改观:"国家无事,非遇水旱之灾,民则人给家足,都鄙廪庾皆满,而府库余货财。京师之钱累巨万,贯朽而不可校。太仓之粟陈陈相因,充溢露积于外,至腐败不可食。众庶街巷有马,阡陌之间成群,而乘字牝者傧而不得聚会。"前后如此鲜明的对比,所展示的正是革新和创造的力量!司马迁不仅总结了"承敝易变"的深刻哲理,又清醒地提出"见盛观衰"的重要命题。《平准书》中尖锐地提出:由于社会财富充溢,造成了公卿大夫"争于奢侈",无有限度,而武帝连年大事征伐,百姓因赋税和转运军需造成无法承受的负担,"兵连而不解,天下苦其劳,而干戈日滋",引起社会的动荡。司马迁之实录式著史和"盛极而衰"的敏锐观察,恰好与武帝晚年"深陈既往之悔"而转变政策、实行"罢兵力农"的历史进程相符合。其"物盛而衰,固其变也"的观察,也影响了后代史家,如司马光在《资治通鉴》中评论汉武帝云:"有亡秦之失而免亡秦之祸。"(《资治通鉴》卷二十二)

三、加强统一　凝聚团结

不断加强全国范围内的统一，是中华民族在自然环境和社会文化心理双重作用下形成的必然历史趋势。中华民族的生存环境构成一个自然格局，东西南北四周有大海、高山、急流、大漠等形成天然屏障，而中原地区土壤、水利、气候环境优越，很早就发展了农业生产，由此滋养了先进的古代文明，因而成为周边居民向往之所在和向四周边远地区传播先进文明的中心。中原地区与周边地区相互交流、融合的趋势，早在古远的新石器时期已开始显示。汉族（先秦时期是华夏族）在多民族统一过程中是起到核心和主导民族的作用。而汉族之所以成为全世界人数最多的民族，其原因即在长期发展过程中不断吸收、融合了周边少数民族，因而像滚雪球一样越滚越大。至秦汉国家大一统时期形成了汉族这一坚强的民族共同体，此后在漫长的历史进程中，起到多民族统一和融合之核心的作用。全中国各民族共同创造历史，各有自己的特点、各自作出贡献，同时各民族有强大的凝聚力、向心力，促进全国统一不断加强，这就是中华民族多元一体的格局。我们的祖先赞赏"协和万邦"（《尚书·尧典》），就是在小国林立的时代表达对广大范围内实现统一的愿景。《论语》中所载孔子梦周公，赞美周礼，要求"天下有道，则礼乐征伐自天子出"（《论语·季氏》）都是表达对西周初年以封土建邦形式体现的统一局面，反对诸侯分立、纷争和对抗王室的行为。孟子则在上述观念的基础上呼吁制止列国攻伐争夺，早日实现全中国统一。我国最早的历史典籍《尚书》《春秋》《左传》《国语》，都是在当时历史条件下尽可能地搜集史料，编纂成记述全国范围的历史活动。上述古代政治家、思想家的遗训和典籍记载的特点，都对中华民族不断巩固和推进统一局面产生极其深远的影响。

司马迁深谙中华民族统一发展的历史趋势及其重大意义，他不仅自觉继承上述优良传统，更以精心创造的著史格局和丰富确凿的内容，为提升世代中华儿女的文化认同和维护统一事业发挥了巨大的作用。《史记》首创的"五体"配合的著史体制，以十二"本纪"为总纲，其余"八书"、三十"世家"、七十"列传"等相环绕，如众星拱北辰，"以奉主上"（《史记》卷一百三十《太史公自序》），恰恰是现实大一统政治结构在历史编纂的投影，极其形象地体现了中央集权体制，成为意识形态上潜移默化的力量。从《史记》开始，两千年间历代纂修的纪传体史书被尊奉为正史，誉为著史之"极则"，对加强全国统一实有十分重要的意义。在内容上，司马迁更殚精竭虑、旗帜鲜明地记载了大量有关国家统一不断加强的史实。仅举数例。

其一，作为全书总纲的十二"本纪"所贯穿的一条主线，就是统一规模不断向前推进。如叙述商朝兴起，是因为汤体恤民众的疾苦，重视人心的向背。武丁治国五十年，是殷商最强盛的时期，号为高宗。至殷纣王残暴骄淫，众叛亲离，终于自取灭亡。周代商而起，经过武王伐纣的胜利，周公平定武庚叛乱、艰难创业，实行大分封，创设制度，奠定立国基础，至成王、康王时期，政治比较清明，赋敛有度，出现了西周的"盛世"。《史记·三代世表》谱列了自夏以下三代君主的世系，从此以后，中国历代君主世系直至清末止迄未中断。《十二诸侯年表》自共和元年（公元前841年）始，从此中国史书纪年迄无中断。

其二，专门设置《秦本纪》和《秦始皇本纪》两篇，充分肯定秦的历史地位，这个原先僻居西陲的小国，因历代国君、能臣奋力经营，逐步强大，最后终于完成了统一全国的大业。这一认识是有关中国历史进程的大问题。但有的前代学者对此并不理解，因而不恰当地评论司马迁"自乱其例"，对此，我们应从《史记》成功地贯彻国家统一规模不断发展这一高度，重新予以评价。

其三，文帝、景帝时期，政论家贾谊、晁错针对诸侯王国势力膨胀、尾大不掉的严重问题，相继提出削藩建议。如晁错"请诸侯之罪过，削其地，收其枝郡"（《史记》卷一百一《袁盎晁错列传》），这就成为西汉解决藩国割据势力的指导方针。司马迁高度评价这种巩固中央集权、强干弱枝的政策和发展趋势，详细记述景帝平定吴楚七国之乱和武帝实行"推恩令"，赞赏诸侯王势力大大削弱，最后的局面是大国不过十余城，小侯不过数十里，实现了"强本干弱枝叶"。（《史记》卷十七《汉兴以来诸侯王年表·序》）

其四，以"宣汉"的鲜明立场，大力赞扬汉朝推进全国统一规模的历史功绩。他把记述国家的统一兴旺、社会的进步、君臣建树的功业，视为不可推诿的责任。在政治上，司马迁歌颂汉代把人民从秦的暴政下解救出来，获得民心，是历史的巨大进步。以"得天统矣"作了很高的评价，指出汉代政策符合历史发展的趋势。又说："汉兴，至孝文四十有余载，德至盛也。"（《史记》卷十《孝文本纪·赞》）在经济问题上，司马迁赞颂汉兴六七十年间生产的发展和社会的丰足景象，而且概述"汉兴，海内为一，开关梁，弛山泽之禁，是以富商大贾周流天下，交易之物无不通，得其所欲"（《史记》卷一百二十九《货殖列传》），讴歌国家空前统一为经济和交通的发展开创了新局面。在文化上，他谴责秦"焚《诗》《书》，坑术士"，赞扬"汉兴，然后诸儒始得修其经艺"，而武帝兴儒学，"天下之学士靡然向风矣"。（《史记》卷一百二十一《儒林列传》）《史记》全书百科全书式的宏伟结构，"厥协六经异传，整齐百家杂语"的大规模整理文献、熔铸成书的功绩，本身更是汉代空前统一的产物。司马迁以其"实录"精神对汉武帝连年征伐及与民争利等曾提出批评，而同时，对武帝的雄才大略、建树功业又是明确赞扬的。

其五，司马迁以宏大气魄记述了国家大一统局面下，各民族的活动、边疆民族与中原民族联结一体的关系。《史记》撰有《匈奴列传》《南越列传》《东越列传》《朝鲜列传》《西南夷列传》《大宛列传》一共六篇记载少数民族的专传，详载边疆各族的生产生活情况、源流沿革、各族与中原汉族联系的加强，如讲南越"保南藩、纳贡职"，大宛和西域各族"引领内向，欲观中国"，证明各民族的巨大向心力和民族文化认同具有牢固的基础。（《史记》卷一百三十《太史公自序》）

以上司马迁大处落笔记述歌颂国家统一发展的宗旨和风格，为东汉初班固所继承,《史》《汉》两部巨著深深刻印在中华儿女的脑海里,使"加强统一"、团结凝聚的文化基因得到极大提升。

四、 热爱和平　反抗压迫

热爱和平是中华民族历史文化的传统。《尚书》讲"协和万邦"(《尚书·尧典》),在上古时代是希冀天下各小邦和平相处、互助发展,可以此推演成为后世处理各国关系的原则。孔子讲"四海之内皆兄弟也"(《论语·颜渊》),更是表达了中华民族热爱和平的情怀。《礼记》中描绘的"大同"理想,"天下为公,选贤与能,讲信修睦"(《礼记·礼运》),以及儒家春秋公羊学派憧憬的人类社会进化的高级阶段,"至所见之世,著治太平,夷狄进至于爵,天下远近小大若一"(《春秋公羊经传解诂》鲁隐公元年何休注文),都以根绝战争、压迫、剥削,臻于理想境地的愿景,滋养、熏陶世代中华儿女。

司马迁继承了华夏先人热爱和平的传统,在《史记·律书》中,对汉文帝成功实行对匈奴"坚边设候,结和通使,休宁北陲"的政策,"故百姓无内外之徭,得息肩于田,天下殷富",表达了衷心赞赏,称其达到了"仁"的境界,使这一传统得到强有力的传承。中华民族向来以热爱和平著称,中国共产党人在经历二万五千里长征那样的艰难严酷环境下,却以豪情高扬起"太平世界,环球同此凉热"(《念奴娇·昆仑》,《毛泽东诗词选》)的旗帜,而今天,在向建设现代化道路上奋进的强大的中国,更以政治上的非凡定力,成为世界和平的忠实维护者。

热爱和平与反抗压迫,是正义事业相辅相成的两翼。制止战争、掠夺,才能维护和平;反抗压迫、强暴,才能实现社会安定。毛泽东主席说:"我们中华民族有同自己的敌人血战到底的气概,有在自力更生的基础上光复旧物的决心,有自立于世界民族之林的能力。"(《论反对日本帝国主义的策略》,

《毛泽东选集》第一卷）这是革命领袖总结中华民族精神而发出的气壮山河的时代强音，在民族危亡时刻发挥了动员亿万民众战胜日寇凶残侵略的伟大作用。中华民族自古有反抗压迫、伸张正义、坚强不屈的光荣传统。《周易》上说："汤、武革命，顺乎天而应乎人。"（《周易·革卦·彖辞》）《论语》说："三军可夺帅也，匹夫不可夺志也。"（《论语·子罕》）又说："岁寒，然后知松柏之后凋也。"（《论语·子罕》）孔子严斥"苛政猛于虎"，他的学生冉求为季氏敛财，遭到孔子呵斥，说："小子鸣鼓而攻之可也。"（《论语·先进》）孟子同样严正宣称推翻残害民众的暴君统治是正义的事业："闻诛一夫纣矣，未闻弑君也。"（《孟子·梁惠王下》）

　　《史记》将这种民族精神大力发扬光大。楚怀王昏庸误国，屈原忠心爱国而被放逐，《屈原列传》称颂他："推此志也，虽与日月争光可也。"（《史记》卷八十四《屈原贾生列传》）又表彰蔺相如面对秦昭王恃强对赵国欺诈侵夺侮辱，他大义凛然、视死如归，怒喝："五步之内，相如请得以颈血溅大王矣！"秦王左右欲以利刃加害，"相如张目叱之，左右皆靡"。（《史记》卷八十一《廉颇蔺相如列传》）相如为捍卫赵国尊严而表现出的英勇气概，令秦国君臣大惊失色。司马迁又郑重表彰鲁仲连义不帝秦的事迹。鲁仲连是个没有官职的平民，当时，秦国大军包围邯郸，兵临城下，而赵国刚刚在长平之战大败，损失了四十万大军。魏国又派客将军新垣衍来催促赵国投降秦国，尊秦为帝。鲁仲连处危城而不惧，他面见新垣衍，分析利害，义正词严地告诉他：如果尊秦为帝，那就堕落为秦的臣妾仆役，丧失了起码的人格！鲁仲连这番大义凛然的言辞，使新垣衍羞愧无地自容，承认自己是个"庸人"，"不敢复言帝秦"！秦将闻之，为却军五十里，后又引兵而去。司马迁大力赞许他刚直不屈的精神："余多其在布衣之位，荡然肆志，不诎于诸侯，谈说于当世，折卿相之权。"（《史记》卷八十三《鲁仲连邹阳列传》）而《史记》提升抗击强暴、伸张正义的民族精神的高峰，更在于表彰雇农出身、揭竿而起、点燃了反秦起义烈火的英雄陈涉，破格立了《陈涉世家》，生动地表现他为解救民众灾难敢于举起反抗大旗的精神，并满怀激情赞颂陈涉起义的历史功绩：

"秦失其政,而陈涉发迹,诸侯作难,风起云蒸,卒亡秦族。天下之端,自涉发难。"(《史记》卷一百三十《太史公自序》)由于《史记》的大力表彰,蔺相如视死如归捍卫赵国尊严的气概,陈涉揭竿而起反抗暴秦的精神,就成为教育后代中华儿女、提升民族精神的崇高典范。

五、包容共辉 和谐有序

《周易·坤卦》载有重要古训:"地势坤,君子以厚德载物。"《坤卦》爻辞讲的这句话,与"天行健,君子以自强不息"同样表达了中华民族精神的基本特征。"自强不息"概括民族文化的革新性、创造性,生机勃勃、永远进取;"厚德载物"则概括民族文化的兼容性、广博性,博大精深、多元并存。

《史记》这部巨著囊括了中华民族几千年的历史事件、众多人物活动、丰富的典章制度、社会情状,恰恰典型地体现了中华文化"厚德载物"、海纳百川的宏伟气魄和特征。司马迁是如何有力地提升了广泛包容、共存共辉的文化基因的?这里举出突出例证。

一是,《史记》首创从多方面记载各边疆民族的历史、文化,并揭示出边疆民族与中原民族的紧密联系,证明一部中国历史是各民族的共同创造;又称被视为"蛮夷"的荆楚、偏处东南的吴与中原华夏民族是兄弟关系,称惯于骑射的游牧民族匈奴也与华夏民族是兄弟关系。诚如白寿彝先生所说:《史记》所写的各篇民族传,"把环绕中原的各民族,尽可能地展开一幅极为广阔而又井然有序的图画"。(《中国通史》第一卷《导论》)司马迁在其纂修的通史巨著中把详细的记载边疆各民族活动视为不可或缺的一部分,开创了中国史学重视民族史撰述的成例,对于推进包容共辉、多元一体的文化传统,其功甚伟。

二是,《史记》又展示出拥抱全民族文化的宽阔胸怀。司马迁生活在儒家学说地位迅速上升、武帝提倡"独尊儒术"的时代,其学术思想无疑是以尊儒为主。他立孔子为"世家",赞颂为"高山仰止,景行行止";全书各篇中评价历史事件和人物,大量采用孔子的观点,"折中于夫子"。董仲舒之尊儒主要是进行经义的推演,司马迁则与之不同,他是出于尊重历史的发展和孔子的学术地位,而对同样在历史上起过作用的其他学派,他也予以承认并且吸收。在他看来,尊崇当时处于上升趋势的儒学与容纳各家学说可以并包俱存,各采其长,这正是司马迁文化观点的卓越之处。《曹相国世家》《商君列传》《孙子吴起列传》《苏秦列传》《张仪列传》诸篇,各对道家、法家、纵横家的作用适当地予以肯定。兼容各家、不拘一格的胸怀和见识,还使司马迁善于从各种类型的人物,发现其嘉言善行,采撷入史,从而使全书蕴含着大量的思想资料,丰富了我们的民族智慧。概言之,《史记》将各家各派的学术思想都囊括其中,把各具智慧和光彩的历史人物都载入史册。就汉以前的历史说,《史记》反映了儒学地位的上升,学派的繁盛,又写了儒家以外的思想家老子、韩非、庄周、申不害、邹衍;写了政治人物管仲、晏婴、商鞅、魏冉、李斯、吕不韦、孟尝君、平原君、信陵君、春申君、田单;写了军事家司马穰苴、孙子、吴起、白起、王翦、蒙恬、乐毅、廉颇;写了文学家屈原、司马相如;写了策士苏秦、张仪、陈轸、犀首、甘茂、甘罗、范雎、蔡泽;还有反映其他社会阶层的刺客、医生、游侠、龟策、货殖等的传记。

与此密切相连的,和谐有序这一文化基因也在《史记》中得到大力发扬、提升。"和"既可以指陈政治上的和平、正义,又具有社会伦理和审美观念上的重要意义。中华民族的先人认为"和"是事物的极高境界,列国之间以玉帛通好,不以兵戎相见谓之"和",人际关系感情融洽谓之"和",群体相处有共同遵守的秩序,长幼有序、以礼相待谓之"和",不同品味的食物,放在一起煮成一锅佳肴,各自发挥自己的特性而又互相补充,谓之"和",如《左传》所载春秋时齐国名臣晏婴对齐景公所言:"和如羹焉,水、火、醯、醢、盐、梅,以烹鱼肉,燀之以薪,宰夫和之,齐之以味,济其不及,以泄其过。君子食之,以平其心。君臣亦然。"(《左传》昭公二十年)"和"是中国古代哲学的极高境界，也是古人的高度智慧，要求达到和谐、协调，事物之间既保持本身的特点而又彼此融洽相处。司马迁以高明的手法，将这种智慧用到史书体例上，经过他精心组织、安排，使全书各大部件之间、篇章之间、相关的重要内容之间形成一种统一、协调的关系。

这里以司马迁对七十"列传"的精心安排为例证。纪传体以记载人物活动为主，七十"列传"尤在《史记》全书中占有重要地位，司马迁对这一部分的设目、编次、结构安排更是苦心经营。将《伯夷列传》居于全部列传之首篇，一是因两人是商周时期最早的有事迹可以记载的历史人物，而且受到孔子的表彰，二是由于司马迁对于流行的说法，所谓"天道无亲，常与善人"，表示极大的疑惑，对于人的不同命运和遭遇表示无限感慨。因此，《伯夷列传》置于首篇，又有作为全部七十"列传"之总序的作用。而以下，从《管晏列传》开始，记述从春秋时期至"今上"汉武帝时期的人物事迹，构成浩繁丰富而又激动人心的篇章。通过仔细研读，我们可以归纳出司马迁设置列传的主要体例为：以时间先后为顺序；凡是地位重要而又事迹丰富的人物，设立为专传；对于人物事迹互相关联密切或风格相近者，设立合传，如《管晏列传》《老子韩非列传》《孙子吴起列传》等；先记载有重要作为、建立功名的人物活动，然后安排记载边疆民族的传和记载某一阶层、某一类型人物的类传，如《匈奴列传》《东越列传》，以及《循吏列传》《儒林列传》《货殖列传》等。最后一篇《太史公自序》，更是对《史记》全书的总结和提升。其中，讲了司马氏的先世和他本人著史的家学渊源；高度评价儒家《六经》的地位，抒发他继承孔子学说的强烈愿望；尤其是，作为全书的总结，司马迁一一提炼出《史记》一百三十篇的撰著义旨，进而概括全书的著述目标是"成一家之言，厥协《六经》异传，整齐百家杂语"。司马迁在著成全书之后，又如此完整、准确地将各篇撰著义旨和全书宗旨全部论定，成为后人理解《史记》深邃蕴涵的准绳。其时，他已处于生命最后阶段、精神恍惚情况下，却仍以惊人的毅力做到如此精当、严密、完善的安排。这一成就使《史记》世代为广大民众所传诵，也启发人们对运用均衡协调观点审美的追求，使和谐有序这一民族文化基因提升到更高层次。

中华民族文化基因的塑造和发挥强大作用，与五千年恢宏历史进程相表里，举世独有，这是她的坚韧性。中华民族文化基因传承发展，由此创造了古代文化的光华灿烂，在经受困厄危难之后又能衰而复振、浴火重生，而今重新焕发青春，阔步前进，这是她的优良性。中华民族五大文化基因又是综合地发挥作用，因而具有融通性特点，因此文化基因的传承力极其强大，举世难有其匹。弘扬传统是中华文化持续发展壮大的根脉；革新、创造是中华文明演进的动力；加强统一、团结凝聚是中华文明战胜一切艰难险阻、不断取得胜利的强大保证；热爱和平、反抗压迫是中华文化的愿景和气概；包容和谐是中华文化的胸怀和神韵。这五大文化基因在先秦时期已经产生，到了西汉盛世，经过司马迁以其全部智慧和生命加以继承、总结、淬炼，而大大提升，堪称在中华民族文明基因锻造史上放一异彩！《史记》的杰出成就为世代中华儿女提供思想营养，后代具有创造魄力的卓荦之士又吸收时代智慧再加丰富、发挥，并且在当今建设现代化伟业中仍然产生潜在的却又是巨大的推进作用。——这就是如此独特、坚韧、强大的中华民族文化基因为中国历史创造奇勋的奥秘所在。习近平总书记指出，要"把跨越时空、超越国度、富有永恒魅力、具有当代价值的文化精神弘扬起来"。确立文化自信，在新时代阳光照耀下，将独特的中华民族文化基因结合实现民族伟大复兴的现实需要大力发扬，我们就一定能够不断创造新的辉煌！

参考文献

一、古代典籍

《诗经》,《十三经注疏本》,中华书局1980年版。

《尚书》,《十三经注疏本》,中华书局1980年版。

《周易》,《十三经注疏本》,中华书局1980年版。

《左传》,《十三经注疏本》,中华书局1980年版。

《国语》,徐元诰《国语集解》本,中华书局2002年版。

《春秋穀梁传》,《十三经注疏本》,中华书局1980年版。

《春秋公羊传》,《十三经注疏本》,中华书局1980年版。

《论语》,《十三经注疏本》,中华书局1980年版。

司马迁:《史记》,中华书局1959年版。

董仲舒:《春秋繁露》,中华书局1992年版。

班　固:《汉书》,中华书局1962年版。

王　充:《论衡》,上海人民出版社1974年版。

陆贾著,王利器校注:《新语校注》,中华书局1986年版。

范　晔:《后汉书》,中华书局1965年版。

刘知幾著,浦起龙释:《史通通释》,上海古籍出版社1982年版。

杜　佑:《通典》,中华书局1988年版。

刘昫等:《旧唐书》,中华书局1975年版。

司马光：《资治通鉴》，中华书局1956年版。

郑　樵：《通志二十略》，中华书局1995年版。

洪　迈：《容斋随笔五集》，商务印书馆1959年版。

王正德：《余师录》，中华书局1985年版。

黄　震：《黄氏日抄》，中华书局1985年版。

黄履翁：《古今源流至论》，台湾商务印书馆1986年版。

马端临：《文献通考》，中华书局2011年版。

陈仁锡：《陈评史记》，明刻本。

杨　慎：《史记题评》，明嘉靖十六年（1537）胡有恒刻本。

凌稚隆：《史记评林》，明万历年间李齯堂刻本。

茅　坤：《史记钞》，明万历三年（1575）刻本。

钟　惺：《钟伯敬评史记》，明天启五年（1625）刊本。

郝　敬：《史汉愚按》，明崇祯间郝氏刻山草堂集本。

黄淳耀：《史记论略》，乾隆二十二年（1757）宝山县学刊本。

顾炎武著，黄汝成集释：《日知录集释》，上海古籍出版社2006年版。

高　塘：《史记钞》，清乾隆五十三年（1788）刻本。

吴见思：《史记论文》，中华书局1916年版。

汪越著，徐克范补：《读史记十表》，开明书店1936年版。

蒋湘南：《七经楼文钞》，中州古籍出版社1991年版。

刘大櫆：《论文偶记》，人民文学出版社1959年版。

牛运震：《史记评注》，空山堂乾隆辛亥刻本。

邱逢年：《史记阐要》，国家图书馆藏抄本。

王鸣盛：《十七史商榷》，中国书店1987年版。

赵翼著，王树民校证：《廿二史劄记校证》，中华书局1984年版。

钱大昕：《廿二史考异》，上海古籍出版社2004年版。

汤　谐：《史记半解》，清康熙五十年（1711）刊本。

徐与乔：《经史辨体》，清康熙十七年（1678）敦化堂刻本。

冯　班：《钝吟杂录》，中华书局 1985 年版。

章学诚：《文史通义》，古籍出版社 1956 年版。

章学诚著，仓修良编：《文史通义新编》，上海古籍出版社 1993 年版。

章学诚著，叶瑛校注：《文史通义校注》，中华书局 1985 年版。

梁玉绳：《史记志疑》，中华书局 1981 年版。

朱东润：《史记考索》，开明书店 1947 年版。

李景星：《四史评议》，岳麓书社 1986 年版。

二、人物文集

韩　愈：《韩昌黎全集》，世界书局 1935 年版。

欧阳修：《欧阳文忠公全集》，清乾隆五十七年（1792）惇叙堂校本。

苏　洵：《苏老泉先生全集》，清康熙间刻本。

王安石：《临川先生文集》，中华书局 1959 年版。

黄庭坚：《豫章黄先生文集》，商务印书馆 1929 年版。

朱　熹：《晦庵先生朱文公文集》，《四部丛刊初编》本，商务印书馆 1936 年版。

王若虚：《滹南遗老集》，商务印书馆 1937 年版。

王世贞：《弇州山人四部稿》，明万历间四间堂刻本。

方　苞：《望溪先生文集》，商务印书馆 1919 年版。

邹方锷：《大雅堂初稿》，乾隆二十七年（1762）刻本。

全祖望撰，黄云眉选注：《鲒埼亭文集选注》，齐鲁书社 1982 年版。

林春溥：《竹柏山房十五种》，清刻本。

刘光蕡：《烟霞草堂遗书》，1919 年苏州刊本。

朱　琦：《怡志堂文初编》，同治三年（1864）刻本。

金淑基：《学海堂四集》，光绪十二年（1886）启秀山房刊本。

陈玉树：《后乐堂文钞续编》，光绪二十七年（1901）铅印本。

马克思：《马克思恩格斯选集》，人民出版社 1995 年版。

吴曾祺：《涵香山馆文集》，商务印书馆 1936 年版。

梁启超：《饮冰室合集》，中华书局 1989 年版。

王国维：《王国维论学集》，中国社会科学出版社 1997 年版。

吕思勉：《吕思勉文集》，上海古籍出版社 2009 年版。

毛泽东：《毛泽东诗词选》，人民文学出版社 1986 年版。

毛泽东：《毛泽东选集》，人民出版社 1991 年版。

郭沫若：《郭沫若全集》历史编 1，人民出版社 1982 年版。

翦伯赞：《翦伯赞历史论文选集》，人民出版社 1980 年版。

白寿彝：《白寿彝史学论集》，北京师范大学出版社 1994 年版。

白寿彝：《白寿彝文集》，河南大学出版社 2008 年版。

杨翼骧：《学忍堂文集》，中华书局 2002 年版。

陈其泰：《陈其泰史学萃编》，华夏出版社 2018 年版。

三、近人及今人著作

梁启超：《先秦政治思想史》，商务印书馆 2018 年版。

吕思勉：《秦汉史》，新世界出版社 2009 年版。

钱基博：《古籍举要》，世界书局 1933 年版。

范文澜：《中国通史简编》修订本，人民出版社 1965 年版。

郑振铎：《插图本中国文学史》，人民文学出版社 1957 年版。

钱　穆：《国史大纲》，商务印书馆 1996 年版。

钱　穆：《中国史学名著》，生活·读书·新知三联书店 2000 年版。

翦伯赞：《中国史纲》，大孚出版公司 1947 年版。

翦伯赞：《先秦史》，北京大学出版社 1990 年版。

翦伯赞：《中国史纲要》，人民出版社 1979 年版。

张荫麟：《中国史纲》，辽宁教育出版社 1998 年版。

白寿彝主编：《中国通史》第一卷，上海人民出版社 1989 年版。

白寿彝：《白寿彝史学论集》，北京师范大学出版社 1994 年版。

白寿彝：《中国史学史论集》，中华书局1999年版。

杨向奎：《宗周社会与礼乐文明》，人民出版社1992年版。

李长之：《司马迁之人格与风格》，开明书店1949年版。

刘家和：《古代中国与世界》，武汉出版社1995年版。

杨燕起等编：《历代名家评史记》，北京师范大学出版社1986年版。

高国抗、杨燕起主编：《中国近代史学史概要》，广东高等教育出版社1994年版。

瞿林东主编，刘家和等著：《历史文化认同与中国统一多民族国家》，河北人民出版社2013年版。

陈其泰主编：《中国历史编纂学史》，国家图书馆出版社2018年版。

张大可：《史记研究》，商务印书馆2013年版。

致　谢

　　本书稿的整理承蒙中国海洋大学刘永祥副教授付出了巨大的心力，给予了大力支持。华东师范大学出版社曾睿副编审高度认真负责，精编精校，不仅在宏观上襄助设计，提出极有价值的建议，又对不少具体事项、字词用心校正，凡有疑问必定不惮麻烦设法找到最权威的证据、得出明确答案而后止，真正做到一丝不苟。她的辛勤劳动使本书大为增色。特向他们两人致以衷心的感谢！

陈其泰

2024 年 3 月 23 日